**12 vertus
pour l'analyse filmique**

Collection Arts & Sciences de l'art

dirigée par Costin Miereanu

Interface pluridisciplinaire, cette collection d'ouvrages, coordonnée avec une publication périodique sous forme de Cahiers, est un programme scientifique de l'*Institut ACTE* (Art, création, théorie, esthétique) – unité mixte de recherche du CNRS, de l'Université Paris 1 Panthéon-Sorbonne, du ministère de l'Enseignement supérieur et de la Recherche et du ministère de la Culture et de la Communication (UMR 8218).

Institut ACTE

UMR 8218 - CNRS/Université Paris 1
47, rue des Bergers - 75015 Paris
Tél : 01.44.07.84.63 - Email : asellier@univ-paris1.fr

© Institut ACTE - CNRS/Université Paris 1 - L'Harmattan, 2012
© Couverture : D&D DUBOIS DESIGN • PRINT, d'après document d'archives de Daniel Serceau

© L'Harmattan, 2012
5-7, rue de l'École-Polytechnique, 75005 Paris

http://www.librairieharmattan.com
diffusion.harmattan@wanadoo.fr
harmattan1@wanadoo.fr

ISBN : 978-2-336-00692-5
EAN : 9782336006925

Daniel Serceau

12 vertus
pour l'analyse filmique

Introduction

Bien qu'elle soit à la base de toutes nos connaissances dans le domaine du cinéma et nous en fournisse comme les prolégomènes, l'analyse de films évolue entre des pratiques multiformes (dont chacune serait à elle-même sa propre méthode) et une indigence théorique qui ne formulerait que sa propre tautologie : on ne pourrait rien en dire. Ce que pensent certains théoriciens. Ce que semblent confirmer de nombreux chefs-d'œuvre du 7e art, du moins dans leurs séquences les plus remarquables. Elles requièrent à chaque fois un regard neuf et supposent des modes d'approche spécifiques. Ce qui vaut pour l'une n'est déjà plus tout à fait adapté à une autre. Conséquence, l'absence de méthode universalisable n'autorise-t-elle pas toutes les pratiques possibles, n'ouvre-t-elle pas la porte à toutes les libertés, voire à toutes les fantaisies ? En bref, n'est-on pas en droit de suivre librement son chemin en adoptant une « manière personnelle », essentiellement intuitive et presque toujours implicite ? Reconnaissons-le, il est rare qu'un travail analytique explicite ses propres fondements ou se justifie de quelque façon. Si toute proposition s'énonce peu ou prou sur un mode assertif, il est assez fréquent, côté spectateurs, d'entendre des propositions du type « pour moi... » dont le subjectivisme revendiqué clôt toute discussion. Et, surtout, toute possibilité de fonder une affirmation sur des critères raisonnés qui, à défaut de suffire à sa validité, n'en seraient pas moins nécessaires. Qu'il n'y ait plus, aujourd'hui, de véritables débats dans le domaine des analyses de films, ou celui des études d'auteurs, n'est peut-être que le résultat d'un tel état d'esprit, plus ou moins souterrain[1]. Ce n'est alors que la logique même. Pourquoi débattre de ce qui relèverait, in fine, de simples idiosyncrasies ? Pourquoi discuter de choix culturels oscillant entre leur valeur ornementale et des pratiques du soliloque ?

Se penchant sur les « discours qui tentent d'orienter ou de réguler les pratiques analytiques », Jacqueline Nacache conclut qu'il n'existe que trois « principes dominants et transversaux à toutes les propositions », mais, pour l'essentiel, des « principes *par défaut* ». Le premier, l'absence de méthode universelle, est donc inscrit dans sa propre remarque. Quant aux deux autres, ils ne sont que des gardefous : il conviendrait de « séparer l'opération analytique des diverses opérations du goû*t* » et d'entretenir « une nécessaire méfiance vis-à-vis de l'interprétation » (c'est elle qui souligne)[2]. Trois principes qu'elle commente longuement, en général pour les critiquer avec finesse et pertinence.

Suffit-il cependant de les remettre en question ? Que seuls des principes par défaut puissent servir de guide à l'analyse de film, est-ce autre chose qu'une position de repli qui ne reflète aucunement ce qu'une véritable confrontation analytique à l'ensemble de la production cinématographique nous force à penser ? Ne pourrait-on pas parler de l'existence d'un certain nombre de « principes vertueux » qu'il nous suffirait de systématiser à partir des « analyses concrètes de films concrets », finalement moins développées qu'il n'y paraît dans la théorie du cinéma ? Je reviendrai, inévitablement, sur certains de mes textes antérieurs, mais à chaque fois pour les compléter

---

1. Le phénomène est certainement beaucoup plus général, par-delà certaines apparences des plateaux de télévision. Dans son ouvrage, *Le dérèglement du monde*, Amin Maalouf parle d'un « monde où les clivages sont principalement identitaires et où il y a peu de place pour le débat ».
2. Jacqueline Nacache, *L'analyse de film en question. Regards, champs, lectures*, Paris, L'Harmattan, coll. « Champs visuels », 2006, p. 145.

et, j'espère, les améliorer. Pour cette raison, la seconde partie de cet ouvrage comprend des articles ou des extraits d'articles anciennement publiés, mais remaniés. Ils sont comme des applications pratiques des propositions analytiques que je développerai ici même.

*

Avant d'en reprendre la discussion, j'aimerais faire quelques remarques préliminaires.

Dans de nombreux travaux sur le cinéma, à l'image de ce qui se passe généralement dans le champ de l'esthétique, les analyses de plans ou de séquences n'occupent souvent qu'une portion congrue. Certains, même, en font une complète économie. Sur ce point, de célèbres ouvrages ressemblent aux mémoires de la plupart des étudiants. S'agissant d'un recueil d'articles spécifiquement consacrés à l'analyse filmique, le fait est troublant. L'ensemble des textes réunis par Jacqueline Nacache ne déroge pas à la règle. Environ la moitié d'entre eux ne cite des œuvres que de façon ponctuelle, sans aucune élaboration analytique particulière. De sorte que l'on réfléchit sur l'analyse sans analyses. Ce qui, je le crains, nous force à tourner en rond. Fidèle à ma méthode, j'adopterai une position radicalement contraire. Les exemples ne sont pas des illustrations. Ils ne viennent pas à l'appui d'une idée forgée comme en deçà d'eux-mêmes. Ils sont la nourriture et le guide de la pensée. Encore faut-il les travailler au plus profond.

Un autre constat est plus troublant encore. Il corrobore cette pratique du soliloque que j'évoquais ci-dessus. Se penchant, enfin, sur des films particuliers, les textes semblent ignorer ceux qui les ont précédés. Ces derniers, avec plus ou moins d'adresse, n'ont-ils pas défriché le terrain, « ouvert des pistes » comme l'on dit, avancé certaines propositions qui semblent de ce fait aussitôt oubliées ? « L'analyse de films est concernée de près par le débat toujours ouvert sur l'interprétation, dans lequel se noue l'interrogation sur le sens des œuvres », écrit pourtant Jacqueline Nacache[3]. Théoriquement, comment ne pas en être d'accord. Mais, pratiquement, comment ne pas s'étonner du peu de « débats » suscités par les travaux relatifs aux analyses de films

---

3. *Op. cit.*, p. 11.

ou d'œuvres entières ? Toute avancée de type scientifique suppose que des propositions antérieures soient remises sur le métier, réexaminées, critiquées, pour en susciter de nouvelles. Celles-ci améliorent, ou modifient les premières avant d'être emportées à leur tour par le perpétuel mouvement de la recherche. Cette volonté d'approfondissement des acquis, de rectification des erreurs, ce dévoilement de zones jusqu'alors laissées dans l'ombre, volontairement ou non, apparaissent, idéalement, comme la première raison d'être du renouvellement des travaux. J'oserais presque dire leur « morale », à l'image d'un fameux travelling. Tout est perfectible. Si la prudence et l'humilité sont évidemment de mise, cette ambition, légitime, est source de dynamisme. Comment mettre « l'analyse de film en question » si l'on ne questionne pas *les* analyses, dans leurs résultats comme dans leurs méthodes ? Comment, d'ailleurs, une méthode pourrait-elle un tant soit peu exister et être à son tour discutée, en dehors de ce qu'elle produit relativement à des objets spécifiques ? N'est-ce pas ce que recouvre le terme de « débat » ? Force est de constater le peu de cas que l'on semble faire de telles considérations. Débattre, est-ce encore de mise à l'heure du narcissisme triomphant ?

À l'heure où j'écris ces lignes, une affaire de viol et de meurtre commis par un récidiviste libéré par l'appareil judiciaire secoue la société française. Ce fait-divers recoupe ceux qui inspirèrent Fritz Lang lorsqu'il réalisa *M. le maudit* (Fritz Lang) J'ai, à plusieurs reprises, critiqué certaines analystes qui firent de son dénouement une sorte de *happy end* : l'intervention de la loi, écrivaient-ils, résoudra le conflit. Interné dans un établissement spécialisé, M. sera soigné. Ce que dément catégoriquement la dernière séquence du film. Considéré comme guéri et donc libéré, M. (en tant que personne générique, le titre du film le suggère clairement) récidivera. Ce qui se confirme régulièrement, aujourd'hui comme hier et bien entendu demain. Ne pas vouloir analyser le film dans toute la rigueur qui le caractérise est, en l'occurrence, une façon de se voiler la face sur l'une des apories de toute justice humanitaire. Ne pas l'analyser, ne pas vouloir l'analyser jusque dans ses conclusions requises par son organisation discursive n'est pas sans conséquence sur notre perception du réel. Je n'insiste sur ce film que pour cette raison même. Le « débat toujours ouvert sur le sens des œuvres » n'est pas conduit comme il le devrait : je le disais, par critiques et rectifications successives. Il faut tant d'essais, ponctués d'un si grand nombre d'erreurs, pour analyser un film. Ce qui est en jeu, ici, est aussi la nécessité du raisonnement. Raisonner, cela veut dire argumenter et, pour argumenter à mille lieues de toute tentation polémique, faire l'inventaire de ce qui peut se dire sur une question donnée (sur un film donné), du moins y persévérer. Je sais la chose difficile. Ce que j'appelle l'extension incessante de la culture verticale (la multiplication des écrits sur un même sujet) nous confronte, quelquefois, à une masse éditoriale quasiment inhibante. Les travaux s'entassent, et en quelque sorte, se gomment les uns les autres. Ils n'entrent plus en discussion, chose pourtant indispensable à toute avancée réflexive.

Une autre dérive est également possible. L'oblitération ou le refoulement du texte originel sous une masse de citations ou de doctes références. Au débat sur le film ou le cinéaste, à la compréhension du sens de leurs œuvres se substituent l'exposé de connaissances extra-textuelles, de savants échanges qui ne nous rendent pas nécessairement plus savants sur les films. Une attitude qui recoupe la précédente. Ces citations et ces références s'imposent à la manière d'un discours lettré qui ne se pose que rarement la question de son adéquation aux « textes des films ». Des textes qui, parfois, ne sont guère inspectés avec toute la rigueur requise.

Comme toujours, il faut en revenir aux films. Une pratique à la fois intensive (aller jusqu'au plus profond d'une œuvre) et extensive de l'analyse (étudier un nombre conséquent de films venus de tous les horizons) induit un certain nombre de questionnements dont certains interrogent à leur tour la théorie du cinéma. Cinq directions de travail se dessinent immédiatement :
- la question de la vérification des propositions critiques ;
- le défaut de visionnement ;
- la problématique de la « projection » au cinéma ;
- la problématique de « l'identification » au cinéma ;
- l'immédiate non-lisibilité des dialogues cinématographiques.

Trois autres questions supposent des développements autonomes. Celle de l'interprétation, évidemment centrale. Celle du goût, que l'on pourrait considérer comme secondaire, mais qu'il est difficile de tenir longtemps pour telle dès l'instant où l'on s'inscrit dans un champ d'investigation artistique. À ces deux questions, il convient d'en ajouter une troisième, totalement délaissée aujourd'hui, celle du « pour quoi ». Pourquoi analyser un film, pour quoi, dans quel but, quelle finalité ? Bien que le jeu de mots paraisse douteux, je ne crois pas qu'il soit artificiel de distinguer les deux questions.

Le pourquoi renvoie à l'attitude spontanée de la quasi-totalité des spectateurs. Pour dire les choses brutalement, lorsque le rideau tombe sur la dernière image, ils se sentent rarement en défaut d'analyse. À l'exception de quelques cinéastes et de quelques films, peut-être voulus comme tels pour cette raison même, le visionnement d'une œuvre en épuise « suffisamment » la quête de sens. Alors, pourquoi l'étudier, pourquoi lui consacrer un temps précieux, dévoré de mille façons par les multiples impedimenta de la vie ? Plus nettement, pourquoi en discuter, pourquoi en disputer, au risque d'une scène de ménage ou d'une vaine querelle entre quelques bons amis ?

Dès lors, l'analyse de films n'est plus qu'une affaire de gens de métier : les critiques, les professeurs en charge de la discipline, les étudiants soumis à ce type d'exercice et, dans une moindre mesure déjà, les théoriciens dont certains s'en soucient d'ailleurs assez peu. Les « spécialistes de la spécialité », comme l'on a parlé des « professionnels de la profession ». Une sorte de grand corps qui se reproduirait lui-même, vivant de ceux qui voudraient faire corps avec lui. Un positivisme qui nous rend pessimistes ou plutôt cyniques quant à la valeur de la culture. Ce n'est plus un jardin qu'il nous faudrait cultiver mais un fonds de commerce. Une hypothèse que l'on ne peut balayer d'un revers de la main.

Il est pourtant une autre catégorie de personnes, non exclusives des précédentes. Non seulement les gens épris de savoir et de compréhension, mais ceux que je désignerais volontiers comme de « vrais » spectateurs. Ceux qui se sentent sollicités par la puissance de suggestion des images et des sons, en entendent la musique intérieure. Potentiellement, tout le monde ? Objectivement, sans aucun doute. Que ce soit à la télévision, ou plus occasionnellement au cinéma, rares sont ceux qui ne s'exposent pas, parfois quotidiennement, à une forme ou une autre de récit filmique. Rares sont ceux qui ne sont pas concernés par le pouvoir de fascination et de direction des images. Et, comme tout le monde encore, sans en maîtriser le discours latent. Les choses vont trop vite au cinéma pour que le plus avisé des spectateurs ne puisse recevoir les images et les sons autrement que de façon incomplète.

Pour être plus précis, deux modalités sont à retenir : l'évanescence et la virtualité.

Le mode de l'évanescence. Le cinéma comme expression recoupe la matérialité du cinéma. Une séquence de *Sherlock Junior* (Buster Keaton) en offre l'éclatante démonstration. Sherlock, projectionniste dans une salle de cinéma, s'endort dans sa cabine. En rêve, il descend au parterre, monte sur la scène et pénètre dans l'écran. Image après image, le décor change, contraignant le pauvre Sherlock à une série de culbutes. Un photogramme (ou son équivalent électronique) chasse l'autre, dans une impression d'instabilité et de fuite perpétuelles où, côté spectateur, chaque sollicitation visuelle et/ou sonore s'évanouit aussitôt qu'éprouvée. « On ne se baigne jamais deux fois dans le même plan ». Visionnements après visionnements, les grands films nous surprennent toujours. Ils se révèlent en des détails ou des aspects que nous avons brutalement l'impression de découvrir, comme en un premier regard. Pourtant, à la différence de ce qui se passe dans la vie, le fleuve est ici toujours le même. Permanence et changement se réconcilient.

Cette contradiction est en un sens la première difficulté d'un analyste. Affirmons-le d'entrée, nous ne « voyons » pas un film à sa première vision. Ce n'est évidemment pas le propre du cinéma. Après tout, nous ne lisons pas toutes les lettres d'un texte écrit. Nous ne remarquons pas tous les points colorés d'un tableau de maître. Le paradoxe de l'art est de travailler ses objets jusque dans leurs plus petites composantes, celle qu'un regard distrait, ou simplement attiré par leurs traits les plus éclatants, négligera ou ne percevra tout simplement pas. De toute cette richesse, nous ne concevons qu'une représentation simplifiée. Il faudrait dire, une abstraction.

Dans le flux incessant du procès filmique, l'esprit opère des tris, établit des hiérarchies, mémorise des fragments ou des fragments de fragments, sur le mode d'un arbitraire et d'un réductionnisme certains qui font la part belle aux clichés, aux figures convenues, aux croyances, aux partis pris, aux convictions depuis longtemps sédimentées,… accréditant, transformant ou refusant ce qui ne transparaît alors que de manière fortement idéologisée. Toute participation cinématographique est d'ordre relationnel. Elle repose sur une constante interaction entre l'intériorité du spectateur et la bande image et son. Ce dernier l'assimile et/ou se l'approprie en fonction de ses acquis psychiques. Ce foisonnement d'impressions, d'idées, de jugements, de souvenirs, d'associations forme un ensemble chaotique, hybride et éphémère dans le moment synchronique du spectacle. Se construit ainsi une représentation filmique que le spectateur tient sincèrement pour le film réel. Un film que l'analyste se doit de déconstruire.

Le mode de la virtualité. Un mot qu'il faut d'abord entendre dans son sens le plus classique : ce qui, donné en puissance, ne l'est pas en acte. Nous en faisons quotidiennement l'expérience. Ressentir, pressentir, avoir l'intuition ou l'impression d'une idée ou d'un état de conscience n'est pas le réfléchir. Notre vie psychique n'est, spontanément, que l'incessante manifestation de cette virtualité. Un « je pense, et puis j'oublie ». Ce qui lui permet de multiplier les incohérences et les contradictions sans même s'en rendre compte, souvent au risque de la mauvaise foi. Il faut un effort violent de l'esprit pour les surmonter, ce qui explique la rareté des idées vraies.

Si je contemple *Le Bassin aux nymphéas* (Claude Monet), mon regard en appréhende-t-il la dissymétrie dans l'instant même de sa perception ? Sans doute, mais de façon confuse. Je puis observer le tableau pendant un certain temps sans en objectiver le principe de construction : le pont n'occupe pas exactement le centre de l'espace pictural. De ce déséquilibre géométrique naît un équilibre plastique pourtant déterminant. Son évidence demeure comme en « suspension de conscience » tant que je ne la formule pas expressément, c'est-à-dire d'une manière ou d'une autre linguistiquement. Tel est, au cinéma, le premier mode d'avènement du sens. Il se dit moins qu'il ne se déduit. Il ne se propose pas à la manière d'un énoncé immédiatement objectivable mais, de manière informelle, comme la mise à disposition d'une signification condamnée à demeurer virtuelle tant qu'un effort de réflexion n'en assurera pas l'émergence. En somme, nous sommes plus sollicités par une signification possible que nous en sommes instruits. Une œuvre demeure en nous plus virtuelle que réelle.

Génériquement, je distinguerai trois degrés dans cette sorte d'interpellation du spectateur, toutes positions intermédiaires étant à envisager par ailleurs :

1. Ce que nous ne devrions pas manquer de percevoir. Par exemple, tel revolver bien en vue sur une table, comme à l'ouverture de *Règlements de compte* (*Big Heat*, Fritz Lang). Mais le percevoir ne veut pas dire l'identifier dans sa particularité (je reviendrai sur ce point). Mieux, l'incontestable présence de la chose, là, sur l'écran ou par les baffles répartis de chaque côté de la salle de cinéma, n'en garantit pas toujours la conscience la plus élémentaire. Un plan de *À l'est d'Éden* (*East of Eden*, Elia Kazan) me permettra de le (faire) constater ;

2. Ce qui nous est rendu accessible sur le mode de la suggestion, déjà énoncée. Une suggestion extrêmement variable dans son intensité et les modalités de son efficience recherchée. Un plan de *La Grande ville* (Satyajit Ray) en servira la réflexion ;

3. Ce dont la perception n'assure certainement pas l'intellection, tant celle-ci demeure conditionnée par un ou des savoirs exogènes au matériau filmique. La séquence des fausses actualités cinématographiques de *Furie* (*Fury*, Lang) en fournira un merveilleux exemple.

Cette virtualité n'est pas le propre du cinéma. Nous vivons dans un environnement d'images et de sons dont la profusion n'est pas sans ressembler à ce qu'André Bazin remarquait quant au traitement du son dans le cinéma de Jacques Tati. « Toute l'astuce de Tati, écrivait-il, consiste à détruire la netteté par la netteté[4] ». Je parlerai plutôt d'une « lointaine » netteté, d'une présence comme estompée par une autre présence, comme si aucune d'entre elles ne prenait la préséance sur les autres, toutes se dissipant comme dans un distant murmure.

---

4. André Bazin, *Qu'est-ce que le cinéma*, Paris, Éd. du Cerf, coll. « 7ᵉ art », 1975, p. 46.

Il y a bien longtemps, j'avais visionné un film expérimental dont le titre, me semble-t-il, était *Discours*. Le réalisateur cadrait au plus près une ou plusieurs bouches dont les lèvres se contentaient de remuer en une dérisoire agitation. Par cet artifice, il figurait les sentiments d'hébétude et de vanité que l'on est en droit de ressentir face au déluge de propos et d'informations qui nous assaillent de toutes parts. Dans un monde qui dispose de moyens de connaissance et de diffusion tout simplement inouïs, tant de choses semblent faussées, bavardes, inconsistantes, et surtout contradictoires. Nous avons cessé d'avoir confiance. Statistiques incomplètes, expertises douteuses, audits insuffisants, estimations ou prévisions trompeuses, affirmations partielles ou partiales, mensonges délibérés ou par omission, propositions détachées de leurs contextes, contradictions présentées comme de simples successions de faits sans rapport entre eux, raisonnements tendancieux, primauté du spectaculaire, photos et montages truqués, tel est ce grand fleuve de l'information censé nous protéger de son quatrième pouvoir.

Daniel Cohen parle de « l'intrusion du troisième monde, celui des images et de la communication ». Un monde virtuel, dit-il, dont le pouvoir excède bien souvent celui du monde matériel. Selon lui, l'évolution et l'uniformisation annoncées des taux de fécondité à l'échelle de tous les continents résultent plus de « la diffusion par la télévision du modèle "américain" de la femme libérée » que de facteurs socio-économiques. Mais, ajoute-t-il, « le cybermonde est une école de la schizophrénie, entre la vie rêvée et la vie réelle, entre la violence virtuelle et la violence tout court. Au sortir d'un jeu vidéo, les lois de la vie ordinaire semblent pesantes à un adolescent »[5]. Plus que jamais, il nous faut lever les masques, dénoncer les hypocrisies, démonter les procès de falsification et de dissimulation qui mettent aujourd'hui notre vie en danger de la façon la plus directe. En un mot, il nous faut relier où l'on ne cesse de dissocier, dévoiler où l'on ne cesse de dissimuler, opérer des synthèses où nous nous heurtons à un monde fragmenté dans son mode de présentation le plus courant. La connaissance sous toutes ses formes cesse d'être l'un de

---

5. Daniel Cohen, *La prospérité du vice. Une introduction (inquiète) à l'économie*, Paris, Le livre de poche n° 32134, 2011, p. 320-304.

ces fameux « mieux disant culturel » dont on parla beaucoup à une certaine époque avant d'en abandonner le souci. Elle redevient ce que souterrainement elle n'a jamais cessé d'être : un enjeu vital. La condition de l'homme contemporain de ce début de siècle est le fruit d'une contradiction décisive, née à la fin du précédent millénaire, mais « rationnellement » préparée par des années d'incurie. Où le progrès matériel, en un sens inouï, que lui a permis le formidable développement de ses connaissances se retourne aujourd'hui contre lui et le menace même en tant qu'espèce.

Nous devons sans cesse acquérir de nouveaux instruments permettant de mieux contrôler ce monde que l'on dit virtuel. L'analyse filmique est l'un d'entre eux. Une sorte de décryptage de ses modes d'action, mais aussi des représentations qui en émanent et influent incontestablement sur nos façons de penser et de nous conduire dans le monde. Déconstruire ce qui se suggère ou se masque derrière l'apparente limpidité d'un dialogue, faire dépendre chaque détail du tout sans lequel il n'est que tromperie ou insignifiance, associer ce qui semblait étranger ou divisé, l'analyse de film nous y contraint en son « meilleur accomplissement ». Les deux mots ne sont accolés l'un à l'autre que pour en souligner la relativité. Une relativité qui n'en est pas moins un encouragement. Nous devons renoncer à tout désir d'absolu, refuser l'alternative du tout ou rien, ne pas nous enfermer, même dans le domaine de l'art, dans un subjectivisme définitif sous prétexte de notre incapacité à trouver des réponses entièrement certifiables. Une analyse de film peut et doit être rigoureuse. Tels sont sa contrainte et son but. Ce n'est pas si difficile. Vérifier, ajuster l'idée au fait cinématographe (je m'expliquerai ultérieurement sur l'emploi de ce mot), le présent ouvrage s'efforce d'en définir et d'en exposer quelques repères et critères méthodologiques. Ceux qui permettent de faire la distinction entre ce qu'il est possible de dire sur un film et ce qui ne l'est pas. Tout n'est pas recevable. Ce qui l'est suppose une enquête raisonnée dont le premier principe demeure la concordance entre ce qui est dit (par l'analyste) et la matière sonore et visuelle dont le support matériel garantit la stricte répétition. Et, conséquemment, la possibilité de vérification.

Nous avons beaucoup plus à apprendre des œuvres d'art si nous les acceptons dans leurs limites et la précision de leurs discours. Il est certainement plus enthousiasmant de rêver à leurs propos. N'est-ce pas la meilleure manière de tourner en rond ? Au bout du compte, nous n'y trouverons que ce que nous aurons voulu y déceler. Une analyse, comme toute chose en ce monde, est à sa manière un combat. Combat contre nous-mêmes et toutes les forces qui, en nous et hors de nous, refusent de regarder la réalité en face. Combat avec un texte que l'on dit absent, mais qu'il s'agit de rendre manifeste dans son existence jusqu'ici potentielle. Combat pour une volonté de connaissance qui se fait toujours plus exigeante. Plus l'attention portée à un film est soutenue, plus se révèle la cohérence que nous impose son cadre discursif. Il peut, alors, devenir nourriture pour l'esprit. Et l'esprit, nourriture pour un savoir-vivre.

*

Que l'analyse de film n'ait d'autre finalité qu'elle-même me semble la meilleure façon de la déconsidérer. Aussi voudrais-je élargir quelque peu mon propos, l'« ouvrir sur le monde ».

Nous avons cessé de croire à la valeur de vérité de l'image cinématographique (ce qui ne signifie en aucun cas que nous devions lui contester toute valeur de vérité). Nous sommes devenus méfiants devant les discours, la présentation des faits, les modes d'explication et de justification dont notre monde d'images et de sons se fait le propagandiste, comme en boucle continue. Nous nous sommes habitués au mensonge. Ce qui, hier encore, nous incitait à un pessimisme définitif devrait aujourd'hui nous réjouir. Puisque tout le monde ment, à commencer par le cinéma censé reproduire mécaniquement le réel, il ne s'agit plus de croire, mais de douter et de suspecter, au moins d'interroger, en tout cas de vérifier. De vérifier selon les moyens qui sont les nôtres, à la fois plus faibles et cependant plus forts que nous en avons spontanément conscience. Le Lang américain, si décrié à une certaine époque de notre histoire critique, en avait pressenti l'avènement avant beaucoup d'autres. Il avait compris, dès les années 1950, combien les actes de communication se développaient sous le triple auspice de l'émotivité, de l'immédiateté et de la partialité. Par un jeu de sonorités quelque peu facile en langue française, je dirai que cette dernière est aussi celle des visions partielles, des partis pris réducteurs, de la volonté plus ou moins délibérée de ne retenir d'une totalité que des fragments orientés. Alors que nous disposons, comme jamais dans l'histoire, d'instruments de conservation et de mémorisation proprement vertigineux, agents potentiels de synthèses, sources de connaissance accrue, les discours qui bénéficient des plus larges audiences, trop souvent, demeurent lacunaires, atomisés, séparant les parties au lieu de les associer.

Ce que nous sommes convenus d'appeler la « lecture de films », terme évidemment impropre, exige une attitude inverse à ce tropisme moderniste. À la différence du monde réel excédant démesurément nos capacités d'observation, un film se répète toujours identique à lui-même. Aussi s'expose-t-il au risque d'une instance dont nous ne devrions jamais nous départir : notre capacité de contrôle et de vigilance critique. L'analyse de films permet de l'exercer, mieux de s'y « entraîner », comme l'on dit dans le monde du sport. C'est là sa première vertu. Je lui en reconnaîtrai volontiers une autre. Par le truchement de personnages en action dont ils dressent scrupuleusement le procès, le meilleur du cinéma narratif tend un miroir à ses spectateurs. De son reflet, en un premier temps, naît un désenchantement du monde et, tout autant, de soi-même. C'est le prix à payer pour que les communautés humaines ne soient pas menacées du pire. C'est à ce prix, aussi, que la lecture de films contribuera à une véritable fondation culturelle. Une conviction qui est loin d'être acquise. On est en droit de se demander si l'extrême sophistication d'un grand nombre de méthodes ou de modes de lecture n'a pas pour finalité, en tous les cas pour effet, d'estomper, voire d'empêcher, cette fonction de révélation du sujet à lui-même ?

Chapitre premier

De quelques principes vertueux

> « Aristote [pensait] que les femmes avaient moins de dents que les hommes (...) Aristote fut marié deux fois mais, pour autant que nous le sachions, il n'eut jamais l'idée de demander à l'une de ses épouses s'il pouvait compter ses dents »
>
> Neil Postman

1. L'exigence de vérification

« Tout le monde sait aujourd'hui à peu près ce que signifie "analyser un film"[1] », affirme Jacqueline Nacache. Je serai plus réservé sur ce point. « Ce que signifie », j'en suis d'accord, puisqu'il suffit de lire une critique ou de se livrer soi-même à cet exercice pour comprendre à quel objet se réfère une telle locution. Mais, s'il faut entendre le verbe « signifier » au sens d'un savoir-faire quelque peu étayé, la chose se dérobe et nous ne savons plus très bien à quelle norme ou quel modèle, même confus, nous pourrions nous référer. Jacqueline Nacache ne le reconnaît-elle pas

---

1. *Op. cit.*, p. 7.

elle-même ? Si de tous les « apports propres à chacun » on ne peut déceler que des « principes par défaut », ne faut-il pas conclure que nul n'est en mesure d'édicter une méthode de travail qui servirait de matrice à toute analyse future ? Et, sinon de matrice, au moins de guide ou de conseiller, ne serait-ce que minimal. Dans ces conditions, que signifie « analyser un film », indépendamment de la multitude des pratiques concrètes passées et futures qui se présentent comme telles par le seul fait de leur existence ? Si personne n'est en mesure de fournir une modélisation acceptable, sait-on analyser un film autrement que de façon empirique et finalement subjective ? Sans méthode universalisable. Le verbe « analyser » ne signifierait alors rien d'autre que l'ensemble des analyses produites... et à produire.

Je ne suis pas sûr que l'on doive s'enfermer dans une telle impasse. Deux questions continuent de se poser dont l'une est laissée en friche par Jacqueline Nacache. Celle de la positivité de certains principes de lecture dotés d'une valeur réellement opératoire. Ce que j'appellerai des « principes vertueux », par opposition aux « principes par défaut » relevés par l'auteur. Et, permise par ceux-ci, celle de la vérité ou du degré de vérité de ce qui est avancé par les différents commentateurs ou les spécialistes.

Je ne sais si une théorie de l'analyse de film ou quelque chose de ce genre existera jamais. Ce n'est, d'ailleurs, que le cadet de mes soucis. La question principale, en un sens décisive et peut-être unique, n'est-elle pas celle de la validation des « propositions de lecture » (je me contenterai, pour l'instant, de cette formule, bien qu'elle me semble éminemment critiquable) ? Existe-t-il, peut-il exister, quelque critère permettant d'en confirmer ou d'en infirmer l'éventuelle valeur de vérité ? Cet énoncé lui-même est-il recevable ? Une chose est sûre, un rapide coup d'œil sur l'ensemble des travaux nous conduit à une conclusion singulièrement pessimiste. Tout, ou presque, peut être dit sur un auteur ou sur un film, non seulement en termes d'appréciation ou de dépréciation, mais surtout de substance[2]. De sorte que l'on s'achemine vers les rives du nihilisme : tout serait acceptable, rien ne

---

2. Je reprends le mot de Rossellini qui reprochait aux analystes de l'avoir acclamé pour des questions de forme alors que ses films étaient d'abord des questions de substance.

serait réellement discutable, à l'exception de « propositions textuelles » d'abord justifiées par leur valeur littéraire ou si l'on préfère esthétique. De simples « discours », entendus à la façon d'un jeu pour personnes cultivées, au service d'une conception purement ornementale de la culture. Un constat que l'on répercutera sur les œuvres et les auteurs eux-mêmes. Le Beau dans son indifférence au Vrai.

Citant Karlheinz Sierle, Martine Joly affirme que « la caractéristique essentielle d'un texte de fiction est d'être une assertion non vérifiable ». Une assertion, c'est-à-dire « une proposition que l'on avance ou que l'on soutient comme vraie ». La fiction considérée dans sa totalité et de manière quasiment fétichiste, certainement. De façon globale en tant qu'œuvre autonome, également, à condition toutefois de ne lui reconnaître d'autre fin qu'elle-même. Mais que des erreurs puissent exister, l'analyse (de films) en apporte la preuve, d'ailleurs bien banale. Sur deux plans : internes comme externes aux textes eux-mêmes. Je commencerai par le second cas, marginal dans le champ qui nous préoccupe actuellement, mais qu'il est bon de rappeler.

Les films ne sont pas des dieux. Produits par des hommes, ils sont sujets à l'erreur. Des erreurs plus ou moins patentes, sans gravité peut-être, puisqu'elles sont sans incidence dans le monde, du moins directement, mais dommageables du point de vue de leurs effets cognitifs. Les films dits « historiques » en offrent de parfaits exemples. Les spécialistes s'en donnent à cœur joie. Il leur est facile de montrer combien les uniformes, les armes, les bibelots ou autres objets censés appartenir à une époque appartiennent à une autre, plus ou moins distante. Peut-être plus gravement, il en est de même pour le « parler » des personnages, toujours plus ou moins conventionnel et « arrangé » par rapport au vocabulaire, à la syntaxe, aux accents usités dans le lieu et le temps où ils sont censés vivre. Au début de 2001 *l'Odyssée de l'espace* (*2001 : A Space Odyssey*), le spectateur de 1968 (date de la sortie du film) ne pouvait que s'interroger sur la représentation que le cinéaste donnait de ses ancêtres, du point de vue de l'état des recherches en paléontologie. Et sur l'anticipation, par le cinéaste, de l'aventure spatiale, telle qu'il en projetait l'image.

Sans compter les erreurs flagrantes. Dans *Le Pont de la rivière Kwai* (*The Bridge on the River Kwai*) une colonne de militaires franchit l'ouvrage qu'ils ont eux-mêmes construit en marchant au pas. Une « assertion » vérifiable pour un homme de métier. Vérifiable, quasi expérimentalement. Car l'appliquer dans la réalité conduirait à une catastrophe : l'édifice risquerait de s'effondrer. Ce que semble ignorer son réalisateur. L'anecdote est amusante, mais sans conséquence sur la dramaturgie. Faut-il la considérer comme négligeable ? Mizoguchi, fortement attaché à ce genre de « petits détails » estimait qu'il ne fallait céder sur rien. Une première concession, disait-il, en entraine une autre, puis une autre encore...

Ou les mensonges patentés. Lorsque Milos Forman réalise son *Amadeus*, il reprend une fable, inventée par Pouchkine, selon laquelle Mozart aurait composé sa célèbre *Messe des morts* à la demande de son rival.

De ce souci d'exactitude par rapport à des objets extérieurs (qui ne remet en cause que la valeur « imitative » de la fiction), j'en viens à l'essentiel : la relation aux films eux-mêmes. À moins de se vouloir résolument aveugle ou de mauvaise foi, il est un premier principe que je dirai « vertueux », sur lequel nous serons bien obligés de tomber d'accord : « la correspondance avec les faits ». Soit l'adéquation de la proposition analytique avec le signifiant qui la fonde.

La notion de « fait » peut être contestée. La philosophie, la sociologie s'y sont employées, souvent avec pertinence. On connait la célèbre formule de Friedrich Nietzsche selon laquelle n'existent que des interprétations. Une formule dont nous devrons nous souvenir lorsque nous aborderons le troisième principe par défaut relevé par Jacqueline Nacache. Mais une critique doit prendre en compte tous les aspects d'une problématique. Répondant à la question « qu'est-ce que la vérité », André Comte-Sponville cite quelques auteurs dont les réponses sont ici particulièrement intéressantes. « Platon [pour qui] « le discours vrai dit les choses comme elles sont, le faux, comme elles ne sont pas ». Ou Épicure [pour qui] est vrai ce qui est comme on le dit être ; est faux ce qui n'est pas comme on le dit être ». Et encore Descartes pour lequel la vérité est « dans l'adéquation à ce qui est[3] ».

---

3. André Comte-Sponville, *Le goût de vivre et cent autres propos*, Paris, Albin Michel, 2010, p. 363.

La formule est au cinéma particulièrement pertinente. La notion « d'adéquation à ce qui est » renvoie à la stricte matérialité de la bande image/son, parfaitement objectivable. Un film n'est pas le monde. C'est un ensemble fini, toujours identique à lui-même (à l'exclusion des détériorations de son support ou des modifications de format, en conséquence des conditions de projection), renouvelable, sinon indéfiniment, du moins un nombre considérable de fois (les métiers de projectionniste ou de monteur en forcent l'évidence). Une copie dite « zéro » se caractérise par des constituants « universalisables » : un plan traité en profondeur de champ *versus* un plan sans cette profondeur, une position verticale *versus* horizontale, un silence *versus* un son de corbeau. Les développements futurs me permettront d'y revenir. Plutôt que de discuter cette notion de façon quelque peu abstraite, souvent peu convaincante, je reprendrai deux exemples plus longuement exposés dans l'un de mes précédents ouvrages, exemples particulièrement éloquents[4] (et, pour cette seule raison, présentement réitérés de façon concise).

Dans un texte paru dans les *Cahiers du cinéma*, André Labarthe affirmait que les deux enfants de *La Nuit du chasseur* (*Night of a Unter*, Charles Laughton) remontaient en barque le cours d'une rivière. Lors d'une conférence, Youssef Ishgapour prétendait que le bâton de Miyagi, l'épouse de Genjuro, le potier des *Contes de la lune vague après la pluie* (*Ugetsu Monogatari*, Kenji Mizoguchi) tournait tout seul vers la fin du récit, comme mû sans la moindre force matérielle.

Que voit-on sur l'écran ? Épuisés, les deux enfants s'endorment, couchés dans le fond de leur barque. Mécaniquement, il leur est impossible d'aller à contre-courant. Ils ne peuvent que suivre le fil de l'eau, et descendre la rivière. Ce que le spectateur ne peut que constater tout au long de l'une des plus belles séquences du film, une séquence animalière où les enfants goûtent un repos bien mérité. Quant au potier, après le décès de Miyagi, il se remet au travail. La scène est tournée en deux plans montés « cut ». Dans le premier,

---

4. Daniel Serceau, *La théorie de l'art au risque des a priori. De la lecture de films à la symbolique des images*, Paris, L'Harmattan, 2004. Je me permets d'y renvoyer le lecteur désireux d'en suivre l'exposé de façon plus complète et donc plus démonstrative.

assis à la droite du cadre, Genjuro lance son tour à l'aide d'un bâton, tandis que celui de son épouse reste immobile dans le fond du cadre. Procédé inhabituel chez Mizoguchi, un raccord dans l'axe souligne la fixité dudit bâton, maintenant filmé en plan rapproché.

Je considère ces données, perceptibles par quiconque, comme d'authentiques « faits cinématographiques ». Des « faits », l'un comme l'autre incontestables. Seuls la déformation par la mémoire, un manque d'attention, ou une exceptionnelle mauvaise foi (oralement toujours possible) en infirmeraient l'existence. Que nos deux auteurs en aient fait une transcription erronée s'explique par le travail, conjugué, de l'infidélité chronique de la mémoire et d'hypothèses interprétatives qui se substituent à l'observation du film, transformant l'image sincèrement remémorée en une sorte d'hallucination trompeuse. Le rédacteur a cru voir ce dont il avait besoin pour sa thèse, vieux procédé de l'esprit. La déformation, toujours possible, fait l'ordinaire du travail analytique. Ce vice constitutif du travail analytique devrait figurer au titre des « principes par défaut » et des consignes de prudence dont Jacqueline Nacache fait état au début de son texte. Que l'on ne songe même pas à le mentionner signifie-t-il qu'il paraisse de peu d'importance ? Au vu d'un certain nombre de pratiques, on ne peut répondre que positivement.

Gain sur le plan strictement cognitif, de visionnement en visionnement, l'analyse de film confirme l'extrême fragilité de la mémoire humaine, son manque absolu de fiabilité. On le sait, de nombreux films en font l'un de leurs ressorts dramatiques (*Le Faux Coupable* [*The Wrong Man*, Alfred Hitchcock], entre autres). Pour le spectateur (et le critique n'est d'abord que cela), il est normal de se tromper. Pour la critique dans sa posture institutionnelle, il ne l'est plus à l'heure du magnétoscope ou du « dvd », sinon par fainéantise ou dilettantisme. La barque qui glisse doucement sur l'eau, le bâton qui ne bouge pas sont des « faits » que nulle proposition analytique ne peut ignorer. Mieux, dont elle ne peut que rendre compte. Soumettre sa « production critique textuelle » au critère d'une telle reconnaissance doit être considéré à l'instar d'un impératif catégorique. Un impératif de contrôle et de vérification auquel on ne saurait déroger sans perdre sa crédibilité d'analyste. Ce qui, ne l'occultons pas, nous met singulièrement à la peine.

Aussi peut-on faire de cette « exigence de vérification » un second principe vertueux. Un principe que l'on pourrait tout aussi bien concevoir, et conséquemment énoncer, selon le modèle défini par Karl Popper : un « principe de réfutation ». Dès l'instant où une proposition analytique est trouvée, puis confirmée par ses différentes occurrences (je reviendrai sur ce point), l'analyste doit adopter une démarche en quelque sorte inversée, et cependant complémentaire : chercher, dans le découpage, ce qui fragilise ou tout simplement conteste ce dont il vient d'énoncer la probabilité, confirmer son degré d'acceptabilité par l'absence de contradiction patente.

Je le disais, nous savons la chose difficile, au cinéma plus qu'ailleurs. Car la vérification de « la correspondance du texte analytique avec les faits », c'est-à-dire avec une image mouvante toujours difficile à maîtriser, suppose beaucoup de discipline et d'opiniâtreté. Pour parler un langage le plus souvent dissimulé, voire refoulé, la tentation de la paresse ou du simple relâchement, de l'écriture facile, de la thèse osée et par là narcissiquement exaltante, l'urgence, réelle ou fantasmée, le désir d'atteindre son but au plus vite ou au plus économique,... guettent le rédacteur et expliquent, quelquefois beaucoup plus qu'on ne le croit, certains développements critiques. Dont acte, sans doute, pour les deux précédents exemples. On comprend, à cette occasion, pourquoi tant de théories se maintiennent aussi loin qu'elles le peuvent du « sujet producteur », entérinant la trop vieille opposition entre le corps et l'esprit, l'homme théorique et l'homme sensuel. On ne peut que donner raison à Jacqueline Nacache lorsqu'elle se revendique « tout entière, toutes facultés critiques analytiques et esthétiques confondues, devant chaque extrait de film [qu'elle] analyse[5] ». Je me souviens du vif conflit qui opposa le rédacteur en chef de la revue *Contre Bande*, Franck Tourret, à l'un de ses collaborateurs. Ce dernier identifiait l'ouverture de *Providence* (Alain Resnais) à celle de *Citizen Kane* (Orson Welles) sur la base d'un certain nombre de ressemblances, indiscutables. Mais ressembler à quelque chose n'est pas lui être identique. On sait combien l'art se nourrit de l'art, un auteur d'un autre, un film de tel ou tel de ses prédécesseurs. De ce point de vue, le plagiat peut s'avérer

---

5. *Op. cit.*, p. 158.

vertueux. Renoir en faisait l'éloge, à la suite de la grande école classique française. Ce sont les différences qui comptent. De minimes variations parfois, qui changent cependant tout. Entre *Une femme mariée* (Jean-Luc Godard) et *La Guerre est finie* (Resnais), le filmage de l'amour, celui des corps qui se cherchent et se désirent, n'est pas sans correspondances. Mais ce sont leurs dissemblances qui font sens. De même entre *Providence* et son illustre prédécesseur. La pratique des remakes en offre bien d'autres exemples.

Je viens de le dire, si toute la question est d'en mesurer les conséquences sur le plan sémantique, nous savons combien ce type de rapprochement, ou de confusion, demeure tentant, quelquefois source d'amalgames ou de contresens pour le moins regrettables. Bon nombre de gloses seraient ici concernées. Certes, ce n'est qu'un conflit de chercheurs. Le monde n'en sera pas bouleversé. Mais ne nous y trompons pas. Par-delà les postures obligées, la prétendue hauteur de vue et l'impartialité théorique de celui qui se consacre uniquement à son objet, deux sensibilités se rencontrent et se heurtent, deux « moi », le plus souvent fragiles. Croire qu'un analyste puisse faire abstraction de sa sensibilité et de certaines de ses convictions est évidemment absurde. Noël Burch a eu le mérite de faire publiquement état ce qu'il appelle sa « phobie du sens ». Phobie, le terme appellerait de nombreux commentaires. Je n'en ferai pas un principe vertueux, mais un appel à plus de vigilance. Aucun analyste ne peut tout à fait s'ignorer dans son moi. Le contraire est plus salutaire.

Tout le monde en tombera d'accord, ce n'est donc pas l'idée qui importe en ce domaine, mais son « application ». Edgard Morin affirmait avec raison qu'il est temps de mettre nos pratiques en rapport avec nos théories. Plus qu'une question d'honnêteté intellectuelle, c'est la fonction de la culture qui est alors en jeu.

2. Le défaut de visionnement

Les exemples des *Contes de la lune vague après la pluie* et de *La Nuit du chasseur* étaient déjà éloquents sur ce point. Néanmoins, je voudrais éviter tout malentendu. Ce ne sont pas des cas particuliers, ou des accidents, dus à la négligence de leurs auteurs. Ainsi que je l'ai déjà suffisamment laissé entendre, il faut les envisager comme la chose au monde de la « lecture de film » la plus banale qui soit. Le fait est que « nous ne voyons pas les films ». Je ne cultive pas le paradoxe ou la recherche de je ne sais quel coup d'éclat. Comme toujours, je m'appuie sur l'expérience du spectacle. Je veux dire, sur ce que nous pouvons ressentir, mais aussi constater et mettre à l'épreuve par le visionnement répété d'un film. Spécialement en présence d'un public d'étudiants qu'il est alors facile d'interroger. Un fait s'impose, en forme de truisme, bien que nous ne puissions en avoir spontanément conscience : nous ne visualisons et n'entendons les films que de façon (très) incomplète (dans notre civilisation, notre oreille est beaucoup moins éduquée que notre regard et, pour cette raison, moins affinée). Non seulement au terme d'un premier contact, mais également après de multiples projections. Chacun peut aisément en faire l'expérience, ne serait-ce qu'avec lui-même, dès l'instant où il adopte une attitude de réflexivité. En ce sens, un visionnement peut être considéré comme indéfiniment perfectible. Il n'est pas sûr que ce travail de finition, jamais achevé, ne porte que sur des détails.

Paradoxe de ma situation (?), je ne crois guère aux mots, encore moins aux argumentations purement langagières. Je ne connais que trop notre irrationalité, notre fermeture à des réflexions qui choquent nos sensibilités et perturbent nos convictions. En d'autres termes, notre propension à ne pas reconnaître nos aveuglements ou nos torts, voire notre mauvaise foi. Il faut donc, autant que faire se peut, apprendre et faire apprendre par l'expérience.

Un conseil que semblait donner Gilles Deleuze. « Expérimentez, n'interprétez jamais », disait-il. Un précepte que l'on peut entendre de diverses manières. Le second terme de la proposition me semble critiquable, j'y reviendrai. Le premier propose, ou impose, un impératif difficilement applicable en sciences humaines, mais en accord complet avec le principe vertueux que j'énonçais tout à l'heure. Et, pour partie, modestement réalisable.

Ce sera donc mon point de départ. Les moyens de projection modernes nous offrent la possibilité de mieux réfléchir la relation qui s'établit entre le film et le spectateur. Les choses vont trop vite au cinéma pour que nous puissions y suivre les mouvements de conscience de l'assistance. La vidéo permet de le faire, ne serait-ce que modestement. Aussi vais-je relater deux « situations expérimentales » qu'il est assez facile de mettre en œuvre. La première se rapporte à cette question du « non-visionnement » des films. La seconde au phénomène de projection-identification auquel Edgar Morin a consacré de longs développements dans *Le cinéma ou l'homme imaginaire*. De longs développements que la théorie du film a quelque peu occultés.

*

Commençons par le défaut de visionnement, le plus banal, le plus risqué pour un analyste. Une « bonne vision » ne doit-elle pas être peu ou prou collective ? Nous avons toujours quelque chose à gagner dans le regard de l'autre. Ce qui ne signifie nullement qu'une bonne vision ne doive retenir que ce qui fait l'objet d'un consensus immédiat.

Dans l'une des premières séquences d'*À l'est d'Éden* (*East of Eden*, Elia Kazan), Cal (James Dean) lit quelques versets de la Bible en compagnie de son père et de son frère, Aaron. La scène s'ouvre sur un plan d'ensemble. Les protagonistes sont assis autour d'une table de forme nettement rectangulaire. La caméra est placée perpendiculairement au plan de l'écran. Le père occupe la gauche du cadre, Cal la droite, Aaron le centre, de dos. La lecture achevée, ce dernier s'éclipse. Cal se met à parler de sa mère, soi-disant défunte.

À la fin de cette longue séquence, je demande à l'assistance de m'indiquer le nombre de ses protagonistes. Une opération de comptage qui ne se heurte à aucune difficulté. Quelques (rares) personnes m'indiquent le chiffre « 2 »[6], la plupart « 3 ».

---

6. Dans la mesure où Aaron ne dit pas un mot, cette évaluation se comprend. Celui qui ne parle pas ne serait pas considéré comme un personnage actif et par là neutralisé. Le jugement est erroné, mais intéressant.

Ainsi que certains s'en sont aperçus, les personnages ne sont pas au nombre de 3, mais de 4. À l'ouverture de la séquence, une femme portant un tablier se tient debout à la verticale de la chaise occupée par James Dean. Il semble difficile de ne pas la remarquer. De tous les comédiens, Dean est celui que le public a le plus tendance à regarder... et la femme se tient à ses côtés. La dramaturgie pourrait se suffire d'un tel dispositif. Ce personnage, une aide-ménagère sans doute, participe à la prière du soir. Quoi de plus banal, on peut le penser, dans une famille d'esprit démocratique. Mais le film ne se suffit pas de cette indication de type naturaliste. Détail qui stupéfie une grande partie de l'assistance lors du re-visionnement du film (avec arrêt sur image, afin de lever tout risque de contestation), cette protagoniste apparaît seule dans le plan suivant, sans motif particulier. Elle ne parle pas, et son comportement reste neutre. Passive, elle ne joue dramatiquement aucun rôle. Par une astuce de montage, elle disparaît de la scène sans que le découpage ait besoin de rendre son départ vraisemblable. Bref, une fugitive et quelque peu mystérieuse apparition.

Le « fait cinématographique » est patent ; tous les spectateurs l'ont nécessairement visionné. Je veux dire, l'ont indubitablement « eu devant leurs yeux ». Cependant, je le répète, visionnant de nouveau la séquence (quelques minutes plus tard tout au plus), la majorité d'entre eux n'en garde même aucun souvenir. La servante est par eux réduite au statut de fantôme.

Que cette femme apparaisse seule dans le cadre rend l'expérience particulièrement probante. Dans le cas contraire, nous pourrions invoquer le manque d'attention du spectateur, l'incapacité qui est la sienne de tout regarder (mais, justement, n'est-ce pas de cela dont il s'agit ?) compte tenu de la complexité des rapports entre les gens et les choses répartis dans le rectangle d'un écran positionné de façon inhabituelle (selon des obliques appuyées, j'y reviendrai en traitant de la question de l'interprétation). Rien de tout cela en l'occurrence. À l'exception d'une horloge occupant vaguement le fond du décor, une présence unique, donnée là, « qui crève l'écran ». De cette parfaite occultation d'un objet de vision, ne peut-on tirer une conclusion générale, souligner ce qui fait sans doute l'ordinaire de notre rapport à un film : l'effacement par notre conscience, sinon par notre regard, d'une foultitude de « détails » entrant dans la composition d'un plan. Entre ce qui est « présenté » à l'image et ce que le spectateur en retient, un écart se creuse dont nous pouvons faire le prototype du mode de visionnement d'un film : toujours incomplet, toujours insuffisant, en ce sens toujours « aveugle ». Le spectateur n'est plus ce voyant qui, les yeux écarquillés, fasciné, voire hypnotisé par ce qui se déroule devant lui, dévore chaque photogramme. Il est celui qui sélectionne, schématise, oblitère, celui qui se croyant le sujet d'une vision totale manque à sa tâche et ne conçoit même pas qu'il ne voit pas : un « voyant non voyant ». Un « voyant non-voyant », celui qui, théoriquement, ne peut manquer de voir ce que le dispositif cinématographique impose à son regard. Immobile dans son fauteuil, il n'a pourtant d'autre souci que d'en suivre le flux permanent (si le film ne l'ennuie pas trop). Le voici pris en flagrant délit de défaut de perception. Un défaut constitutif du procès de participation au film et, pour cette raison, tendanciellement toujours présent. Je le disais, le spectateur n'en aura jamais tout à fait fini avec ses visions et ses écoutes possibles. Car l'oreille est souvent plus handicapée que l'œil, plus sujette à de complètes occultations. Aussi peut-on également caractériser l'usager du cinéma comme un « entendant malentendant », celui qui entend, peut-être, les volumes sonores qui se répandent dans la salle mais ne les écoute quelquefois pas du tout. Seuls de multiples visionnements et de multiples auditions, « guidés par l'analyse », lui permettront de combler ses lacunes, dans une « dialectique de l'observation et de la conceptualisation » qu'il faut considérer comme un troisième principe vertueux de l'analyse filmique : garder toujours à l'esprit le risque de cécité et de surdité du spectateur, savoir que l'on ne peut y remédier indépendamment de l'effort de compréhension du récit. Car tout est là. Il serait absurde de confier à la seule qualité de l'observation le soin de « bien » regarder un film. Retrouvant l'un des principes de la perception, certains éléments constitutifs d'un film ne peuvent être distingués hors du travail de « lecture ». Si l'idée conforte ainsi la vue, n'oublions jamais que la vue permet à l'idée de naître. L'une corrige l'autre, en même temps qu'elle la suscite.

D'où la formulation d'un quatrième principe vertueux. Un principe d'analyse, certes, mais que l'on pourrait tout aussi bien considérer d'un point de vue créatif. Un guide partiellement inconscient mais d'une indiscutable valeur opératoire. Bien que la chose ne soit à proprement parler jamais réalisée, « le récit cinématographique doit être considéré », a priori, « comme strictement nécessaire ». En sa totalité. Chacune des parties qui le constituent, y compris les plus négligeables en apparence, concourt à l'édification de l'ensemble, ou le fait d'autant mieux que le film est plus complètement maîtrisé. Idéalement, tout, absolument tout, « doit » être pris en compte. De sorte que rien ne peut être absolument certifié tant que certains fragments ou certains détails sont maintenus hors du champ de l'analyse.

Si aucun film, je le disais, ne peut à proprement parler répondre à une telle exigence, certaines des œuvres les plus abouties du cinématographe s'en approchent indubitablement. Ce que seule une analyse systématique permet de dévoiler, et donc de vérifier. Non sans quelque surprise. L'un des critères du travail analytique réside dans cette découverte, aussi mesurée soit-elle : comprendre l'importance d'un détail que l'on jugeait jusqu'alors parfaitement contingent.

Ce principe d'une « nécessité absolue du découpage », j'insiste sur ce point, demeure asymptotique. Aucune analyse ne l'accréditera dans son absolu ; des analyses répétées le confirmeront dans sa valeur tendancielle[7], par essence toujours perfectible. Excessif dans son application dogmatique, il n'en est pas moins l'un des garants d'une meilleure analyse possible. Ainsi, je le disais, certains détails que l'on juge ou jugeait comme allant de soi ou sans importance, doivent-ils être souvent réexaminés sous un jour inattendu qui les élève au rang d'un constituant symbolique tout à fait essentiel, et, quelquefois, les transforme assez radicalement dans l'appréciation que l'on pouvait raisonnablement en faire dans un premier temps. Dans *Rome ville ouverte* (*Roma, città aperta*, Roberto Rossellini), la

---

7. Parmi les films que j'ai le plus analysés à ce jour, celui qui en permet la meilleure démonstration est *Le Caporal épinglé*. Je le citerai donc à plusieurs reprises. Mon insistance a d'autres raisons. C'est une œuvre mal aimée, à mon avis à tort, la démonstration de sa *nécessité* s'offrant du même coup comme une importante pièce au dossier critique. Une œuvre, à mon avis encore, essentielle du point de vue culturel.

mort de Pina (Anna Magnani), moment d'émotion intense et capitale de la douleur, se révèle fortement critiquée par le montage. Le militant communiste, Manfredi (Marcello Pagliero), figure héroïque par excellence, est à son tour mis en accusation et déclaré « objectivement » responsable de son arrestation par les nazis.

Le contraire est également vrai. Tel plan ou telle scène, y compris plastiquement ou dramatiquement brillants, peuvent s'avérer superfétatoires. Dans ses *400 coups*, François Truffaut se reprochait d'avoir tourné ou laissé au montage le plan d'un envol de pigeons, certes agréable à l'œil, mais « assez gratuit », disait-il[8]. La gratuité *versus* la nécessité, un guide pour l'analyste comme pour le cinéaste ? Pour en juger, je comparerai ce plan à son « homologue » de *La Forêt interdite* (*Wind Across the Everglades*, Nicholas Ray). Il se situe vers le début du récit. Des oiseaux prennent majestueusement leur essor, servi par l'accompagnement musical.

Dans le film de Truffaut, ledit envol, provoqué par le passage d'Antoine Doinel et de son ami René, est assez joli, mais reste accidentel et pittoresque. Le plan est d'ailleurs trop court pour donner naissance à un effet plastique autonome. Chez Ray, cette nuée immaculée, s'ouvrant comme des pétales de fleurs au-dessus des marais, est beaucoup plus qu'une simple beauté visuelle : un éloge de la contemplation.

Par-delà l'inégalité esthétique de chacun de ces plans, ce sont les effets de sens dont ils sont, ou non, les agents qui font la différence. Nuls dans *Les 400 coups*, ils ne font que monter en puissance dans *La Forêt interdite*. Comme toujours, ce n'est pas le plan perçu dans sa singularité qui nous importe le plus. Mais le réseau relationnel dans lequel il s'insère. Chez Ray, dès l'ouverture du récit, le conflit entre une nature resplendissante et l'action meurtrière de l'homme arrache les plans d'extérieurs à leur seule vocation photographique. À la fin du récit, sur le point de mourir, Cottonmouth, un brigand qui exterminait les oiseaux pour vendre leur plumage (nous sommes à l'époque des chapeaux de femmes surchargés de plumes), tourne pour la première fois son visage vers le ciel (couché sur le dos, il y

---

8. Anne Gillain, *Le cinéma selon François Truffaut*, Paris, Cinémas/Flammarion, 1988, p. 94.

est d'ailleurs contraint, précision elle aussi importante, la position du corps devient symboliquement « nécessaire »). Jusqu'ici, il s'était comporté en prédateur et se souciait de la préservation des oiseaux comme d'une guigne. Il commence à douter. On voit quel est l'enjeu du récit. Substituer au consumérisme destructeur de la nature, à la jouissance dans la seule appropriation marchande, la pure délectation du spectacle d'un monde dont la magnificence s'offre à notre regard dès l'instant où nos yeux sont enfin dessillés. Le goût de la beauté contre le pouvoir de l'argent. Un investissement éthique autant qu'esthétique. Entre les deux plans (Ray *versus* Truffaut), le critère d'appréciation réside dans leurs valeurs discursives respectives.

Ce n'est pas la réussite (la beauté) du plan en elle-même qui décide de sa force intérieure, mais les relations qu'il entretient avec d'autres moments du récit. L'analyste doit regrouper, et associer, ce qui est disjoint dans l'ordre du découpage pour le réorganiser aux fins de la (re)constitution d'un ordre symbolique. Ce que j'appelle le « principe de fondation réciproque » (cinquième principe) : tel fragment en conforte un autre qui le conforte à son tour. Ce principe n'est rien sans un sixième : le « principe de totalité ». Il ne s'agit pas de sélectionner certains détails et d'en faire une sorte de « tout » du film (Michel Chion en a judicieusement dénoncé la pratique), mais de les confronter à ce qui, les contestant en un premier temps, les renforce en un second. De ces séquences de *La Forêt interdite*, il serait absurde de ne retenir que l'hommage rendu à la beauté des choses. Alors que Cottonmouth se réconcilie avec les oiseaux, il ne doute pas du sort qu'ils lui réservent. Ce grand dévorateur de volatiles sera dévoré à son tour. Une réflexion sans laquelle on ne peut que défigurer le récit, ou le trahir. À chaque fois, il faut aller jusqu'au bout du discours implicite d'un film, tel que la totalité de son découpage nous y oblige. Nombreuses sont les analyses qui se contentent de discours partiels. Des discours généralement de circonstances (idéologiques) qui ne nous proposent qu'une sélection tendancieuse de faits, ceux qui les autorisent à persévérer dans une simplification qui n'est pas toujours exempte d'un dogmatisme certain. Une démarche le plus souvent involontaire, résultant de la difficulté du travail et des solutions qu'une longue série d'automatismes met à la portée de l'analyste. Aussi le principe de totalité est-il plus vertueux que tous les autres, en dépit de sa grande complexité. Il nous oblige à de scrupuleux examens, une profondeur dont nous n'avons que trop tendance à nous dispenser. Pour être un bon chercheur, au cinéma comme ailleurs, il ne faut pas tenir compte du temps qui passe. Mais le temps passe, hélas. Contradiction de tout analyste.

De la présence ou de l'absence de relations aussi savantes que celles pratiquées dans *La Forêt interdite* dépend la nécessité d'un plan. Sa nécessité symbolique. Que dans *Pickpocket* (Robert Bresson), nous voyons passer par deux fois le même figurant dans le rôle d'un voyageur s'explique, peut-être, par l'indigence de la production, mais ne tire à aucune conséquence. Dans *L'homme qui en savait trop* (*The Man Who Knew Too Much*, Alfred Hitchcock), la séquence chez le taxidermiste, étrange et presque folklorique, ne présente qu'un faible intérêt. Ainsi que le reconnait le docteur McKenna lui-même (James Stewart), ce n'est qu'une erreur, conséquence d'une simple confusion de noms propres, dans la vie si banale. Son épouse, par contre, a résolu l'énigme. Ce qui est au moins l'acquis de la scène. Un acquis qui complexifie quelque peu le regard que le cinéaste jette sur ses héroïnes (il faut se méfier des jugements hâtifs, certaines théories devraient s'en rappeler). Ce point mis à part, la narration pourrait tout aussi bien s'en passer. À l'inverse, les publicités qui font rêver Henry Fonda dans *Le Faux Coupable*, alors que le récit semble à peine commencé, s'avèrent essentielles en dépit de leur apparence anecdotique. Toute la problématique hitchcockienne y est en un sens donnée[9]. Aussi faut-il toujours s'interroger sur le degré de la nécessité ou de contingence que l'on doit reconnaitre à un plan ou quelque détail de ce plan. Seule la compréhension du sens d'un film permet à l'analyste de différencier ce qui compte de ce qui compte moins (avec tous les degrés intermédiaires) – ou pas du tout. À l'échelle du cinéma mondial, cette dernière possibilité est évidemment la plus fréquente. Ce que l'analyste ne doit jamais perdre de vue.

---

9. Voir, *infra*, *Le principe de la faute dans le cinéma d'Alfred Hitchcock*.

3. La « projection »

Venons-en à ma seconde expérimentation. Le concept de « projection-identification » proposé par Edgard Morin n'a guère connu de descendance ni de critique positive. Positive, au sens où il méritait d'être repris et travaillé. « Projeter », selon la conception spontanée que l'on en a, ce serait fausser, à tout le moins métamorphoser le film par un subjectivisme outrancier. Il faudrait s'en méfier et même se l'interdire. Un bon visionnement, un visionnement de type « scientifique », supposerait un blocage du sujet par rapport à lui-même, une conscience purement objective qui tiendrait soigneusement à distance tous ses affects et toutes les motions pulsionnelles, pourtant suscitées par un spectacle laborieusement construit à cette fin. Une proposition dénuée de sens. Autant supprimer le spectacle lui-même et ne plus consulter que des études théoriques. Car nul ne peut suivre et même simplement regarder un film sans être constamment tenu en éveil (sinon il ne l'observe plus, ou de moins en moins). Sans cesse, il mobilise les facultés de son imagination, s'interroge sur le cours ultérieur des événements, doute, conteste, approuve ou réprouve la conduite d'un personnage, s'abandonne à toute une kyrielle de sentiments, entre l'euphorie et la désolation, la tendresse ou la haine, la peur et le désarroi. Toute une activité psychique que l'on subsume généralement sous le concept « d'émotion », concept essentiel (il faut que le rectangle de l'écran soit rempli d'émotion, disait François Truffaut à Hitchcock) mais dangereux (ainsi que Fritz Lang nous le rappelle magistralement tout au long de son œuvre), et surtout trop limitatif. La participation du spectateur à un film de fiction repose plus essentiellement sur des conflits de représentations et surtout de désirs. Espérer une résolution dramatique pourtant menacée de toutes parts, vouloir que telle action triomphe au détriment de telle autre, espérer un miracle (à la fin de *Ben Hur*, les deux lépreuses comblent les spectateurs en bénéficiant d'une cure de jouvence tout à fait improbable), être surpris, déçu ou comblé par ce qui advient, tel est au cinéma le mode le plus répandu d'attachement ou de fascination par le procès narratif. Le film d'aventure, le film noir, le film de guerre mettent particulièrement en jeu ces alternatives de l'espérance ou de la crainte (le soldat échappera-t-il au feu de l'ennemi, le prisonnier parviendra-t-il à s'échapper ou sera-t-il repris par le justicier ?), dans l'attente de modes de résolutions narratives, quelquefois parmi les plus cruels et les plus injustes (tout dépend du point de vue de celui qui les regarde et les rapporte à lui-même), mais aussi les plus magiques. Pour le plus grand plaisir du spectateur, la cavalerie américaine « doit » sortir indemne d'un traquenard et les Indiens tomber comme des mouches (ce que de nombreux westerns, y compris certaines réalisations de John Ford, parmi ses plus célèbres, leur servent sur un plateau), les alliés ne « doivent » pas perdre un seul homme au combat et les nazis de se faire tous exterminer ; l'officier « peut » épouser la jolie jeune fille et le simple soldat se doit d'y renoncer. Désenchantement peut-être, le désir du spectateur n'est ni tout à fait moral ni forcément en accord avec ses idéaux humanitaires et/ou politiques. *Furie* met très positivement en scène cette attitude partisane. La pauvre victime, à laquelle le spectateur s'identifie si facilement au cinéma, s'y transforme en bourreau.

Par-delà tous les qualificatifs qui permettraient d'en décrire toutes les composantes, je dirai que le spectateur, à chaque instant du déroulement filmique, se fait une « représentation » (mentale) « de la représentation » cinématographique (c'est-à-dire matériellement inscrite sur la pellicule). Sans cette représentation (psychique), la projection venue de la lanterne resterait lettre, ou plutôt film mort. L'image et le son ne seraient que bruits, rais d'ombre ou de lumière s'agitant sur une surface plane, ainsi que le *Faust* de Murnau en fait ostentation dès sa première séquence. Un va-et-vient permanent s'opère entre le spectateur, qui reçoit les données venues de l'écran, et cet écran lui-même : entre ce que le spectateur met, ou voudrait mettre, dans le film, et ce que celui-ci lui impose objectivement. Le conflit est d'autant plus vif que la narration est plus travaillée. L'activité psychique ainsi suscitée sert ou seconde, non seulement le mécanisme du spectacle dans son pouvoir de captation, mais la possibilité même de son discours. Aussi peut-on dire que le spectateur, potentiellement, complète ou achève la représentation (le film). Il « réalise » progressivement (avec les insuffisances que l'on sait) ce dont la pellicule ne porte que la virtualité. Un processus qui s'opère selon des modes variés, de la simple reconnaissance de ce qui est donné à entendre et à voir jusqu'à l'éventuelle compréhension des non-dits, en passant par l'intériorisation de ce qui est donné sur le mode de la suggestion. Des non-dits qui, pour une large part, font le contenu des états psychiques du spectateur, mais non à proprement parler de sa conscience. Ici se place l'analyste. Pour faire court, il lui faut penser ce que le film donne à penser par de seuls indices ou les impressions qui en émanent[10]. Loin de les censurer ou de les refouler, quelquefois sur le mode de la honte (« je n'y comprends rien, je suis un idiot »), il faut les considérer comme des points de départ. Se faire l'écho et le représentant de ces matériaux psychiques est, en conséquence, un septième principe vertueux.

Entre la représentation filmique et la représentation du spectateur, trois types de relations peuvent être globalement distingués, en laissant, bien entendu, la porte ouverte à toutes les positions intermédiaires.

Dans le premier cas, la représentation (mentale) peut être dite « complémentaire ». Elle produit non seulement ce que le déroulement dramatique suggère, mais surtout ce qu'il requiert. C'est le cas le plus fréquent. Il tient à la nature essentiellement allusive du cinéma de fiction et correspond à ce que j'analyserai dans quelques lignes en prenant *Furie* pour exemple. Je reviendrai un peu plus tard sur ce point en m'appuyant sur une séquence de *La Grande ville*.

Seconde possibilité, la représentation sera dite « contradictoire ». Dans *Une femme mariée*, à l'ouverture d'un plan (au tout début du film), Macha Méril apparaît de dos, nue, cadrée à hauteur d'épaules. Première surprise, en off, on entend la voix de son amant dont rien ne signalait la présence dans la diégèse. Seconde surprise, des doigts surgissent à la base du cou de la comédienne. Son partenaire était donc là, nous faisant face, dissimulé par le corps de sa maîtresse. Le spectateur le « projetait » dans le hors-champ, c'est-à-dire au-delà de ce cadre qui l'incluait. Un plan suivant en reprend le procédé, mais en l'inversant. Macha Méril est cette fois tournée vers la caméra, de nouveau apparemment seule à l'image. Surgies du bord inférieur de

---

10. Dans mon ouvrage *La théorie de l'art au risque des a priori*, j'avais pris l'exemple du film de Lang, *M. le maudit* pour en analyser le mécanisme.

la fenêtre de l'écran, les mains de son amant viennent la caresser. Ici, essentiellement visuelle, la contradiction est ailleurs idéologique.

Dans *La Marseillaise*, lorsque nous pénétrons dans la chambre du monarque par le truchement du cinéma au soir du 14 juillet 1789, une certaine solennité s'impose, induite par le comportement protocolaire des gentilshommes de service et la musique de fosse présente depuis le générique. Tout change dès que la caméra se rapproche du roi par un raccord dans l'axe. Incarné par un Pierre Renoir en bannière, affamé, parlant rond et franc, Louis XVI se révèle le plus commun des hommes, à mille lieues des souverains en majesté auxquels les manuels d'histoire ont habitué le public français. Le spectateur rectifie les données synthétiques de sa projection (plus ou moins personnalisée) par le constat d'une image qu'il ne peut, au mieux, que dénier dans sa composition. Ce qu'il avait anticipé se trouve ruiné parce qu'il est donné de visionner. D'un tel conflit naît, ici, l'essentiel du discours filmique. En ce sens, tout film de quelque importance est à sa manière un dialogue avec le spectateur, y compris, et peut-être surtout, avec ce qui, en lui, est le plus incritiqué, le plus secret, voire le plus inconscient.

Une autre modalité oppose le désir du spectateur à la logique du récit. Elle peut être dite *déceptive*. Une option essentielle sur le plan symbolique, ainsi que Sigmund Freud en fait la démonstration exemplaire dans son ouvrage, *L'homme Moïse et la religion monothéiste*. Un bel exemple nous en est donné par la séquence la plus pathétique mais aussi la plus difficile à supporter des *Chemins de la gloire* (*The Road to Glory*) de Howard Hawks. Elle se situe vers la 72e minute du récit. Parti en avant-garde, le soldat Morain, un homme déjà très âgé, prend peur et lance une grenade sur ses camarades. Il les a confondus avec une patrouille allemande. Deux de ses compagnons sont tués. Sa vie est brisée ; son honneur perdu. Paradoxe d'un art fixé sur une pellicule, on ne peut revoir cette séquence sans en craindre l'inéluctable déroulement, tout en désirant follement que le vieux militaire ne renouvelle pas son acte. Une expérience que l'on peut vérifier maintes et maintes fois au cinéma.

Le récit n'en reste pas là. Il met en scène ce que l'on pourrait appeler un « processus de compensation ». Autrement dit, un jeu avec la satisfaction-insatisfaction du spectateur. Rongé par la culpabilité,

Morain se porte volontaire pour une mission dont l'issue a toutes les chances de lui être fatale. Il meurt en héros. La scène précédente avait immensément déçu le spectateur ; celle-ci lui apporte une réparation, partielle, paradoxale (la mort semble moins insupportable que la vie), mais réelle. Une grande partie de la production narrative s'explique par l'économie du plaisir-déplaisir qu'elle choisit de mettre en œuvre. Un bilan déceptif ne peut être que problématique, notamment pour le succès d'un film au box-office. Il n'en est pas de même symboliquement.

4. L'identification

Le stade de l'identification parfait, ou corrige, celui de la projection. Les deux moments doivent être considérés comme complémentaires, les éventuelles erreurs du premier s'avérant constitutives de ce que le second permet d'établir dans la conscience du spectateur. Il ne s'agit pas, pour l'analyste, de diaboliser la projection, mais de s'en nourrir sous le contrôle de l'identification, stade ultime de la validation de ce qui est avancé au titre d'une hypothèse.

Une très courte séquence de *Furie* (*Fury*) est ici particulièrement probante. Située vers la fin du récit, elle fournit la matière d'une nouvelle expérimentation. Le lecteur en trouvera l'analyse détaillée en annexe. Je me contenterai de sa rapide description. À titre probatoire, je la renouvelle régulièrement. À ce jour, toujours avec les mêmes résultats.

Marchant seul dans une rue, le héros, Joe Wilson (Spencer Tracy) entend une musique de jazz sortant bruyamment d'un bar voisin. Sur le pas de la porte, un homme fait ses adieux. Heureux, Joe pénètre dans le bar. La caméra est maintenant placée à l'intérieur de l'établissement. Plan sur Wilson regardant l'intérieur de la salle...
À cet instant, j'arrête la projection. Je demande à mes étudiants de se mettre dans la peau d'un premier assistant-réalisateur chargé de préparer le plan suivant : le contrechamp de l'axe précédent, correspondant au regard de Spencer Tracy, évidemment attendu par le spectateur. Une foule de questions se posent. Qui doivent-ils convoquer afin que le tournage ne prenne pas de retard ou ne soit pas carrément empêché ? En termes plus précis, quels éclairages, quels comédiens ou figurants, quelle organisation du décor doivent-ils rendre matériellement possibles ? Une fumée envahissante dont les volutes traversent le cadre ainsi qu'il en est dans *M*. ou *Le Diabolique docteur Mabuse* (*Die tausend Augen des Dr Mabuse*, Lang), marques ou tics d'auteur obligent ? Des serveuses, très probablement, mais combien ? De quel âge, habillées de quelles façons, se comportant comment avec leurs clients, sans doute essentiellement des hommes ? Pourquoi pas des entraîneuses ? La liste restera indéfinie tant qu'une conception du plan n'aura pas été clairement établie. Au cinéma, à la différence de la littérature, « l'auteur » ne

peut faire l'impasse sur ce genre de précisions. En imagination, ou si l'on préfère sur le papier, chacun peut se laisser aller à son idiosyncrasie, voire à ses fantasmes. Un cinéaste soucieux de la cohérence et de l'efficience de son récit, certainement pas. Passons à l'observation de la scène telle qu'elle est fixée sur la pellicule. Que voit Joe Wilson en cet inévitable contrechamp ? Une salle vide. Les chaises sont posées sur les tables ; les consommateurs évanouis. Seul, un barman écoute à la radio la musique tonifiante qui avait attiré le personnage. Le jazz, le client qui prenait congé en saluant quelque partenaire à l'intérieur du café avaient convaincu Wilson que le bar était ouvert et de joyeuse compagnie. Ce que le spectateur s'était également « représenté », guidé et trompé par les mêmes indices. Les deux consciences, l'une supposée, l'autre réelle, coïncident. Ou plutôt, l'une se substitue à l'autre et lui donne existence. Mais une existence induite par la matérialité de l'image/son. Ce qui, impérativement, doit demeurer le fondement et la caution de toute proposition critique.

« L'art en même temps que la théorie de l'art (...). Le cinéma en même temps que l'explication du cinéma » disait Jean-Luc Godard à propos d'*Elena et les hommes* (Renoir)[11]. Lang, lui aussi, filme et le cinéma et la théorie du cinéma. Plus précisément, le mécanisme de la « projection-identification », tel que le dispositif dramaturgique en décompose en deux plans les deux étapes successives. Décrivant ce phénomène, Edgard Morin parle de « la trombe irriguante [qui] vient du spectateur ». Il suggère l'idée d'une surabondance de ce qui advient à l'esprit, une sorte de flux incessant, massif et fourmillant. Quels que soient le foisonnement et l'éventuelle particularité de ce qui afflue à la conscience de chaque spectateur, quels que soient l'arbitraire du matériel psychique qui viendrait « se glisser entre deux images », sa personnalisation en fonction de chaque destin individuel, il faut insister sur deux choses. D'une part, ni franchement conscient ni tout à fait inconscient, ce contenu de l'esprit est trop évanescent pour devenir un authentique fait de l'esprit. Je le répète, fantomatique, il demeure plus virtuel que réel. Il n'en est pas moins

---

11. *Jean-Luc Godard* par Jean-Luc Godard, Paris, *Cahiers du cinéma*, 1985, p. 118.

l'agent décisif de la participation du sujet au spectacle cinématographique. D'autre part, et ceci est de loin le plus important, le particularisme des représentations produites, toujours possible, ne joue qu'un rôle secondaire. L'histoire de chaque spectateur, ses préoccupations au moment de la projection (peut-on visionner le même film d'amour selon que l'on vient de divorcer ou de rencontrer le ou la partenaire de ses rêves ?) ne sont que des phénomènes accessoires. Une seule chose compte : la différence entre ce qui est anticipé et ce qui est montré ; la projection du spectateur *versus* la perception de ce qui est fixé sur la pellicule. Les images mentales sécrétées par le spectateur se réduisent, là encore, à une simple opposition organique : un intérieur bondé de monde *versus* un intérieur vidé de ses occupants. À proprement parler le « contenu de conscience » opératoire n'est pas même une image, mais plutôt une, ou si l'on préfère deux idées : plein *versus* vide. Il ne s'agit pas de se perdre dans le prétendu infini détail d'une vie psychique surabondante, mère de toutes les richesses possibles (le spectateur serait bien incapable de décrire l'intérieur du bar avant que Joe Wilson y soit entré, sinon par pure fantaisie imaginative), mais de la définir en quelque sorte structurellement. En dernière instance, ce ne sont pas les émotions qui nous importent (même si, j'insiste, elles sont incontestablement et fort heureusement présentes), mais ce que l'on peut nommer des « représentations » dont le degré d'abstraction est plus ou moins élevé. Et, pour l'essentiel, objectivables. Aussi doit-on les définir et les conceptualiser au plus juste. Ce n'est pas le moindre travail du critique ou de l'analyste que de se contraindre à une telle exactitude dans leur formalisation. Huitième principe.

Edgard Morin confond les termes de « projection » et « d'identification ». Il faut les disjoindre. Ils constituent l'un et l'autre deux stades différents de la perception filmique, plus ou moins proches ou lointains selon la spécificité de la narration.

Commençons par le plus simple, le caractère multivoque du concept d'identification. Il est généralement entendu dans sa seule voix pronominale. Le spectateur s'identifierait à un ou plusieurs personnages. Tel serait l'un des principaux ressorts de sa participation au dispositif du cinéma de fiction. Le mot, pourtant, recouvre

une réalité multiple dont il faut distinguer toutes les variations. J'en retiendrais cinq, de la plus simple à la plus complexe :
- l'identification en tant que reconnaissance de l'identité d'un objet ;
- l'identification mimétique ;
- l'identification projective ;
- l'identification au récit ;
- l'identification symbolique.

4. 1. L'identification en tant que reconnaissance de l'identité d'un objet

Reconnaître l'identité d'un objet au cinéma ne semble guère poser de problème, à l'exception de cas spécifiques rendus « exotiques » par leur usage professionnel, leur provenance géographique ou leur origine culturelle. La plupart des films sont élaborés (ou croient être élaborés) pour un spectateur « moyen », moyen c'est-à-dire universalisable. Mais, au niveau planétaire, de nombreux films paraîtront obscurs ou étranges à l'un ou l'autre de leurs publics potentiels dans leur ronde autour de la Terre. La familiarité de ce qui nous est montré est beaucoup plus un effet d'apparence que de connaissance au sens propre. Nous croyons identifier ce qui figure dans le cadre, dans la mesure où nous nous contentons de le classer à l'intérieur de grandes catégories plus ou moins coutumières. Ce n'est plus l'objet que nous regardons (identifions), mais sa classe d'appartenance. De quel type d'avion s'agit-il, de quel style d'ameublement, Louis XV ou Louis XIV ? Quels drapeaux de quelles nations flottent à cet instant au vent ou, pour des films anciens ou étrangers, quel est le modèle de cette automobile ? Nous n'en savons rien – ou ne le savons plus. Si toutes ces connaissances, qu'elles soient d'ordre historique ou culturel, nous font souvent défaut, notre peu de savoir suffit généralement au suivi dramatique des récits qui nous sont proposés.

Il ne faut toutefois pas s'en cacher la relativité. Dans *Le Bal des vampires*, la femme de Shagal, l'aubergiste, soulève un moment sa chevelure et fait apparaître son crâne rasé. Elle portait une perruque ! Pourquoi ? Sans un savoir exogène à la fiction, nul n'est en état de le comprendre puisque le récit n'en fait aucun commentaire. « La coutume des juifs orthodoxes d'Europe centrale veut qu'au moment de se marier, la femme se débarrasse de sa chevelure et porte une perruque », explique le dossier n° 39, édité par les soins du Centre national du Cinéma (CNC) pour les soins de l'opération « Collège au cinéma ». Sans doute. Mais les deux époux semblent pour le moins éloignés du jour de leurs noces ? La coutume s'imposerait-elle pour la vie entière ? L'effort de documentation nous apporte-t-il en l'occurrence quelque chose ?

Autre difficulté, ce qui était connu de tous lors de la sortie d'un film ne l'est plus quelques décennies plus tard. Pour ne prendre que ces seuls exemples, je me suis aperçu que les étudiants d'aujourd'hui n'« identifiaient » plus le brassard noir que porte le fils de Pina après la mort de celle-ci (*Rome ville ouverte*), pas plus qu'ils ne reconnaissent la CV Renault qui sert de taxi à l'une des héroïnes de *La Rue de la honte* (film japonais de Kenji Mizoguchi). Nos rues, nos bâtiments, nos vêtements ne laissent plus transparaitre la mort. De pareils changements dans nos coutumes décident du type de représentations (mentales) à partir duquel le public se fait l'intelligence d'un film. J'imagine que le corbillard qui traverse l'espace dans l'une des dernières séquences du *Caporal épinglé* n'est plus qu'un objet exotique pour les générations nouvelles. Dans *Partie de campagne*, l'allusion à *Roméo et Juliette* (le rossignol qui chante dans les branches ; Rodolphe qui « préfère se faire appeler Roméo ») passe également inaperçue. Quels que soient les efforts déployés par un cinéaste afin de rendre son film compréhensible au plus grand nombre (si toutefois il s'en soucie), il ne peut tout prévoir, pas plus qu'il ne peut compenser les méconnaissances et les défauts d'acculturation de certains de ses spectateurs. Notamment sur le plan du vocabulaire. De nombreux films classiques, lexicalement souvent si riches de ce point de vue, font date. Des expressions comme « Ma position de berger Pâris sans la pomme », « Quand je vous vois faire le Céladon auprès de votre Viennoise » (*La Règle du jeu*), « Une pierre dans mon jardin » (*La Grande illusion*) sont devenues quasi incompréhensibles pour la majorité des spectateurs. Le risque, bien connu, est d'aligner les dialogues filmiques sur le niveau de langage de cette majorité. La base sociale du 7e art a considérablement évolué depuis les années 1960. En moyenne plus éduqué, le public actuel est aussi plus jeune. Son niveau d'expérience et ses préoccupations diffèrent. Comment pourrait-il rechercher les mêmes films, aller au cinéma muni des mêmes représentations (mentales) que par le passé. On ne peut que constater le grand appauvrissement des dialogues utilisés dans la quasi totalité du cinéma moderne (Éric Rohmer fait exception). Un cinéma qui contribue à la « normalisation » du langage par le bas. Doit-on s'en inquiéter ? Est-ce si important pour la compréhension d'un film ? Restons circonspects. Le cas de *Partie de campagne* mis à part, la plupart de ces savoirs demeurent « périphériques ». Intéressants, certes, élargissant le champ culturel du spectateur et de l'analyste, certainement, mais sans incidence directe sur la pensée du film. L'anecdote de la perruque (d'ailleurs bien fugitive) fait l'effet d'une bizarrerie, d'un trait de comédie en accord avec le ton du récit, à moins qu'elle ne soit perçue comme une information quasi documentaire. C'est affaire de culture générale, ou plutôt « spécialisée ». Identifiée ou non dans son origine ethnologique, elle n'éclaire nullement le discours filmique. Il en est ainsi pour un grand nombre de références musicales, picturales ou littéraires. Qu'elles aient nourri le travail créateur est chose indiscutable et dans bien des cas tout à fait remarquable. Que leur repérage et leur citation suffisent à la compréhension d'un récit est plus incertain. Dans *La Promesse*, Igor, le jeune garçon, prend une douche après avoir participé à l'enfouissement de Mamadou sous une dalle de béton. Le pauvre homme, un immigré, s'est tué en tombant d'un échafaudage où il travaillait au noir. Robert, le patron et père d'Igor, a décidé de faire disparaître son corps afin de ne pas l'emmener à l'hôpital où l'illégalité de son emploi aurait été découverte. Blessé au pied, le jeune homme tente de laver sa plaie. Mais le sang coule toujours. Les frères Dardenne font-ils allusion à Lady Macbeth ? Sans doute. Dans la mesure où ce type de savoir se donne des titres de noblesse culturelle, grande est la tentation de le prendre pour fondement et fin du travail analytique. Mais, trop souvent, ce n'est qu'une forme de perversion de la recherche, une manière de la détourner du centre au profit de la périphérie. Cette « identification », aussi savante et pertinente qu'elle soit, n'est qu'un indice de sens, non le sens lui-même – qui reste à trouver. Igor n'est pas Lady Macbeth. Qu'il ne puisse effacer sa faute, la chose est évidente. Mais quelle faute, dans quel système relationnel et, dans ce cas, pour combien de temps ? Le cours ultérieur de la narration nous permettra d'en ajuster les termes. La littéralité d'une citation risque de gommer, ou de fausser, la spécificité de sa signification contextuelle. Elle ne s'y ajoute pas. Elle s'intègre au récit en s'y transformant, mais ne s'y substitue en aucune façon.

4.2. L'identification mimétique

Levons un malentendu. À moins d'être gravement perturbé, le spectateur ne s'identifie pas à tel ou tel protagoniste au point de se confondre avec lui. Il noue (éventuellement) des relations d'empathie ou de sympathie avec quelques personnages (et d'antipathie à l'égard de beaucoup d'autres), mais de façon essentiellement plastique. Au gré des circonstances, elles se portent momentanément sur un protagoniste pour l'abandonner au profit d'un tiers, puis renouer avec lui quelques instants plus tard. D'événements en péripéties, elles ne cessent de se déplacer et de se métamorphoser. Si elles privilégient incontestablement les personnages centraux (les « héros »), elles entrent quelquefois en symbiose avec plusieurs individualités dans un même moment narratif, y compris dans les scènes de conflit. Les variations sont infinies. Si le « héros » bénéficie d'une sorte de contrat de fidélité, ce dernier n'en est pas moins de nature et d'intensité variables.

Dans certains cas, plus rares qu'il n'y paraît, le spectateur reconnaît, ou croit reconnaître, dans l'action, le comportement ou la « manière d'être au monde » de tel ou tel personnage ce qu'il s'attribue à lui-même. Tel trait de caractère, telle façon de se conduire dans telle situation précise, telle qualité ou tel défaut, manifestes à l'écran, lui paraissent également les siens. Passant du particulier au général, il voit dans le sujet de celluloïd une sorte d'alter ego, au moins ponctuel et transitoire. Il n'est pas lui, mais comme lui. Du moins « s'identifie-t-il » comme tel. Aussi peut-on parler d'une impression ou d'une illusion de reconnaissance. Un stade du miroir cinématographique, il est vrai, souvent trompeur.

Dans certains cas, les personnages seront investis à la manière de figures idéales susceptibles de servir de modèles déclarés ou inconscients, voire de simples référents. On en connaît de multiples variations, quelquefois concrétisées sous la forme de modes vestimentaires ou de tics comportementaux. De près ou de loin, ils contribuent, ou entrent en résonance, avec un processus d'édification ou de structuration d'un idéal du moi et en sont comme la figuration. Dans *Mon oncle d'Amérique*, Alain Resnais et Jean Gruault mettent en lumière un rapport de cette sorte. Depardieu-Ragueneau, l'un des personnages du récit, se pense et se compare à ce que l'on pourrait appeler un « comédien générique » en la personne de Jean Gabin, transversal à ses différentes interprétations, à la fois synthèse et simplification du type d'homme qui fut son emploi le plus fréquent. Dans le film, Gabin n'est plus que l'image d'une image, mais une image inscrite dans le cerveau du sujet-personnage. On voit quelle en est la mise en abyme. Gabin est à Depardieu ce que Depardieu est au spectateur. Avec beaucoup de finesse, les auteurs en interrogent la double fonction.

Celle d'un modèle, d'abord, auquel il devient euphorisant de s'identifier. Depardieu-Ragueneau en tire des bénéfices narcissiques certains, de vraies bouffées d'orgueil (non sans humour, un plan est particulièrement explicite sur ce point). Le jeune cadre se sent dynamisé et comme porté par cette similitude, quelle qu'en soit par ailleurs l'illusion.

Celle d'une norme évaluatrice de soi-même, ensuite. « Je suis, je vaux, je suis digne de ma propre estime » à la condition expresse de me maintenir à la hauteur de mon modèle. D'où l'ambivalence de la relation. Hier positive, elle devient écrasante. Le comportement réel ne peut rivaliser avec les critères imposés par le surmoi. Renoir en a fait la tendre et cruelle analyse à travers le personnage de Ballochet dans son *Caporal épinglé*. Et Resnais avec son propre personnage. Contrairement à ce que pensait André Bazin, l'image cinématographique n'est pas d'abord ambiguë, mais ambivalente. Y compris dans sa fonction de modèle.

En tant que comédien-personnage, Woody Allen relate une expérience de cette sorte dans *Tombe les filles et tais-toi*. Sortant d'un film dont Humphrey Bogart assure le rôle principal, il se dit désespéré : jamais il ne ressemblera à son acteur fétiche ! Par le truchement d'un double imaginaire et cinématographique, le spectateur se confère, ou se reconnaît, une identité négative. Bogart impose un idéal inaccessible et néanmoins contraignant. Comme tel, épuisant. En ce sens, il incarne le héros moderne par excellence, celui qui ne partage plus les rêveries ou les fantasmes de grandeur et de toute-puissance que lui font ressentir des comportements d'exception. Il se déprécie par comparaison désavantageuse. Ne plus se sentir à la hauteur de ses rêves ou de ses désirs, se penser responsable de ses impuissances, Alain Ehrenberg en a parfaitement décrit les mécanismes dans son ouvrage *La Fatigue d'être soi*. Des états de conscience ou de comportements que le cinéma moderne privilégie à la différence de son homologue « classique ». Des recherches devraient être menées sur ce point. J'ai souvent remarqué combien le public populaire se détournait volontiers de ce type de héros par trop déceptif. Le refus, peut-être, de plonger plus avant dans une existence déjà lourde de misères et de servitudes ? Un sursaut de vitalité ? À l'inverse, confronté à des personnages héroïques, exceptionnellement maîtres d'eux-mêmes et aux aptitudes hors du commun, il est plus aisé de s'éprouver soi-même comme un être généreux, courageux, combatif et inventif, quelle que soit la dureté des situations exposées par le récit – et surtout partagées par un autre. Au cinéma, de nombreuses formes de conscience peuvent être refoulées dès qu'elles s'opposent à la recherche du plaisir immédiat sur lequel repose la majeure partie des spectacles cinématographiques. Toute une gamme de récits, au premier rang desquels figurent de nombreux films à succès, servent souterrainement le narcissisme de leurs spectateurs. Le « héros », au sens obvie du mot, leur communique des sentiments et des images flatteuses qui ont souvent le mérite de le dispenser de lui-même.

Tout ceci paraîtra trivial et de peu d'importance. Typique de spectateurs naïfs, peu éduqués peut-être ? Je ne crois pas à ces sortes de division et de hiérarchie. Se rendre au cinéma, allumer son téléviseur pour y visionner un récit en images et en sons est une promesse de plaisir. C'est elle qui décide de l'acte déclencheur, allumer le poste de télévision ou se rendre dans une salle de cinéma. Ce n'est pas le moindre intérêt de l'analyse de film que de nous rappeler l'instabilité et la plasticité du plaisir, son aptitude à chercher et trouver satisfaction de multiples façons, souvent contradictoires.

Aussi faut-il s'interroger en toute priorité sur le type d'agrément ou de jubilation que les films apportent à leurs spectateurs dans leurs diversités réciproques (autre domaine d'investigation). Ceux-ci n'entrent pas dans des catégories rigides, les uns s'intéressant aux « films d'art », les autres au pur divertissement, à l'exclusion peut-être d'un très petit nombre d'individus (encore faudrait-il s'interroger sur leurs pratiques réelles, par-delà les déclarations de principe). Tout se mêle et s'interpénètre. Chaque nouvelle fiction génère ses propres reclassements, surprenants par rapport aux clichés qui commandent nos systèmes de pensée. Si de nombreux ouvrages, hélas, trop souvent se ressemblent en utilisant les mêmes ficelles pour obtenir les mêmes effets, de profondes différences se font cependant jour, et l'on doit, ici comme ailleurs, penser en termes de distinctions. Mais de distinctions subtiles. Protée est notre maître à tous. Il se délecte de ses faux-semblants. Sous des oripeaux qui les rendent acceptables, certains films de genre, majorés d'une indiscutable aura, servent les mêmes intérêts pulsionnels que des œuvres déclarées populaires, et pour cette raison méprisées. Ils permettent à un public sophistiqué d'en tirer un double bénéfice. L'objet est suffisamment ridiculisé pour procurer à son spectateur « avisé » un sentiment de supériorité intellectuelle dont il n'est pas besoin de souligner le gain en termes d'illusion de puissance. Mais, moqué, il n'en est pas moins éprouvé, permettant aux investissements officiellement dénigrés de faire leur plein de jouissance. François Truffaut avait intelligemment dénoncé la « dégradation » de certains films de genre en une simple parodie. Le signe, pour lui, d'une décadence cinématographique.[12]

S'interroger sur le type de satisfaction attaché à des films particuliers (neuvième principe) est une tâche que les analystes devraient d'autant moins négliger que (je le répète) nous allons au cinéma pour le Plaisir. Je dirai, pour une certaine « qualité de plaisir », les uns fuyant ce que les autres recherchent par-dessus tout, et vice versa. Mais tous les plaisirs ne sont pas égaux en termes de gains existentiels, ou si l'on préfère symboliques. Entre la place concédée aux satisfactions narcissiques d'un spectateur, les profits imaginaires qu'ils en retirent, le temps d'un rêve, et de multiples désirs de connaissance et de participation psychique à la vie du monde, tout se hiérarchise. Il ne faut être ni réducteur, ni démagogique. Il en est ainsi des choses les plus ordinaires jusqu'aux plus hautes sphères de

---

12. Voir *Le cinéma selon François Truffaut*, textes réunis par Anne Gillain, *op. cit.*, p. 431.

la culture. Plus une œuvre est spirituellement raffinée, plus le ou les plaisirs qu'elle suscite le sont également. Le cinéma, comme la littérature, nous offre l'opportunité d'un « connais-toi toi-même », au sens moderne du mot.

4.3. L'identification projective

Il s'agit, cette fois, non plus d'identifier des objets ou des événements, mais ce que j'appelle les « états de conscience supposés des personnages ». Sa forme la plus commune s'exerce sur le mode d'un transfert. Elle recoupe, à l'évidence, le phénomène de la projection ci-dessus étudié, mais exige d'être spécifiée.

Regardant un film de fiction narrative, le spectateur attribue au(x) personnage(s) tout un matériel psychique (émotions, sentiments, désirs, intentions, jugements,... représentations) qui ne provient que de lui-même. Un matériel véhiculé par « tout » le travail de la mise en scène (jusqu'aux fondus enchainés), mais où les mimiques, les gestes, les intonations de voix, le comportement des comédiens jouent un rôle primordial. D'où cet échange, ou cette confusion, qui s'opère entre l'objet perçu et le sujet percevant. Le spectateur entre en résonance avec ce sujet paradoxal que représente à ses yeux le personnage. Paradoxal matériellement, puisque le prétendu « sujet » n'est qu'un être de celluloïd, strictement dépourvu de toute sensation comme de toute possibilité d'entretenir quelque vie mentale que ce soit ; il n'est, tout au plus, qu'une image à deux dimensions. Paradoxal socialement, puisqu'il s'imprime dans le cerveau du spectateur au point de compter quelquefois davantage que nombre de ses partenaires de la vie réelle.

Cette forme d'identification peut être dite « projective ». C'est le spectateur qui fournit l'essentiel de ce qu'il « perçoit » dans le film, entretenant avec les personnages et le cours de la fiction toute une gamme de relations où la franche hostilité se mêle à des réactions d'empathie, la désapprobation à l'approbation, le rejet à la solidarité, tout ceci en fonction de son histoire, de ses valeurs et de ses expériences. Le tout, ne l'oublions pas, dans une grande plasticité. D'où l'ambivalence de ce que l'on appelle alors « identification ». Le mot est en quelque sorte réducteur puisqu'il renvoie le plus souvent à un type de relation essentiellement positif, alors que le spectateur nourrit tout aussi bien des sentiments « négatifs » indispensables à l'économie de la narration. Mais il est pertinent puisqu'il caractérise les moments de type fusionnel, ceux que le spectateur de cinéma a tendance à privilégier et qu'il réserve, pour cette raison, au seul phénomène de l'identification.

Dans le meilleur des cas, l'image devient nourriture pour l'esprit, le sujet fictif compagnon de route spirituel. La toute fin du *Carrosse d'or* en désigne très précisément le mode d'existence. Restée seule en scène, Camilla (Anna Magnani) s'inquiète de la disparition des personnages de la pièce qu'elle vient d'interpréter. « Disparus, perdus au milieu du public », commente le chef de la troupe de la commedia dell'arte. Perdus, ou plutôt disséminés dans la conscience des spectateurs, faisant dorénavant partie de leur vie mentale : ce à partir de quoi ils pensent, se pensent, envisagent leur présence et leur action dans le monde. De même que Gabin pour Ragueneau, et Ragueneau pour les spectateurs d'Alain Resnais.

À cette version positive, s'ajoute une hypothèse négative. Celle qui fait débat et controverse. L'identification à des personnages négatifs qui serviraient de modèles pour de futures exactions. Une chose compte sans doute plus que d'autres : l'aptitude des spectateurs, guidés ou secondés par la mise en scène, à une réflexion critique et même autocritique. Dans la mesure où l'enseignement du cinéma et de la littérature est aujourd'hui essentiellement technicien, on ne peut que constater le déclin de ce rapport aux images et aux sons, avec les conséquences dont on se doute sur la formation du moi et tout autant du citoyen.

Ce qui pourrait être vrai pour les personnages du cinématographe ne l'était-il pas (ne l'est-il pas toujours ?) pour les grands personnages de la littérature classique, ceux de Molière, de Victor Hugo, d'Honoré de Balzac ou de Gustave Flaubert... pour rester dans un cadre franco-français. De ce strict point de vue, une seule chose distingue le cinéma du théâtre ou du roman : leur inégale aptitude au franchissement de la frontière des langues. Pour rester dans le contexte français, l'école de la République avait unifié l'héritage mental de ses concitoyens au prix d'un nationalisme certain. Tartuffe, Jean Valjean, le père Goriot, Madame Bovary étaient suffisamment connus par le public français pour participer à l'édification d'un socle commun, source d'une culture unifiée par quelques points d'ancrage particulièrement solides. Ils se faisaient les agents d'une connaissance et d'une reconnaissance consensuelles. Peut-il en être de même au cinéma ? D'entrée, son mode de consommation et d'acculturation est plus internationalisé (encore qu'il le soit de façon inégale selon les régions du monde, la France et tout particulièrement la ville de Paris étant en ce domaine tout à fait privilégiées), donc plus éclaté, plus fluctuant, mais aussi plus incertain. Plus gravement, les approches dominantes au sein de l'étude et de la recherche en cinéma ont peu privilégié la question du personnage et, plus spécifiquement, du personnage en tant que type symbolique à l'instar de ceux déjà cités pour la littérature. Au cinéma, l'influence du star-system n'est-elle pas plus grande que celle des personnages incarnés par des comédiens vedettes ? Pour être décrits quelquefois avec un luxe de détails, Tartuffe, le père Goriot, Emma Bovary n'ont sur la scène d'un théâtre ou une feuille de papier que des physiques changeants ou décidément abstraits. Au cinéma, ils se confondent avec des monstres sacrés, objets de toutes les fascinations et de toutes les convoitises. Que désire le spectateur ou plutôt l'homme de la rue au sortir d'une salle de cinéma ? Une vie de star bénéficiant de multiples avantages, réels ou symboliques ? Cette perspective aux multiples délices ne rend-elle pas dérisoire la conquête d'une identité reposant sur l'intégration critique des expériences, comme des qualités et des défauts exemplarisés par des personnages ? La première, assimilable à un rêve, ne demande aucun effort ; il lui suffit de se laisser bercer par le doux murmure des îles enchanteresses. La seconde n'est que lutte, doute, échec toujours partiel, méditation quelquefois douloureuse. Aussi faudrait-il s'interroger sur la nature réelle de ce que nous sommes convenus d'appeler la « culture cinématographique ».

Quel est exactement le processus de l'identification projective ?
Le spectateur se représente (ou croit se représenter) chacun des moments psychiques censés être vécus par les personnages (ceux, du moins, dont il a connaissance). En fait les « trous » (dans cette identification) sont beaucoup plus nombreux que l'on est tenté de le croire. Ils perturbent la participation filmique sous forme de doutes, de perplexités ou de franches incompréhensions. Le spec-

tateur s'y réfléchit lui-même à la manière d'une caisse de résonance, s'enthousiasmant ou se révoltant, riant, pleurant, éprouvant craintes ou regrets au gré des circonstances fictionnelles. Mais, s'il « croit » ressentir ce que ressent le personnage et penser ce qu'il pense, il n'en demeure pas moins extérieur aux situations présentées, les observant et non y participant. D'où la tentation de le désigner comme un « voyeur », à ceci près qu'il est tout à fait requis dans ce rôle par le dispositif du cinématographe. Privés de spectateurs, un film sans « voyeurs » n'existerait pas. Un cinéaste ne ferait pas de film. Au grand dam de ses auteurs, producteurs, techniciens... et spectateurs.

La relation est essentiellement imaginaire. Le personnage n'est pas le spectateur ; le spectateur n'est pas le personnage. Il n'est pas lui. Il est « avec », « contre » lui, ou quelque position intermédiaire. De même, il n'est pas « dans » mais « devant » la situation, psychiquement pris par elle, mais matériellement hors d'elle. Ce sont les sentiments et les pensées d'un sujet « imaginant ou discernant ceux d'un autre » qui sont confusément éprouvés, non les sentiments des protagonistes en tant que tels. Dans la merveilleuse séquence des *Sentiers de la gloire*, lorsque Kirk Douglas parcourt les tranchées, juste avant l'assaut, le spectateur « comprend » plus qu'il ne ressent la terreur des poilus attendant le signal de leur chef pour sortir de leur trou et s'offrir aux balles allemandes. Comprendre n'est pas ressentir. Le spectateur n'a pas peur pour lui-même, mais pour des soldats qu'il projette dans et par son imagination comme des créatures promises à la mutilation ou à la mort. Lui-même n'y risque pas sa vie. Comment pourrait-il partager le « même » état d'esprit ? Il est plein d'attention et de compassion pour ces êtres imaginaires, sentiments typiques d'un rapport d'altérité, mais uniquement d'altérité. L'intensité dramatique de la scène n'en procède pas moins de cette confusion des sens et de ce rapport imaginaire soigneusement induits et dirigés par la précision et la variété des signes inscrits sur la pellicule. Eisenstein l'avait fort bien compris. À chaque moment du découpage correspond un stimulus émotionnel et représentatif. Une chaîne se forme qui lie le spectateur au procès de la narration et le conduit, de place en place, à l'état psychique en lequel s'accomplit une séquence ou un récit tout entier. Selon le mot (détourné) d'Alfred Hitchcock, le découpage fait de la direction de spectateurs par le truchement de la direction d'acteurs. Dans la salle de cinéma, devant leurs écrans de télévision, ceux qui regardent attentivement un film vivent une sorte de synchronisme psychique avec le personnage. Ou plutôt, ils font monter, dans et par leur imagination, ce que le personnage est « censé » éprouver à l'instar d'une personne réelle placée dans ce type de situation. Le spectateur est sous influence, ou, pour mieux dire, sous direction psychique. Les « signes » inscrits sur la pellicule résultent eux-mêmes du lent et patient travail de sédimentation de l'expérience humaine qui servit à leur confection.

Dans *La Grande ville*, (Satyajit Ray) Subatra, un chômeur, s'est réfugié dans un café où il tue le temps en lisant son journal. À l'entrée de l'établissement, apparaît son épouse, Arati, en compagnie d'un homme élégant et séducteur. Plan très rapproché sur Subatra qui les observe à la dérobée, surpris, interloqué, songeur... Une fois encore, l'image (le son ne joue pour l'instant aucun rôle) ne « dit » rien. Pour emprunter le mot à Bergson, mais en le détournant lui aussi quelque peu, le spectateur plaque du vivant (des sentiments, des réflexions intimes,...) sur de l'inerte : la surface de l'écran et ses jeux d'ombre et de lumière restent à tout jamais privés d'affects.

Usant de mots choisis, nuancés, serré au plus près par le langage, compte tenu de sa stratégie narrative, un écrivain décrirait, dans le détail, l'état psychique supposé de son protagoniste afin de le communiquer à ses lecteurs. Ici, une « tempête sous un crâne ». Le doute, la perplexité, la peur d'être trompé, la découverte de cette inconnue qui est pourtant son épouse agitent l'esprit du mari et l'amènent, peut-être, à s'interroger sur la question de la libération de la femme ou de tout autres détails de sa vie conjugale. Le cinéaste ne peut que montrer. Mais, pour montrer, il lui faut travailler ses images et ses sons, de sorte que ce qui se passe « derrière le front, derrière le crâne » de son personnage (l'expression est de Renoir) se transmette intuitivement à ses spectateurs. L'une des tâches, et non des moindres, de ce que nous sommes convenus d'appeler la « réalisation d'un film ». Et, conséquemment, de sa « lecture ». Dixième principe.

L'analyste n'adopte pas le point de vue de Sirius, un regard lointain et presque méprisant envers ces affects et ces leurres qui l'abaisseraient au statut d'une midinette. Il est et doit être tout entier en elles et hors d'elles, les réfléchissant au double sens du mot : pensant ce qu'il ressent sous leur influence. Il doit articuler par le langage cette caisse de résonance qu'il est d'abord pour lui-même, fixer, puis faire passer au stade de la conscience conceptuelle ce qui est essentiellement intuitif et fugitif. Avant même que la technique en ait été rendue accessible à tous, il est l'homme des « arrêts sur image », celui qui substitue au flux incessant de la bande image/son la permanence et la précision de l'idée. En somme, il fait parler ce que justement l'on tait.

Il reste toujours une part d'imprécision et d'incertitude dans ce travail de conceptualisation. L'ampleur et l'exactitude de la projection dépendent nécessairement de la richesse de la vie psychique du sujet percevant, de sa « trompe irrigante » certes, mais alimentée elle-même par la qualité et la profondeur de son expérience existentielle. Toute relation d'empathie a ses limites. Tous les spectateurs ne peuvent visionner exactement le même film. Je dirai, « le réaliser » de la même manière. Le cheminot qui assiste à la projection de *La Bête humaine* (Renoir), en souvenir de ses longues années de conduite, participe à la première séquence du film avec une intensité dans les détails et la reconnaissance de gestes inaccessible aux usagers du TGV que nous sommes – comme à ses propres voyageurs.

Si la séquence de *La Grande ville* se contentait de l'anecdote que je viens de relater, aussi comique et pathétique qu'elle puisse paraître, elle ne serait que de peu d'intérêt (bien que de nombreux films puissent honorablement s'en contenter). Ray vise une dimension plus « intérieure ». Citant Bresson, Éric Rohmer parlait de la « conscience plus aiguë de l'aptitude du cinéma à explorer la "vie intérieure"[13] ». On le dirait sans difficulté de toutes les œuvres majeures du cinématographe. J'ai moi-même insisté à plusieurs reprises sur cette dimension du cinéma en me référant à d'autres réalisateurs. Je me permets de les citer de nouveau. « J'éprouve le besoin de laisser de côté le scénario pour suivre le personnage dans ses pensées les plus secrètes, celles dont il n'a peut-être même pas conscience », disait Roberto Rossellini. « L'expression cinématographique cherche, par le moyen des images et des sons, le chemin qui conduit aux régions ignorées des êtres et des choses, non par curiosité et délectation, mais pour y trouver ou y rejoindre plus exactement leur secret », affirme également

---

13. Éric Rohmer, « Le goût de la beauté », 1984, *Cahiers du cinéma*, p. 189.

Jean Grémillon. Là réside, sans doute, le clivage entre le cinéma culturellement important et le cinéma de divertissement. Entre *L'Aurore* et *Avatar*, pour prendre deux exemples fort éloignés l'un de l'autre dans l'histoire du cinéma, et naturellement, sur le plan esthétique.

Comme tant d'autres, ces propositions n'eurent que peu d'échos dans la théorie du cinéma en dépit de la grande qualité de leurs locuteurs. Il en est toujours ainsi, et sans doute faut-il s'y habituer. Promouvoir, donner de l'importance à quelque chose, c'est également, dans un mouvement inverse à peu près inévitable, minimiser ou refouler autre chose. Il serait intéressant de dresser l'inventaire de ce qui fut ainsi privilégié, ou rejeté, par les théories du film, de le mettre en relation avec les grandes périodes du cinéma. Pour le moment, n'oublions jamais quelques évidences. Sans parler des œuvres du plus haut niveau, les ouvrages les plus modestes nous font entrer en relation avec la vie psychique de leurs personnages, fut-elle superficielle. Comment le spectateur pourrait-il être touché par des marionnettes absolument dépourvues de toute vie psychique ? Les personnages comptent évidemment pour leurs actions, en dernière analyse, seule base réelle, mais aussi pour les sentiments et les pensées qui les conditionnent. Si rien n'est matériellement vrai, ce qu'il en reste dans la conscience du spectateur n'en devient pas moins force virtuelle. N'est-ce pas le point décisif de toute vie humaine ? « L'homme est visiblement fait pour penser, affirme Pascal ; c'est toute sa dignité et tout son mérite, et tout son devoir est de penser comme il faut. Or l'ordre de la pensée est de commencer par soi…[14] ». « Commencer par soi », serait-ce une autre finalité de l'analyse ?

La « conscience supposée » des personnages est la chose au monde de l'analyse filmique la plus incertaine et la plus difficile. En elle, pourtant, se dit l'un des principaux enjeux de tout récit culturellement important. Un enjeu qui semble le grand oublié de l'analyse filmique. Ce que l'on peut comprendre d'un point de vue étroitement scientifique. « La société contemporaine, avance Cornelius

---

14. Blaise Pascal, *Pensées*, fragment 210.

Castoriadis[15](...), vit pour une grande part dans cette pure fiction que tout est calculable et que seul compte ce qui peut être compté ». Excusez la répétition des jeux de mots, mais dans le meilleur du cinéma de fiction compte, justement, ce qui n'est pas conté. Conté au sens d'un énoncé effectif. Un constat qui n'est pas sans risques. Ceux, notamment, du psychologisme ou de la projection pure. Aporie de la lecture de film, ce qui est le plus essentiel est aussi le moins certifiable. Il est plus que jamais nécessaire de se donner des critères d'authentification de ce que l'on se propose d'attribuer à la pensée du personnage, comme à la pensée du film.

*

Je crois y avoir déjà quelque peu répondu. Je le répète, quel que soit le foisonnement psychique de chaque subjectivité, quelle que soit la part du fantasme ou de l'idiosyncrasie, ce ne sont pas eux qui doivent, finalement, être conceptualisés. Le cinéma n'est pas sans avantage. En tant que tel, le « livre d'un film » est plus lisible que celui de « la vie ». Plus jalonné, en tous les cas. Ce qui ne nous laisse pas sans méthode ou, ainsi que le disait Jacqueline Nacache, sans principes. Sans principes positifs. Par-delà tout psychologisme, l'analyste doit penser et formaliser les oppositions qui structurent une séquence ou organisent un plan : bar plein *versus* bar vide (*Fury*) ; Macha Méril seule *versus* Macha Méril avec son amant (*Une femme mariée*) ; femme fidèle *versus* femme infidèle (*La Grande ville*) ; Louis XVI en majesté *versus* Louis XVI homme du commun (*La Marseillaise*),... Toute une richesse secondaire peut et doit être pensée, mais sous le garde-fou de telles oppositions. La mise à jour de tout ce matériel, répétons-le, ne peut s'effectuer dans l'immédiateté du spectacle. Elle dépend, à l'évidence, d'un travail réflexif que seul un analyste est susceptible d'accomplir, ne serait-ce que pour des questions de temps et de motivations.

Une fois de plus apparaît une contradiction. Toute méthode de « lecture » se voudrait universalisable ; toute méthode se heurte à des conditionnements. Il lui faut répondre à une double exigence : garantir la compréhension des œuvres ; la garantir à tous. Aussi est-il tout à fait

---

15. Cornelius Castoriadis, *Une société à la dérive*, Paris, Éd. du Seuil, coll. « Points Essais », n° 650, 2011, p. 95.

banal de chercher une réponse d'ordre « technique », comme s'il suffisait d'appliquer des règles pour parvenir à ce but. Aucune, pourtant, ne peut dispenser l'analyste d'un long travail d'acculturation, sans lequel tout ou partie d'une séquence ou d'un film l'abusera ou lui restera difficilement compréhensible. Je ne puis, ici, que reprendre l'exemple du *Pont de la rivière*. Une colonne de militaires ne franchit pas un pont en marchant au pas. Un élève de l'École polytechnique ne peut l'ignorer ; un étudiant en arts du spectacle, certainement. Dans *Furie*, l'épisode des fausses actualités suppose des connaissances relatives à la projection cinématographique et aux trucages en laboratoire que peu de spectateurs savent décoder. À l'heure des caméras électroniques, la plupart des étudiants en cinéma les maîtriseront de moins en moins. Ce qui est vrai pour des savoirs de ce type l'est pour d'autres formes de connaissance. Celles, par exemple, qui s'acquièrent au contact des mille et un impedimenta de la vie. Inévitablement, la « lecture de film » dépend peu ou prou de l'étendue des expériences existentielles acquises. Ce qui ne la met pas à la portée immédiate de tous les spectateurs de tous âges, en tout temps, et quelles que soient leurs formes d'engagement dans la vie.

C'est là, précisément, ce qui fait la grandeur et la pérennité de l'art. Il ne se donne pas comme un texte qu'il suffirait de consulter à la manière d'un livre de recettes. Il est pour-la-méditation. Il est pour le lent et patient dialogue du sujet avec lui-même. Lorsque Joyce (George Sanders dans *Le Voyage en Italie*, *Viaggio in Italia*) ouvre la portière de sa voiture sans prêter attention au trafic et se fait klaxonner par un automobiliste heureusement attentif à son comportement, il rejette l'entière responsabilité de sa faute sur ce dernier, pertinemment traité de chauffard. Il ne suffit pas d'avoir vécu une expérience de cette sorte, hélas bien usuelle. Il faut l'avoir réfléchie. Ce que le cinéma contribue en l'occurrence à faire, pour ceux, du moins, qui en partagent la disponibilité. Si nous n'entretenons d'autre relation avec les œuvres d'art que celle qui nous est dictée par le consumérisme ambiant, nous n'avons rien à apprendre d'un plan de cette sorte. Et du film qui le contient.

4.4. L'identification au récit

La seconde forme d'identification qui rend plus spécifiquement compte du mode d'attachement et de participation du spectateur à un film de fiction est d'ordre dynamique. Ce n'est plus avec tel ou tel personnage que s'instaure une relation plus ou moins mimétique et empathique, mais avec le procès narratif. Pour cette raison, sans doute, certains auteurs parlent d'une « identification au récit ». Une formule qui me semble bien abstraite, et pour tout dire assez incompréhensible. Comment s'*identifierait*-on à une histoire ? Toute identification (au cinéma ou ailleurs) suppose un rapport de sujet à sujet, ici nécessairement fictif, impliqué dans des actions et des réseaux relationnels dans lequel un ou plusieurs avenirs sont mis en jeu, selon des modalités et des degrés dramatiques aux multiples possibilités. J'ai déjà eu l'occasion de m'en expliquer à plusieurs reprises[16] et ne ferai qu'en rappeler le principe.

Par les relations d'empathie ou de sympathie qu'il noue avec certains personnages, le spectateur place ses sentiments de plaisir et de peine sous la dépendance de leur devenir. De leur échec ou de leur réussite, de leur jubilation ou de leur désolation naissent ses propres sentiments de satisfaction ou d'insatisfaction. Il se sent comblé ou déçu, heureux ou malheureux à la mesure de ce qui leur advient, et reste suspendu au flux de l'histoire dans l'attente d'un dénouement espéré autant que redouté. Dans le meilleur des cas (en termes de spectacle), il ne peut plus se détacher du déroulement fictionnel. Il lui faut, impérativement, en connaître l'issue. Pour cette raison, le suspense sous toutes ses formes peut être considéré comme le prototype de tout procès dramatique efficient, celui qui est le plus susceptible de « captiver » le public, en le rendant incapable de sortir de la salle ou de s'éloigner de son poste de télévision (le roman génère des situations similaires, certainement moins intenses et moins systématiques). Le spectateur ne veut pas seulement « savoir » quel sera le dénouement. Il cherche, à travers lui, un certain état d'apaisement ou de contentement, l'heureuse résolution d'une tension générée par la fiction. Le rapport au film, ou plutôt à une narration mettant en jeu le devenir d'un ou plusieurs personnages, est essentiellement d'ordre libidinal. Il s'agit, encore une fois, d'en retirer une certaine quantité et surtout une certaine qualité de plaisir. D'où l'importance d'un

---

16. Cf., notamment, mon ouvrage *Symptômes du jeune cinéma français*, Paris, Cerf-Corlet, 2008, p. 102-103.

questionnement subtil sur la nature et les circuits de type hédoniste par lesquels chaque récit particulier conquiert un public nécessairement spécifique.

Si la théorie du cinéma a consacré un impressionnant volume éditorial à ce que l'on nomme « l'entrée dans la fiction », elle s'est montrée plus avare sur toutes les questions relatives au mode d'achèvement des récits, il est vrai souvent plus complexes. Contrairement au cliché, tous les films, y compris « hollywoodiens », ne se caractérisent pas par un « happy end » (ainsi les « fausses fins heureuses », chez Hitchcock et ailleurs). Ce qui fut longtemps le cas d'un grand nombre de séries de télévision se décline désormais de multiples façons. L'heureux dénouement constitue la forme que je dirai primaire du mode de satisfaction du spectateur[17]. Ce sont les autres procédures qui sont les plus intéressantes, notamment celles que l'on peut dire franchement déceptives ou à la limite de l'insupportable. En toutes, cependant, s'accomplit la fonction symbolique de la narration, quels qu'en soient la nature et surtout le degré d'élaboration. La fin d'un récit est d'autant plus dense que le récit l'est également. Ce qui n'est pas antagonique avec son apparente limpidité. Rendre compte du procès de la fin d'un film n'est qu'une autre façon d'en parachever l'analyse. Un accomplissement qui suppose que la totalité du récit soit intégrée et synthétisée. La tâche est particulièrement ardue. Que cette direction d'enquête et de recherche ait été négligée est dans l'ordre des choses. Il n'est de « lecture filmique possible » que dans l'expression synthétique de toutes les composantes du découpage, les problématiques formelles ne pouvant être prises en considération en dehors de questions de substance, ainsi que le rappelait Roberto Rossellini.

4.5. L'immédiate non lisibilité des dialogues au cinéma

« Le discours de mes personnages n'est pas forcément celui de mon film », précisait Rohmer dans sa *Lettre à un critique* du mois de mars 1971. Quelques paragraphes plus loin, il justifie son utilisation du commentaire par cette interrogation : « Était-ce tricher ? Oui, si celui-ci contenait l'essentiel de mon propos, reléguant l'image au

---

17. Voir, annexes, Le suspense et les faux « happy end » chez Alfred Hitchcock.

rôle d'illustratrice. Non, si de la confrontation de ce discours avec les discours et le comportement des personnages, naissait une espèce de vérité autre que celle de la lettre des textes et des gestes –, et qui serait la vérité du film[18] ».

Pourquoi un cinéaste doit-il, non pas s'interdire (pas plus qu'ailleurs, il n'y a d'absolu au cinéma), mais se méfier de la « parole d'auteur » (à la première personne du singulier) ? Plusieurs raisons peuvent être avancées.

La première est une nécessaire distance avec soi-même. Sans évoquer la tentation du prosélytisme, ce mode d'expression ne risque-t-il pas de se convertir en une sorte de plaidoyer, ou de prêche, aussi ennuyeux qu'édifiant ? En minimisant, ou en évacuant tous les signifiants autres que dialogiques, il réduit à peu de chose le signifiant cinématographique. Ce dernier n'est alors qu'un support audiovisuel pour un discours que l'on écouterait aussi bien au théâtre ou à la radio, proximité du visage du locuteur mise à part. Ce ne serait que sermon ou conférence. Ce que dit à peu près Renoir : « dans le début de mes travaux, ce que je voudrais dire, je le dis un peu trop clairement, un peu comme un conférencier, et c'est extrêmement ennuyeux[19] ». Ce point limite du cinéma fut suffisamment reproché à Chaplin à la fin de son *Dictateur* (*The Great Dictator*). Le barbier Hynkel-Charlot disparaît sous les traits de son créateur, devenu simple tribun. Certes, le cinématographe seconde indiscutablement l'orateur par l'usage d'un microphone, les inflexions d'une voix enregistrée et le formidable grossissement d'un visage par les écrans de l'époque (dont la vidéo gomme, partiellement, le pouvoir de fascination). Il n'en est pas moins réduit à sa portion congrue. Charlot-Chaplin ne tient qu'un « discours de vérité », celui de l'auteur-réalisateur dont il suffirait de prendre note. Toute positon critique disparaît. L'amateur de cinéma n'est plus qu'un auditeur pour une communication morale, un militant dans une maison du peuple, un fidèle dans une église.

---

18. Éric Rohmer, *La nouvelle revue française*, n° 219, mars 1971. Reproduite dans *Le goût de la beauté*, *op. cit.*, p. 89 et 90.
19. Jean Renoir, « Entretiens et propos », Paris, *Cahiers du cinéma*, 1979, p. 18.

Dans *Le Bonheur*, une scène tombe apparemment sous le même reproche. François (Jean-Claude Drouot) annonce à sa jeune épouse, Thérèse (Claire Drouot), qu'il est tombé amoureux d'une autre femme. Il la rassure. Au lieu d'altérer ou de diminuer les sentiments qui l'unissent à elle, cette nouvelle passion les amplifie. Ce n'est, dit-il, que du « bonheur en plus ».

Est-ce un éloge en faveur de l'amour libre, la profession de foi érotique de l'auteur Agnès Varda ? Il est tentant de le concevoir ainsi. On en devine la rationalisation. Par-delà les conventions sociales et leur codification des rapports amoureux, ne feraient loi que les prescriptions des élans du cœur. « Je t'aime et je l'aime, et de ce nouvel amour l'amour que je te porte sera plus fort encore ». D'une telle permissivité, nous connaissons « l'éternelle » contradiction. Si l'amour pour soi s'accommode sans hésitation d'une éventuelle multiplicité de ses partenaires, il n'accepte que plus difficilement (euphémisme) qu'il en soit de même pour les objets de sa possession. Non-réciprocité des sentiments oblige, l'épouse légitime ne peut être à l'unisson du bonheur de son mari : « Je t'aime et tu l'aimes, donc je ne suis pas aimée ».

Une contradiction dont le cinéma français a fait le sujet direct d'un certain nombre de ses films, non sans courage et générosité. Une contradiction que François ignore superbement alors qu'il s'adresse à sa femme, entre inconscience et naïveté. Ce « bonheur en plus » paraît si candide, si détaché du réel, qu'on ne peut entendre son locuteur sans l'estimer quelque peu simplet – et la mise en scène avec lui !

Un jugement hâtif. La narration ménage un contrepoint critique, énoncé en deux temps : d'abord à l'intérieur de la scène elle-même, par le travail du cadre et de la scénographie ; dans la succession filmique ensuite, par un effet de « retardement ». Par la position de caméra, le visage de Thérèse nous demeure invisible tout au long de ce qui s'apparente à un monologue. Aucune réaction n'étant lisible sur ses traits, nous pouvons la juger consentante. Dans la séquence suivante, on la retrouve noyée.

On voit quelle est la stratégie de la mise en scène : dans un premier temps, ne rien laisser entendre des sentiments de la jeune femme pour mieux ménager le coup de théâtre de la scène suivant (son suicide ?), marque et preuve de ce qu'elle a vraiment ressenti.

Dans cette scène, ce n'est donc pas l'auteur Agnès Varda qui s'exprime par la voix de son personnage, mais ce personnage qui expose sa propre conception des rapports amoureux, telle que la cinéaste Varda en consigne scrupuleusement l'énoncé. Écrire un dialogue, ce n'est pas donner la parole au « Je » de l'auteur, mais à celui du personnage. Un « Je » que le réalisateur se doit de comprendre comme de l'intérieur, en s'obligeant à ne jamais le juger a priori (ce que Roberto Rossellini assignait au néoréalisme, tel qu'il le pratiquait), mais en le reconnaissant dans une altérité inévitablement confrontée à celles des autres personnages. Et, pour commencer, à la sienne. L'oraison de François n'était qu'un fragment du discours amoureux tenu par le film. Fragment ne veut pas dire vérité.

Une contradiction que l'on ne peut exposer au cinéma sans se heurter à des questions de mise en scène. Non pas au sens technique du terme (ce sens-là n'est-il pas le plus faible ?), mais, d'abord, dans sa composante intentionnelle : la conception à partir de laquelle un scénariste-réalisateur élabore et tourne la scène dont il accouche, en collaboration avec son équipe et ses comédiens. Ce que l'on nomme un peu pompeusement le « travail du film » n'est d'abord que le fruit de la pensée qui, laborieusement, se constitue matériellement tout au long du processus de fabrication de la « bande de celluloïd ». Les idées directrices, conscientes ou non, sont décisives. Dans cette séquence, l'erreur (souvent constatée) serait de faire de François un salaud, au sens sartrien du terme. « Les méchants n'existent pas », affirme André Comte-Sponville[20]. De cette conviction, ou de son contraire, sortent deux mises en scène antagoniques. Le manichéisme et l'art ne font jamais bon ménage. Aussi tragique ou comique que cela puisse paraître, François est un homme profondément moral, kantien même, appliquant à la lettre l'impératif catégorique du célèbre philosophe : « Agis seulement d'après la maxime grâce à laquelle tu peux vouloir en même temps qu'elle devienne une loi universelle ». Une loi, qu'on lui en fasse crédit, dont il ferait le cas échéant bénéficier son épouse. Une loi qu'il élèverait au rang d'un impératif

---

20. André Comte-Sponville, *Le goût de vivre et cent autres propos*, Paris, Albin Michel, 2010, p. 98.

catégorique pour une métaphysique des mœurs à l'érotisme brûlant. Du moins le pense-t-il sincèrement en son imagination. Il est convaincu de faire le bien, et de ce bien faire un bien pour les autres. Mais Thérèse en ferait-elle à son tour une loi universelle ? La réponse est donnée par le montage.

L'est-elle seulement par le montage ? Ne devait-elle pas déjà transparaître dans la scène précédente ? Autrement dit, dans la direction d'acteur, je dirais, la direction de diction ?

François soliloque, c'est une évidence – tout en s'adressant à sa femme. À moins d'être totalement refermé sur soi, parler à un autre, dans ce cas, c'est guetter ses réactions, quêter son approbation, chercher un certain état de rapports fusionnels. La passivité de Thérèse, son corps strictement immobile, la sourde tension qui en résulte ne devraient-ils pas se répercuter dans la voix de François, souffrant, intuitivement, du manque de résonance de son épouse ? Je ne suis pas sûr que le jeu de Jean-Claude Drouot, sur ce point, soit parfaitement réussi...

On voit quel est l'intérêt de cette prise en compte de « subjectivités différenciées ». À l'opposé de l'un ou l'autre de ses personnages, l'auteur doit sortir de lui-même et s'interroger sur les modes de parler, de ressentir et de réagir de chacun d'eux. Ce que la mort de Thérèse provoque à la manière d'un coup de massue. Exit le rêve. Le film ne s'accorde plus aux désirs de François, pas plus qu'aux nôtres. Il nous faut intérioriser la « condition humaine », la réfléchir, et, virtuellement, la mesurer à l'aune d'une praxis sociale.

*

Seules m'importent les conditions de lisibilité du dialogue au cinéma. Un nouveau principe (le onzième) doit nous guider, certes seulement un principe, mais néanmoins de précieux auxiliaire. Il peut se décliner selon deux modalités. Ainsi que le rappelle Rohmer, ne pas prendre le texte dialogique pour argent comptant en l'identifiant à la pensée du film et, plus encore, à celle du cinéaste ; et se remémorer qu'un dialogue cinématographique diffère de ses équivalents romanesques théâtraux par le fait qu'il n'est pas seulement lu, mais vu, et qu'il n'est entendu que par le truchement d'un double « canal ». Le cadrage, qui lui permet de se dire par le truchement d'un visage dont les moindres oscillations le changent dans la spiritualité de son texte ; la proximité d'un microphone, qui lui permet éventuellement de se murmurer. Le timbre de la voix, le phrasé, le jeu des intonations (« je vous arrêterai, dit Renoir à l'une de ses comédiennes, là où une syllabe me semblera fausse[21] ») sont autant d'effets de sens intervenant sur la matérialité des mots, pour en gauchir ou même en inverser la signification purement nominale. Un dialogue est au cinéma doublement relatif, extérieurement et intérieurement. Extérieurement, puisqu'il ne se « lit » que relativement à l'ensemble d'un film. Intérieurement, puisqu'il s'« entend », intuitivement au moins autant que formellement. Lorsque Livia (Fanny Ardant, *La vie est un roman*, Alain Resnais) déclame un « Amour, amour, amour » à son amant, impavide et muet comme une carpe, l'emphase de la prononciation est à la mesure de la passivité de son partenaire, d'ailleurs à cet instant toujours exclu du cadre, ainsi qu'au choix linguistique de son énoncé : répétition du mot « amour » certes, mais sans adjectif possessif. Amour de qui, amour de quoi, qu'est-ce que l'amour ? On peut et l'on doit s'interroger. Cadrage, intonations, omission d'un certain mot, « absence » du partenaire, hors de ces composantes la mention dialoguée reste « illisible ».

*

La préoccupation majeure d'un dialoguiste n'est pas de faire « parler vrai » ses protagonistes. Mais de le faire « subjectivement ». Ce qui inclut toutes les possibilités du « mentir vrai ». Un personnage n'est pas un moraliste, un essayiste ou un philosophe. Mais un sujet agissant à l'intérieur d'un réseau relationnel où se jouent ses propres intérêts existentiels, ne serait-ce que sur le mode de son narcissisme. Rohmer se plaignait que l'on ne mente pas assez au cinéma. Ses films en ont largement compensé le manque.

Le mensonge délibéré n'est qu'une modalité du travestissement de la parole, un travestissement en lequel se dit bien plus la règle du discours que la recherche de la vérité désintéressée. Il s'agit d'esquiver, de camoufler, d'enjoliver, de justifier, de tirer profit d'une situation ou de chercher à s'en protéger, de nier ou de dénier, plutôt que

---

21. *La Direction d'acteur par Jean Renoir*, 18e minute.

de dire ce qui est comme il est censé être. Ce qui est d'autant plus difficile que la raison de ce qui s'énonce échappe le plus souvent au locuteur, qu'il soit emporté par une logique qui le dépasse ou en demeure tout simplement inconscient. Les meilleurs films de Rohmer en attestent avec brio. Renoir l'exprimait par une formule quasi cinématographique : « La plupart des êtres humains (...) bâtissent une sorte de film entre la réalité et eux ». Un « film » que reflète le dialogue cinématographique.

Cette conception d'un dialogue à double entrée ou, si l'on préfère, à deux faces trouve quelques-unes de ses expressions typiques dans *Furie*. Lors du procès de vingt-deux personnes accusées de lynchage, le procureur projette, à titre de preuve de leur culpabilité, quelques extraits des actualités cinématographiques (qui sont censées avoir été filmées sur la scène du drame). Mais, précise-t-il, « sous réserve que ce film soit authentique [*It's a true film record*] ». Réserve bien venue, je l'ai déjà indiqué, puisque lesdites actualités ne peuvent avoir été filmées telles qu'elles sont montrées au tribunal. À la fin de leur projection, l'une des présumées coupables se lève et s'exclame : « Ce n'est pas vrai [*It's not true*] ». Un cri de dénégation, puisqu'elle sait pertinemment qu'elle a participé au lynchage, mais un énoncé objectivement vrai, puisque les images incriminées ne sont que des faux nécessairement fabriqués en laboratoire. Dans *Le Caporal épinglé*, lorsque les prisonniers français croisent une escouade de soldats allemands défilant en chantant la pelle sur l'épaule, chacun y va de son petit commentaire : « y chantent même juste que ça me répugne », « moi, y m'font pas rire et y m'font pas chier », s'exclament respectivement Ballochet et Caporal. Une simple analyse textuelle suffit à l'entreprise de « décodage ». On ne peut que remarquer l'inclusion de deux propositions contraires à l'intérieur de ce qui se donne pour un commentaire unifié. Félicitation/réprobation, aveu/désaveu, autant de formules de dénégation où se disent, simultanément, et l'humiliation des soldats français, et leur besoin de refouler par la dénaturation des mots, ce qu'ils éprouvent en dépit d'eux-mêmes.

J'avais présenté cet extrait dans le cadre de l'épreuve de cinéma du Capes d'arts plastiques. Ni les candidats (ce que je comprends), ni le jury (chose plus significative) n'avaient relevé cette dimension du dialogue. Elle est si proche, si conforme aux formes verbales les plus ordinaires (celles du « café du commerce », ou de ce fameux « film » auquel Renoir faisait allusion) qu'elle en devient « transparente ». Le spectateur ou le critique distrait la confondra avec une reproduction mimétique de la vie, au point d'en paraître la simple tautologie. Elle n'en épouse les apparences que pour les mettre à nue. Nous sommes au cœur de ce qui fait la vie commune des hommes, de leurs faux-fuyants, de leur constant travestissement d'un réel qu'ils peinent à supporter. Autrement dit, de l'une de leurs servitudes. La mimésis, si décriée par certains, retrouve ses lettres de noblesse. En « dupliquant », le cœur conscient, une falsification langagière qui n'est que trop ordinaire, le cinéaste offre à ses spectateurs la possibilité de sa « réflexion ». Il l'arrache au terrible pouvoir de son aliénation. Renoir fait de cette banalité l'une des bases de son expression symbolique au cinéma.

*

De même que le cinéaste, l'analyste doit se méfier de toute lecture littérale des dialogues. Lorsque, lisant à haute voix le texte d'un livre, l'un des personnages de *Mon oncle d'Amérique* fait entendre cette phrase, « la race blanche, la plus parfaite des races humaines », peut-on croire un instant que l'auteur des *Statues meurent aussi* y adhère de quelque manière ? Comment ne pas la comprendre (l'interpréter ?) à la façon d'un retour critique et quelque peu ironique sur l'ethnocentrisme de la civilisation occidentale (mais qui n'est sans doute que proprement humain) ? Ou encore, lorsque Jean Le Poulain interprétant le rôle d'un clochard dans *Le Signe du lion* (Éric Rohmer) lance cette insulte à un Européen (sic), « Sale nègre », faut-il classer Éric Rohmer parmi les racistes ou comprendre le chapelet d'injures proférées par le comédien comme une façon de décharger sa bile sur un tiers (ce qui n'ôte rien aux connotations racistes de la locution, connotations d'ordre historique et sociologique) ? En un mot, faut-il censurer ou interdire *Le Signe du lion*, condamner Éric Rohmer à quelque amende ou plusieurs mois de prison, hélas à titre posthume, pour cause d'incapacité des censeurs à comprendre la relativité d'une motion dialoguée ?

Si le procès semble clos avant d'être ouvert, combien de répliques du 7e art, célèbres ou non, ont-elles donné naissance à de multiples controverses pour avoir été (com)prises [excusez le jeu de sonorités] au pied de la lettre ? Ou pour ne pas avoir « voulu » être comprises ?

On l'a deviné, cette façon d'envisager le dialogue cinématographique constitue un « autre principe vertueux » (douzième principe) : a priori, tout extrait dialogique doit être considéré à l'égal de n'importe quel signifiant. Ni plus ni moins que la suite événementielle, les comportements des personnages, les cadrages, les éclairages, les mouvements de caméra, les décors, les costumes, le jeu des comédiens, les modulations de leurs voix... et, ainsi que je l'avais montré par ailleurs[22], jusqu'aux fondus enchaînés. Une construction dialogique n'est rien de plus que l'élément d'un ensemble. Il ne prend (éventuellement) sens que dans les rapports qu'il entretient avec celui-ci. Les exemples en seraient innombrables. C'est le non-dit plutôt que le dit qui fait généralement la force du dialogue cinématographique. Un dialogue qu'il faut « interpréter » ?

Il faut, pour le bien comprendre, revenir sur le principe (déjà énoncé) de la nécessité a priori absolue du découpage. Tout ce qui apparaît à l'image et au son doit être considéré comme un élément constitutif du système symbolique du film de référence, et donc incorporé dans le procès analytique. Ce dernier, « idéalement », ne peut être tenu pour achevé tant que l'un de ces éléments n'a pas été pris en compte, justifié dans sa présence comme dans la forme de cette présence. Autant dire que ce travail reste tendanciellement toujours ouvert. Au défaut de cécité du spectateur (son statut de « voyant non voyant ») s'ajoute un autre risque, ses « volontaires négligences ». Par force, nous ne pouvons visionner un film sans en hiérarchiser les éléments. Nous portons notre attention et accordons de l'importance à certains d'entre eux au détriment de beaucoup d'autres jugés factuels et comme tels dignes d'être « négligés ». Ce qui peut être souvent le cas (tout ne mérite pas d'être placé sur le même plan) ; ce qui, quelquefois, est une lourde erreur. Toute nouvelle lecture entraîne une recomposition des hiérarchies. Lang a particulièrement travaillé dans cette direction (*L'Invraisemblable vérité* ; *Les mille yeux du docteur Mabuse*). Que faut-il remarquer dans un film ? Comment

---

22. Par exemple, au début des *Contes de la nouvelle vague après la pluie* (Mizoguchi).

ce qu'il signifie se signale-t-il à notre attention ? Mais, aussi, que faut-il *voir* dans la vie ? Comment ce qu'elle met à la portée de notre regard échappe-t-il à notre compréhension ?

*

À toutes ces raisons, s'en ajoute une dernière, presque triviale : la « nécessaire méfiance envers soi-même ». Pourquoi « ce que Je pense » devrait-il être communiqué au monde toutes affaires cessantes ? N'y a-t-il pas toujours quelque fatuité à se croire sujet de la Vérité ? Ce « Je » n'est-il pas source d'erreurs, de préjugés, de réactions épidermiques, d'aveuglements, ou de croyances ? Un « Je » si souvent convaincu d'avoir raison en dépit de sa méconnaissance des dossiers et de son peu d'empressement à en réfléchir toute la complexité et les contradictions ? Un « Je » toujours coupable, si je puis dire, de « subjectocentrisme » ? À l'inverse, un cinéma de personnages est un cinéma d'exposition et de confrontation des subjectivités, chacune animée du même désir d'occuper le centre (ce que Renoir montre magnifiquement à travers la métaphore du carrosse d'or) et de s'imposer aux autres.

Ce conflit débouche inévitablement sur des mises à mort, réelles ou symboliques. Le bonheur de François brisé par une mort qu'il a lui-même suscitée. Pour un être profondément gentil (cela existe), François ne peut être filmé comme uniquement gentil (cela n'existe pas). La gentillesse n'exclut le souci de soi-même (comment vivre ou survivre sans cela ?), et donc une certaine part d'aveuglement, de dénégation, d'égoïsme qui ne peut pas ne pas être présente dans la générosité même que l'on affiche et pratique par rapport aux autres. Donc « lisible » sur le corps. Dans *Lettre d'une inconnue*, Stefan, l'ex-jeune prodige de la musique, excellant surtout dans la cour qu'il fait aux femmes, croit à ses propres mensonges. Mais ce ne sont que des mensonges. Ce que le seul ton de sa voix et le charme de son regard suffisent à laisser paraître. Le « Je » est-il toujours le mieux placé pour exprimer sa nécessaire duplicité existentielle ? La considération des autres personnages permet au cinéaste de transcender son éventuelle profession de foi érotique. Elle l'oblige à ne plus seulement parler à la première personne, mais au pluriel, ou plutôt à la singularité multiple.

Je me contenterai pour l'instant de remarquer (une fois de plus) combien la recherche de ce qui serait strictement objectivable et donc absolument certifiable n'est pas seulement facteur d'appauvrissement, mais de négation du statut de toute fiction cinématographique : sa puissance de suggestion plus que d'affirmation. On comprend alors que toutes les propositions théoriques qui la soulignaient aient été occultées, voire combattues, par tant de travaux.

Chapitre II

De l'interprétation

En affirmant que « le symbole ne signifie qu'indirectement, de manière secondaire : il est là d'abord pour lui-même, et ce n'est que dans un deuxième temps qu'on découvre aussi qu'il signifie », Tzvetan Todorov n'exprime que l'une des possibilités de l'expression symbolique au cinéma. Il nous faut, une fois de plus, penser en termes de diversité.

Globalement, deux types de systèmes représentatifs peuvent être distingués. D'une part, ceux qui naturalisent tout ce qu'ils montrent, au point de se confondre avec un apparent décalque de la vie elle-même. Ce que l'on entend fréquemment par le concept de mimésis. De l'autre, ceux qui s'en écartent ouvertement en perturbant, ou ruinant toute possibilité d'une lecture littérale de leurs procès événementiels, y compris les plus familiers. D'entrée, ils se donnent pour autre chose qu'ils ne sont. Certaines œuvres de Luis Bunuel sont particulièrement explicites sur ce point. Dans *Le Charme discret de la bourgeoisie*, un dîner en ville ne peut être perçu comme un simple dîner puisqu'il se tient sur une scène de théâtre à l'insu de ses propres convives. Inversement, dans *Le Sergent noir*, une partie de poker sera d'autant plus assimilée à un banal jeu de cartes qu'elle apparaît comme un entracte, une pause ou une respiration, si l'on préfère, utilement ménagé au sein d'un procès narratif particulièrement tendu[1]. À l'image de la Cour qui se retire quelques instants pour se détendre, le spectateur, complice, s'abandonnerait volontiers à une petite scénette sans incidence particulière sur le récit, mais distrayante. Il n'y aurait donc rien d'autre à voir (« à lire ») que le dénotatif, une *image-tableau* selon la terminologie d'Eisenstein : une partie de poker qui ne représenterait qu'elle-même. Pour filer le même langage que le grand cinéaste soviétique, le statut de voyant non-voyant du spectateur trouverait ici sa pleine légitimité et toute sa dimension : l'incapacité de déceler une *image-figure* dans la simple apparence d'une *image-tableau*. Car le mot « apparence » peut à son tour s'entendre d'une double façon : d'une chose, elle n'est que ce qui en transparaît ; mais que cette chose ne puisse que transparaître en dit long sur son manque à paraître.

Entre ces deux « extrêmes », d'innombrables positions intermédiaires émaillent l'histoire du cinéma. Dans la plupart des cas, les choix stylistiques participent simultanément de l'une et l'autre tendance selon les degrés les plus divers. Il serait vain d'en dresser l'inventaire ou d'en esquisser quelque taxinomie. Chaque film, et même chaque séquence explorent des solutions plus ou moins inédites ou renouvelées. Ce qui justifie le constat établi par Jacqueline Nacache. Comment ne pas conclure à l'impossibilité d'édicter quelque règle que ce soit puisque chaque fiction construit au moins partiellement les siennes ? Il faut « lire » ou « décoder » (bien qu'il soit difficile d'assimiler le traitement d'une fiction narrative à un code quelconque, par essence figé), en ne perdant jamais de vue la relation de dépendance que chaque partie entretient avec le tout. Le cinéma utilise très peu l'allégorie, ce « sens qu'on transmet et qu'on apprend » (Todorov). Il construit sans cesse de nouveaux symboles. À quelques exceptions près, on ne peut déceler au cinéma des significations qu'il suffirait de « lire » (d'où l'ambiguïté du concept de lecture appliqué au 7e art) sans autre effort intellectuel que ce qui s'apparente à la reconnaissance immédiate d'un signe (re)connu.

---

1. Pour une analyse plus complète, voir mon ouvrage, *La théorie de l'art au risque des a priori*, Paris, L'Harmattan, coll. « Champs visuels », 2004, p. 85 à 91.

À quelles conditions un système de signes peut-il se passer de toute interprétation ? En réduisant autant que possible l'écart entre la chose qui signifie et le signifié censé lui correspondre. Ce qui stipule l'existence d'un système parfaitement univoque. Un automobiliste n'interprète pas ; il perçoit et décode. À chaque panneau une consigne claire, intégrée par simple mémorisation ou identification automatique d'un sens préalablement appris par cœur. Au cinéma, conséquence de sa nature photographique, aucun signe ne peut être tout à fait conventionnel (à l'exception de quelques cas spécifiques dont je donnerai un exemple avec Alfred Hitchcock). À la différence du déchiffrement d'un mode d'emploi (bien que celui-ci soit rarement aisé à comprendre !), nous ne disposerons jamais d'un manuel ou d'un précis de lecture filmique, d'une grille quelconque ou d'une sorte de dictionnaire des symboles propres au cinématographe. Rien qui nous permette de passer, « à coup sûr », de la chose montrée à la conceptualisation d'un sens. Nous sommes et serons toujours confrontés à un écart dont le franchissement ne sera jamais tout à fait balisé. Peut-on concevoir un film d'importance dont la réception n'exigerait que peu ou pas d'interprétation ? L'existence et le maintien du « bruit » sont co-substantiels à la nature d'une œuvre d'art, différente en cela de bien d'autres formes de communication. N'est-on pris dans l'étau d'une contradiction ? Rechercher la plus grande lisibilité possible au prix d'un affadissement certain de l'objet ; le vouloir le plus affiné et le plus élaboré possible, mais en demandant toujours plus d'efforts à ses spectateurs. Dans un ouvrage déjà ancien, Philippe J. Maarek avait tenté de la dépasser. À quelles conditions, se demandait-il, peut-on garantir la lisibilité d'un film ; comment contrer « l'aspect aléatoire du décodage du film cinématographique[2] ». En dépit de tous ses efforts, il n'était pas parvenu à lui donner une réponse satisfaisante. Et pour cause. Il ne s'agit pas d'un problème technique que l'on pourrait résoudre par un perfectionnement quelconque, mais d'une contradiction essentielle. C'est-à-dire, indépassable.

*

---

2. Philippe J. Maarek, *Média et malentendus. Cinéma et communication politique*, Paris, Edilig, coll. « Médiathèque », 1986.

Le signe ou le symbole le plus connu n'exige-t-il pas, d'entrée, que l'on s'interdise toute lecture spontanée à son égard ? Lorsque Rohmer, dans *Ma nuit chez Maud*, positionne le narrateur (Jean-Louis Trintignant) devant un tableau de forme rectangulaire portant en son centre un cercle blanc dont la rondeur fait songer à une auréole, cet élément décoratif ne prend pas le même sens que dans *Trains étroitement surveillés* (Jiri Menzel) qui utilise pourtant un semblable procédé. La tête de l'un des personnages, Hubicka, le sous-chef de gare, vient se placer à hauteur d'un objet de forme ronde. L'homme est pleinement satisfait de sa nuit, érotiquement bien remplie. Son « couronnement » est évident, la valeur de l'amour sexuel proclamée. Rohmer ne béatifie pas son personnage. Il le critique, assez sévèrement d'ailleurs, en relation avec l'orthodoxie chrétienne. Menzel transgresse celle-ci. Il sacralise ce que la morale chrétienne réprouve, et fait du vagabondage sexuel une forme d'accomplissement. À partir d'un même symbole, les appréciations sont, non seulement différentes, mais d'une certaine façon antagoniques. Le « symbole » n'est alors rien de plus qu'un matériel expressif dont les connotations religieuses alimentent un discours se développant librement, au besoin en les détournant de leur signification traditionnelle. La logique du récit reste souveraine. Pour découvrir, à chaque fois, une signification originale.

Je ne puis qu'affiner ce que disait Todorov. Le rendre moins unitaire. Chez Rohmer, chez Menzel, l'objet pleinement intégré à la naturalité du récit se désigne à l'attention du spectateur par son appartenance à un champ symbolique connu. À une double condition, toutefois. Le spectateur doit être culturellement en situation de connaître l'iconographie chrétienne à laquelle il est fait ici allusion. Dans les deux cas, la référence n'est pas affirmée avec la même clarté. Et pour cause. Le spectateur de *Ma nuit chez Maud* peut ne rien remarquer tant Rohmer évite d'auréoler un personnage qui ne le mérite certainement pas. L'insistance du cadrage, dans *Trains étroitement surveillés*, rend cette distraction improbable. Menzel, par transmutation de toutes les valeurs, décrète la « sainteté » de son personnage. Ironiquement, cela va de soi.

*

Le modèle proposé par Tzvetan Todorov est incontestablement trop univoque. Dans la plupart des cas, le cinéma n'utilise aucun symbole connu. Il charge d'une signification par essence inédite les objets les plus usuels. Ceux, répétons-le, qui se confondent en apparence avec une simple imitation de la vie. Au vu de toute l'histoire du cinéma, on en déclinerait les variations à l'infini. Je me contenterai de quelques-unes de leurs possibilités afin d'en exploiter certains enseignements utiles à l'analyse filmique. Une chose est sûre. Toute confrontation à un nouveau « symbole », désigné ou non comme tel, suppose une analyse spécifique. Dont rien, initialement, ne nous fournit la clé.

Avant de poursuivre, je voudrais marquer une pause. J'ai suffisamment insisté sur le principe a priori de la nécessité absolue du découpage pour intégrer son contraire en tant que complément nécessaire. Ne faut-il pas s'interroger sur la valeur de certains choix esthétiques, y compris sur leurs erreurs. Un mot que la théorie esthétique n'apprécie guère, mais que les cinéastes utilisent volontiers. Le refus de ce type de préoccupation n'est-il pas l'un des points aveugles d'un certain nombre de réflexions actuelles sur l'art ? Admirer les œuvres ne veut pas dire les vénérer. Dans son champ d'intervention, un analyste ne doit avoir ni dieu ni maître.

Un « symbole » par trop manifeste, surchargé de significations acquises à la façon d'une allégorie, est-il conciliable avec une œuvre d'art ? Lorsque Rohmer, à l'ouverture des *Nuits de la pleine lune*, filme un panneau de sens interdit au centre de son image, il est difficile de ne pas y voir un acte délibéré (les difficultés de tournage n'expliquent pas tout ; il suffisait d'amorcer le panoramique légèrement plus tard). Comme il est facile d'en comprendre la signification le récit terminé. Que son personnage (féminin) se soit aventuré dans une « voie de l'amour » (proche de celle de François[3]) dont il ne recueille que les fruits amers, comment ne pas le conclure, au moins dans la logique du film ? Mais, aussi négatif soit-il, ce bilan mérite-t-il d'être marqué au sceau d'un interdit ? Par ce signe trop univoque, si définitif, Rohmer ne commet-il pas une erreur de mise en scène, conséquence d'un défaut de jugement ? Ne confond-il pas ce qui

---

3. Voir, dans le chapitre précédent, l'analyse du film d'Agnès Varda, *Le Bonheur*.

s'avère une impasse, et relève d'une contradiction existentielle, avec ce qui ressortit (ou ressortirait) à l'ordre d'une faute morale qu'il faudrait absolument proscrire ? Le panneau de signalisation ne rend-il pas un verdict a priori, alors que la narration, loin de tout moralisme, interroge le comportement de son personnage et nous propose ce que j'appelle une « expérimentation fictive ». Non pour juger avant la lettre (« avant le film »), mais au terme d'un acte cognitif permis par la visualisation d'un récit. Celui qui nous raconte, ou plutôt nous montre, comme en direct, la dure confrontation de son personnage aux conséquences de ses choix existentiels. Un choix « fictivement », et par là « affectivement » ressenti par le spectateur. Ce qui lui permet de prendre une force psychique que son énoncé sous la forme d'une maxime ou quoi que ce soit de ce genre n'atteindra jamais. Aussi est-il absurde autant qu'inutile de vouloir régler le problème par une interdiction. Le panneau n'est pas seulement maladroit. Il est superfétatoire. Pire, sa codification impose une lecture préétablie de l'histoire bien étrangère à la problématique du désir telle qu'elle se pose à une jeune femme du début des années 1980 en France. Nous sommes au cœur de véritables questions de mise en scène... et de problématiques que l'esthétique du cinéma ne devrait pas ignorer.

Dans *À l'est d'Éden* l'apparition de la servante est suffisamment étrange pour interpeller le spectateur. Dont acte. Mais elle est aussi trop fugitive pour qu'il ait le temps d'y réfléchir. Au cinéma, art du flux par excellence (point commun avec la musique), les états de conscience se succèdent rapidement, l'un chassant l'autre, ainsi qu'il en est pour chaque photogramme. Conséquence, la séquence passe, l'étrangeté s'oublie. La signification a toutes les chances de passer inaperçue.

Les choix plastiques d'*À l'est d'Éden* ne signifient rien en eux-mêmes. Mais à la différence, cette fois, de la proposition de Todorov, le filmage de la scène s'impose, d'emblée, à l'attention d'un spectateur qui, plus que jamais, vit dans un état de double conscience. Conscience d'une scène de vie familiale qu'il peut assimiler à beaucoup d'autres, surtout s'il a lui-même des enfants ; conscience de sa nature proprement cinématographique, tant son esthétique lui « crève les yeux ». Il ne peut que s'interroger sur son éventuelle intentionnalité, hésitant entre l'égale possibilité de deux jugements contraires. Ce cadrage répond-il à quelque nécessité qui en légitimerait le parti pris, mais qui, pour l'instant, demeurerait obscure à l'analyste ? Ou n'est-il que purement formel ? Le désir de faire « autrement », la recherche d'une distinction, la volonté de changement et d'innovation sont au monde de la création plastique d'authentiques mobiles qui se suffisent souvent à eux-mêmes. Auquel cas il serait parfaitement vain de leur chercher un sens.

Cette question de l'éventuelle gratuité du plan, ou du détail de ce plan est ici assez facile à résoudre. Il suffit, tout simplement, d'en revenir aux conditions de fabrication d'un film (de ce type) dans son mode de production conventionnel. Cette femme peut-elle avoir été filmée par hasard, conséquence d'un éventuel aléa de tournage ? Une objection qu'il est particulièrement aisé de contrer. Une comédienne ou une figurante (elle ne dit pas un mot) a dû être recrutée, éventuellement choisie parmi d'autres candidates. On lui a fait signer un contrat. Prévue dans le plan de tournage, sa prestation a exigé un temps certain de préparation. Sa place dans le cadre, si caractéristique, résulte d'une double décision. Dans le plan d'ensemble, le réalisateur l'a placée auprès de James Dean (elle n'a pu le faire d'elle-même). D'autres positions eussent été plus vraisemblables (au centre de l'image assise sur la chaise vide, auprès du père,...). Pour le plan rapproché, le cadreur a basculé sa caméra afin d'obtenir une composition de l'espace tout à fait inhabituelle dans le cinéma américain de cette époque, de ce fait inévitablement concertée (en accord avec le réalisateur et le chef-opérateur). Quelles que soient les péripéties du tournage, la présence de la servante fut maintenue dans le montage définitif. Rien d'aléatoire ou de purement circonstanciel. Le principe de nécessité est une première fois vérifié.

Cadrée de biais, la comédienne apparaît légèrement décalée vers la gauche du cadre, le haut de son corps occupant une diagonale gauche-droite. De nouveau, une chose qui ne signifie rien. Une simple coquetterie ? Nous pourrions contempler indéfiniment cette composition sans en conclure quoi que ce soit. Les plans qui suivent imposent cependant un autre constat. Positionnés sur le mode d'un chavirement du cadre, ils penchent de droite à gauche, à l'inverse du plan consacré à la servante. À une nuance près. Resté seul avec son père, Cal, d'abord emporté par le basculement général de tous les objets, se redresse dès qu'il fait de sa mère le sujet de la conversation. Cette mère qu'il sait bien vivante, mais que son père fait passer pour morte. Par ce mouvement, il dessine une verticale. La seule de l'image[4].

La présence de la servante est d'autant moins un hasard que sa seconde apparition s'insère esthétiquement dans la séquence tout entière. Narrativement, l'histoire racontée se passerait tout à fait d'un tel « personnage ». Aussi ne peut-il être recherché, et justifié, que pour une tout autre raison. Celle-ci nous est suggérée par le jeu des similitudes et des oppositions plastiques qui associe les différents plans du découpage et les fonde dans leurs choix formels. À l'oblique de l'un répond l'oblique des autres. Ce que j'appelle le « principe de fondation réciproque » : deux ou plusieurs éléments, proches ou séparés dans l'ordre du découpage, se motivent les uns les autres par le truchement du système des correspondances dont ils sont les agents constitutifs. Échappant à tout arbitraire, ils deviennent « nécessaires ». Ainsi l'ordre plastique élaboré par le montage se fait-il le support d'un ordre symbolique. Puisque rien de tout ceci n'a pu être fait par accident, nous sommes une nouvelle fois forcés de nous interroger sur sa raison d'être. Ce n'est plus le seul personnage de la femme qui cette fois nous l'impose, mais son traitement esthétique.

*

Nous ne sommes guère avancés. Décrivant plus précisément l'image, nous l'observons mieux. L'observant mieux, la comprenons-nous davantage ? Nous l'avons saisie dans son mode de composition, mis à jour dans ses données visuellement incontestables, comme telles universalisables. Que dire de plus sans risquer des désaccords ou émettre des doutes ? Rien, à proprement parler. Rien qui puisse la motiver et la justifier dans ses choix. Nous pouvons souligner l'origi-

---

4. Je m'excuse auprès du lecteur qui ne disposerait pas de la séquence. Décrite sur un mode linguistique, elle demeure bien abstraite, bien peu « parlante ». Montrée, la composition plastique saute aux yeux. En ce sens, une bonne analyse filmique ne peut ou ne devrait être qu'audiovisuelle. Un luxe. Une nécessité pédagogique qui demeure hors de notre portée, ne serait-ce que pour des questions de droits.

nalité du « travail du cadre », comme l'on dit, son aspect mystérieux, pourquoi pas novateur. D'autres en discuteront le bon goût, lui reprocheront sa sophistication, une insistance qu'ils jugeront déplacée. Ce qu'en d'autres temps l'on affublait du vocable péjoratif de « lourdeur ». Force est de constater combien ce domaine de recherche est en esthétique à peu près abandonné. Tous s'accordent sur des distinctions. Distinction de qualité, de pertinence, de préséance. Encore faut-il les problématiser. Comment, du point de vue de la création, ne pas discuter de l'emplacement d'une caméra, d'une césure entre deux plans, d'un choix de décor ? Comment ne pas se demander s'il eut été préférable d'avoir fait ceci plutôt que cela ? Lorsque Truffaut déclare qu'il a « le sentiment d'avoir raté un certain nombre de choses [dans *Les 400 coups*], par exemple la nuit dans Paris[5] » (ce qui me semble tout à fait exact), ne faut-il pas en expliquer le naufrage ? L'esthétique, « science du Beau », n'est-elle pas en toute complémentarité science de son contraire ? L'art n'est pas que splendeur et réussite. Il est, dans les premiers temps de ses créations et quelquefois jusque dans leurs derniers moments, balbutiements, recherches, essais, errements, et donc nécessairement erreurs. Je le disais, les plus grands cinéastes font des fautes. À commencer par Hitchcock. *La Loi du silence* (*I Confess*) nous en fournit un très bel exemple.

Rappelons-en l'argument. En confessant le crime qu'il vient de commettre au père Logan, prêtre catholique (Montgomery Clift), un sacristain fait d'une pierre trois coups. Il obtient la miséricorde de Dieu, se protège contre tout risque de dénonciation, secret de la confession oblige, fait de l'ecclésiastique un coupable plus que vraisemblable. Son stratagème fonctionne à merveille. Sur le point d'être arrêté, le père Logan déambule dans les rues de Québec, angoissé. Il ne peut se disculper.

Quelques plans suffiraient à la compréhension de son « état d'âme ». Un homme qui marche dans les rues, le risque d'un emprisonnement injustifié, la honte, le sentiment d'impuissance, l'impasse, le cinéma nous en propose de multiples exemples, Hitchcock en tête (*Le Faux Coupable*, *The Wrong Man*). La scène serait presque banale. Mais, comment filmer un personnage dont le statut institutionnel

---

5. Anne Gillain, *op. cit.*, p. 98.

est si particulier ? Peut-on le faire de manière profane ? Pour dire la chose autrement, la culture et l'idéologie d'un ministre de Dieu (chrétien) n'ont-elles pas une incidence sur sa façon de penser et de « se représenter » sa propre situation ou plutôt son propre dilemme : il sait qu'il est innocent mais, tenu par cette « loi du silence » inhérente à sa charge, ne peut se disculper.

Ce que la mise en scène d'Alfred Hitchcock tente de *représenter* à son tour. Elle associe les déplacements du père Logan à des éléments de décor dont elle fait une « sélection tendancieuse » (selon la proposition d'Eisenstein). En trois plans. Logan passe devant l'entrée d'un cinéma dont l'une des photos publicitaires, exposée en vitrine, montre un homme, menottes aux mains, encadré par deux inspecteurs. À la devanture d'un magasin, un mannequin, en costume trois pièces et nœud papillon, semble décapité. Alors qu'il s'avance sur un trottoir dans le champ profond, le premier plan est occupé par une statue représentant l'une des stations de la passion du Christ. Insistante par sa composition plastique, cette dernière occurrence l'est également temporellement. Elle dure quelque treize secondes.

Anti-héros moderne par excellence, le père Logan n'est pas en situation d'errance, cette situation dont quelques cinéastes de la fin du XXe siècle firent leur fonds de commerce. Accédant à la condition de l'homme chrétien, il vit, ou revit, la condition christique. En bref, son chemin de croix. Il porte le péché d'un autre, dans la souffrance et la solitude, dévoré par un sentiment d'injustice qu'il lui faut assumer au nom de sa foi. Ceci, le travail déductif (interprétatif) peut le dire, mais seulement comme synthèse. Car ledit parcours christique ne se fait pas à l'imitation de Jésus-Christ. Il n'est que le résultat de l'histoire personnelle du père Logan, dans ses aléas, ses coïncidences, ses malheureuses circonstances et ses circonstances sciemment provoquées, au terme desquelles il doit assumer une accusation de meurtre dont il ne perçoit que l'issue fatale. En résumant tout cela par un motif statuaire académique, la narration s'appauvrit au lieu de se fortifier. Ce sont les atermoiements du père Logan, ses refus, ses colères rentrées, sa tentation de se soustraire à l'injustice qui lui est faite ou de se retourner contre le vrai coupable qui font la richesse du récit. Ce sont de tels contenus de conscience qui, « au bout du compte », font de son parcours, non la passion du Christ, mais celle du père Logan. Il n'est de passion véritable que toujours réactualisée, dans une originalité à nulle autre pareille. La statuaire « réduit » tout cela. Ce n'est plus du cinéma allusif, si cher à Rossellini, mais de la mise en image explicative. Celle qui dispense le spectateur de toute interprétation, et même de tout effort de pensée. Il lui suffit de rapporter la scène à un savoir antérieurement acquis, de le répéter par pure remémoration de ce qui lui a été transmis. La figure de l'allégorie. D'une imagerie même, à l'imitation des tableaux ou des fresques dispensés dans une église.

La création artistique n'accouche ici que de la reproduction d'un sens à sa manière éternellement fixé. Ne sommes-nous pas devant une « faute de goût », que le meilleur du cinéma de fiction généralement s'interdit ? Qu'est-ce que le mauvais goût, dans ce cas, sinon l'effet d'une redondance, l'impression donnée par le choix du décor et l'emplacement de la caméra de nous asséner une signification, immédiatement disponible, univoque, figée, non pas construite pas l'œuvre mais comme importée ? Une signification trop connue et trop entendue pour que sa répétition ne paraisse pas déplaisante. La narration se substitue au spectateur au lieu de lui permettre d'y trouver sa place. Se confirme, une fois de plus, combien le maintien d'un non-dit, l'obligation faite au spectateur de suppléer, non pas à la carence du sens mais à son absence, sont la condition de l'art. Dans un précédent ouvrage[6], j'avais fait référence à l'analyse des contes de fées telle que nous la propose Bruno Bettelheim pour l'appliquer au cinéma. Le principe en est simple : il faut que l'esprit du lecteur, ou du spectateur, soit au travail. C'est à lui de trouver une signification qu'il ne peut assimiler qu'à la condition de la concevoir par lui-même. On sait combien le célèbre psychanalyste reprochait à Charles Perrault de formuler lui-même la « morale » du conte. Mais, s'il en est ainsi, le conte ne devient-il pas inutile. Dans le film d'Alfred Hitchcock, la morale nous est donnée par la statuaire. Ce qui seul fait sens est une conception méthodiquement suggérée par un récit filmique dans l'esprit du spectateur, donc induite et non pas prononcée. Contrairement à ce que l'on a pu dire, le spectateur n'est pas acteur du drame qui se déroule devant lui (il ne peut en modifier

---

6. *Le désir de fictions*, Paris, Dis-Voir, 1987.

le cours inexorable de quelque façon que ce soit). Il en est, si je puis m'exprimer ainsi, le contributeur sémantique. Celui qui en formule la nécessaire interprétation ?

Certes, un comportement risqué. Que certains analystes préfèrent des positions de repli et ne se consacrent qu'à des études formelles ne doit plus nous étonner. Cette attitude n'est pas sans avantage. Il lui suffit de décrire. Non la totalité des données filmiques, mais celles que nous sommes convenus d'appeler les « codes cinématographiques ». Ce dont on pourrait se contenter avec la séquence d'*À l'est d'Éden*. Une façon, dirait Paul Valéry, d'avoir les mains pures mais de ne pas avoir de mains. Une impasse. Nous ne pouvons que reconnaître la limite, ou la faillite, de notre développement précédent. Quelle que soit l'exactitude de nos observations, nous n'avons toujours pas expliqué la présence insolite de cette servante, ni la raison de son cadrage en son oblique contraire. Allons jusqu'au bout de notre doute systématique et posons-nous une ultime interrogation : est-ce d'ailleurs une domestique ?

Si nous ne voulons pas quitter le monde des certitudes, notre « lecture » n'ira pas beaucoup plus loin. L'analyste qui n'avancerait rien à l'exception de propositions strictement démontrables se heurterait à un mur. Une sorte de butée du sens. Les choses seraient là, dûment constatées, mais sans raison « apparente ». Nous venons de le voir, l'identité de la femme n'est pas même certaine. Ce pourrait être une sœur, une voisine... Rien ne la certifie radicalement comme telle. Du tablier, nous passons à la fonction, de la fonction à la position sociale, de cette position... à rien. La caractérisation de son métier n'a aucune importance. Elle n'explique en aucune façon son mode de présentation « cinématographique ». Ce n'est, tout au plus, qu'une déduction, socialement possible ou probable. La description masque la signification. La « nécessaire méfiance vis-à-vis de l'interprétation », scrupuleusement recommandée par certains, aussi salutaire qu'elle soit dans son principe, ne nous mène nulle part, sinon au silence.

Ce principe, fort sensé à la première lecture, paraît bien étrange dès l'instant où l'on se penche sur le « cours réel des choses ». Il semble toujours nécessaire d'en revenir à nos expériences les plus courantes.

En l'occurrence, à cette autre question, si ordinaire : pourrait-on vivre sans interpréter ? Nos actes les plus ordinaires ne supposent-ils pas, déjà, de fréquentes interprétations ? Nous passons le plus clair de notre temps à deviner ou lire entre les lignes, sans disposer de messages dont le déchiffrage serait assuré à la manière d'un code dépourvu de risque d'erreur. Et, d'abord, avec nos proches. La moue de celui-ci, la tristesse de celle-là, l'air absent d'un autre sont autant de signaux qui suscitent en nous de troubles émotions, éveillent notre attention sans que nous puissions en définir précisément l'objet. Dans les relations les plus banales de notre vie quotidienne, ne devons-nous pas émettre sans cesse des hypothèses plutôt que tirer des conclusions définitives, supposer plutôt que savoir, pressentir ou ressentir non sans ambiguïté ? Toute la théorie bazinienne repose sur cette simple évidence, qu'elle applique au cinéma. Mais le cinématographe n'est pas la vie. Fort heureusement, il est plus délimité et surtout maîtrisé. Plutôt que de la copier ou de la refléter, il la donne généralement à penser. Les premiers émerveillements oubliés, à la manière des spectateurs de Lumière, pourquoi irions-nous contempler au cinéma ce qu'il nous est donné de voir, par ailleurs, dans son incomparable multiplicité ?

*

Résumant l'évolution de la théorie littéraire française depuis quarante ou cinquante ans, Tzvetan Todorov constatait que l'on avait mis « les moyens à la place de la fin ». Burch, pourtant grand maître en la matière, s'est plaint, dans un texte assez récent, de cette mise à l'écart de la question du sens, si manifeste depuis tant d'années, et dont la sémiologie triomphante fit l'un de ses traits revendiqués (la sémiologie, disait-on, s'arrête à la question du sens). Faut-il s'en étonner ? Qu'une avalanche de concepts instrumentaux domine encore la théorie littéraire et cinématographique (cette dernière souvent à la remorque de la précédente) s'explique, justement, par la peur de l'interprétation, peur en quelque sorte exorcisée par Deleuze. Que pouvait-il en résulter, sinon le désir d'en retarder l'échéance sous prétexte de lui offrir toutes les garanties nécessaires ? Celles-ci, dans leur absolu, étant évidemment hors de portée d'une « sous-discipline » (Nacache) qui se penche sur des objets essentiellement allusifs (Roberto Rossellini) ou virtuels (Jean Mitry), tout passage à l'acte s'avérait contradictoire, puisque transgressant inévitablement ce dont on se fixait l'idéal. N'interprétons pas ! Soit. Mais, n'interprétant pas, que dira-t-on qui ne soit le tout-venant de la « lecture de film » ? L'analyste se confronte à une aporie. Appliquée à la lettre, la « nécessaire méfiance à l'égard de l'interprétation » le condamne à ne rien avancer qui ne soit objectivement certifié. Auquel cas, il ne dit que des évidences, et toute opération de lecture s'abolit d'elle-même, expulsée par sa propre vanité. Exit l'analyse. Exit l'analyste. De deux choses l'une. Ou nous cherchons des certitudes, et notre discours ne sera que descriptif, sans saisir la raison d'être de l'organisation formelle dont il fait un exposé plus ou moins fidèle (mais l'est-il jamais tout à fait ?). Ce que nous avons fait jusqu'à présent avec le film d'Elia Kazan. Ou nous estimons que la « forme » du film échappe à toute gratuité et repose sur un authentique travail du sens, et nous devons en accepter le mode d'exposition essentiellement allusif. Seul le film de propagande échappe à cette règle (encore qu'il ne soit pas, par force, exempt de certains non-dits). Alors, comment ne pas interpréter ?

À dessein, j'avais laissé l'exemple de *La Grande ville* en chantier, suspendant mon analyse afin de mieux faire sentir le vide de son appréhension purement descriptive. Cette histoire d'un mari angoissé par l'autonomie de son épouse n'était encore que très banale. Il nous faut poursuivre notre investigation.

Arati et son bel interlocuteur s'asseyent à une table. La conversation s'engage. En quelques traits, Ray construit un espace scénique qui permet à la narration de paraître vraisemblable. Arati tourne le dos à son mari, dérobé à sa vue par un pilier. Un autre point attire notre attention, lié, cette fois, à l'emplacement de la caméra (que l'on commente trop peu) et à la disposition relative des personnages qui en résulte dans le cadre. Les silhouettes des trois protagonistes occupent une diagonale dont Arati occupe le centre. Ainsi est-elle entre les deux hommes. Un « entre-deux » spatial dont la valeur symbolique se révèle bientôt…

On apprend que l'homme n'a jamais rencontré Subatra. Aussi ne peut-il le reconnaître, bien qu'il l'ait dans son champ visuel. Il interroge la jeune femme à son sujet. Celle-ci dresse un improbable portrait de son époux : c'est un homme très actif, travailleur acharné, qui a monté sa propre affaire. Économiquement, tout va pour le mieux. Elle ne travaille elle-même que pour son plaisir et, sans doute, y renoncera-t-elle dans quelque temps. Tandis qu'elle fait l'éloge de Subatra, la caméra se déplace latéralement et s'arrête à la hauteur dudit pilier dont les deux surfaces visibles font office de miroirs. Les visages des deux hommes s'y reflètent de part et d'autre. On ne peut qu'être frappé par cette étrange réunion masculine. Mais, aussi, par ces effets de miroirs dont l'intentionnalité est évidente.

Reprenant les mots de Todorov en les adaptant à la spécificité de l'organisation du décor, je remarquerais que le symbole, ici, donne à signifier de manière primaire tout autant que secondaire. Si la disposition dans l'espace n'est d'abord là que pour elle-même (censée ne correspondre qu'à une certaine visualisation dramatique de la situation), le reflet des deux visages dans un miroir occasionnel est de toute évidence là pour « beaucoup plus » que lui-même (il fait signe, d'emblée). Mais ce n'est que dans un temps ultérieur que l'on découvrira, « éventuellement », ce qu'il peut signifier (l'expérience le prouve, seule une minorité de spectateurs y accède, non sans difficulté). Il en est de même pour la disposition spatiale. Qu'elle prenne sens, ou si l'on préfère, qu'elle « ait même un sens », passe le plus souvent inaperçu. Ce dernier cas de figure est au cinéma le plus répandu qui soit.

De nouveau, un seuil. Car, une fois encore, si je « n'interprète *jamais* », comment découvrirai-je la raison d'être d'un tel dispositif ? L'effet esthétique nous invite indubitablement à chercher un sens, un sens qu'il ne nous livre nullement dans le moment et par le seul moyen de sa perception. Il l'induit, à la manière d'un matériau psychique dont l'esprit ne possède encore que la virtualité. Reconnaissons-le, le film ne nous livre pas par lui-même tous les moyens de sa compréhension. Tel est le point décisif. Tout refus de l'extra-textualité, toute lecture intra-textuelle butent sur cette contradiction. Qu'Arati mente pour valoriser son mari et se valoriser elle-même, tout le monde le comprend sans avoir besoin de le formuler (à la condition, toutefois, de disposer d'un minimum d'expérience humaine, érotique pour être plus précis – ce qui n'est pas le cas d'un enfant). Mais une telle proposition « explicitative », fort commune et donc sans intérêt, n'explique nullement l'effet d'artifice du double miroir. Ou le réduit à une simple redondance.

C'est le « face à face » entre les deux hommes par images interposées qu'il nous faut justifier. Un face à face qui ne concerne que l'épouse, tant il entre directement en relation avec son discours et lui assigne un sens d'une plus grande ampleur que celle contenue dans sa forme purement linguistique. C'est l'un des rôles du cinéma : façonner des images qui se donnent comme des « interprétations du monde ». Celles qui portent à notre connaissance une compréhension des choses, ou des rapports entre les choses, qui ne relèvent plus d'une simple transcription de ce qui s'offre immédiatement à nous, mais ne nous est rendu accessible que par la saisie de ce qui se tient au-delà de leur seule présence formelle. C'est en cela que le cinéaste peut être dit « créateur d'images ». Il n'utilise pas des concepts. Il façonne des images, au terme d'une savante et patiente élaboration formelle. Ces images ne reproduisent pas le réel. Elles ne l'imitent pas. Elles sont des « condensés d'expérience ». Des expériences que l'on peut dire fictives, puisqu'elles ne prennent effet de réalité que dans l'intuition du spectacle. Pour lui, les mots d'un dialogue ne sont eux-mêmes que des signifiants. Il synthétise et formalise, sous forme d'images, ce dont il nous propose une expérience fictive.

Des images pour nous montrer l'invisible. Tel est le paradoxe du cinématographe : champion toutes catégories de la reproduction du visible, il vise, à son plus haut niveau, ce que celui-ci ne peut nous montrer.

*

Il nous faut oser, franchir un pas qui n'est plus induit par l'image/son. Ce que Ray porte à notre attention par le dispositif formel n'est autre que le désir de son personnage. Un désir qui n'est plus suscité par cette rencontre fortuite avec un interlocuteur éclatant de réussite sociale (d'où la « nécessité » de sa belle allure en tant que personnage secondaire), mais aussi, venu de profondeurs jusqu'ici peut-être inavouées, ce que la situation réelle de son mari lui fait endurer. Toutes ses déceptions et ses frustrations, pour la plupart tues ou refoulées. Arati exprime, mieux, laisse s'exprimer l'« image de son désir ». Ce dont elle aime(rait) se prévaloir et dont elle réalise verbalement (et imaginairement) la fiction. Entre l'amour qu'elle porte à son époux et son désenchantement, elle fait l'aveu de ce qui lui manque.

Il s'agit donc bien d'une « image », juste une image, mais une image magistralement révélée par l'invention décorative, et justement inscrite par ce travail du film dans la « conscience supposée » d'un sujet fictif, tel que le spectateur est alors incité à la reconstruire par le mécanisme de la projection-identification. Supposée, puisque le jeu d'ombres et de lumières qui s'impriment fugitivement sur l'écran est le seul mode d'existence d'un être de celluloïd évidemment dépourvu de toute autonomie psychique. Mais conscience tout de même, puisque la relation de projection-identification que le spectateur noue inévitablement avec ce fantôme fait exister tout un monde de désirs, de sentiments et de pensées, lui, bien réel. Ce que l'on peut nommer une « réalité intérieure ».

Toute la question est alors celle de sa validation. D'où la nécessité d'un bon usage des principes vertueux, hors desquels tous les arbitraires et toutes les projections se laissent aller au libre jeu de la fantaisie de leurs auteurs. Dans la mesure où l'analyste doit constituer un système de preuves, il lui faut investir le procès entier du devenir filmique par le truchement des principes de redondance et de fondation réciproque, seuls garants de la viabilité de ses énoncés.

Une chose doit être soulignée. En formulant une proposition analytique à propos du film de Satyajit Ray, je n'ai aucunement l'impression de dire autre chose que ce qui est en un sens « prescrit » par l'image figurée sur le poteau du bar. C'est elle, et elle seule, qui dicte l'écriture. C'est elle qui lui donne la mesure. Dans un effort continu de l'esprit, je m'efforce de la saisir au plus juste, dans l'« intimité de sa complexité ». Car tout est finesse, subtilité, dans la plus grande précision. Ce que le texte rédigé risque de trahir à tout instant par réduction, simplification, ou idéologisation. Passer, si je puis dire, du « langage du cerveau » à celui de sa langue maternelle, est-ce interpréter ou traduire ? Spontanément, le propre d'une langue crispée dans ses habitudes n'est-il pas de reconduire le nouveau à l'ancien, l'inconnu au connu, le complexe au simple, et le multiple à l'un ?

Dans ce cas, l'essentiel du travail analytique se concentre sur la « pensée supposée des personnages ». Ce n'est pas l'un des moindres problèmes de l'analyse filmique que de l'avoir congédié ou occulté.

L'intérêt que porte l'immense majorité des spectateurs au cinéma – c'est-à-dire au cinéma de fiction narrative – s'explique par leur désir d'entrer en relation (en relation affective) avec les personnages. Ce sont eux qu'ils viennent voir, eux qu'ils font exister sur l'écran, eux dont ils commentent les gestes et précisément les pensées. Ils les font « exister », en ressentant imaginairement leur présence à l'écran comme la vérité d'un possible existentiel qui les renvoie à leur propre réalité.

*

Si j'entends résoudre l'énigme de la servante (*À l'est d'Éden*), je dois opérer quelque peu différemment. Ce n'est plus dans le plan lui-même que je trouverai le point de départ de ma réflexion. Il me faut associer ce que le découpage présente comme deux moments parfaitement distincts l'un de l'autre. L'observation aidant, je ne puis qu'être frappé par le principe de réciprocité qui unit les deux cadrages (sur la femme ; lors de la discussion entre Cal et son père). À l'oblique du premier répond celle du second. Au déséquilibre de l'un celui de l'autre, mais comme inversé dans son orientation. De sorte que le premier compense le second, ou plutôt le rééquilibre en une sorte d'économie globale des verticales.

Je le rappelle, dès l'instant où Cal rompt le rituel d'une prière qui permet que rien ne se dise, dès l'instant où il force son père à évoquer le souvenir de son épouse, il retrouve une position verticale. Qu'il en soit l'agent exécutif justifie la présence de la servante à ses côtés. Que cette servante s'évanouisse à la manière d'un être immatériel s'accorde à son statut essentiellement psychique. La composition plastique se ferait-elle métaphore ? Ce qui manque au jeune homme comme à l'adulte, ce qui motive leurs tensions comme leurs malaises n'est autre que l'absence d'une femme. Ne l'oublions pas, cette scène succède à l'épisode du grenier à glaces durant lequel Cal fut le témoin jaloux des amours de son frère et de Abra, sa fiancée.

Nous ne sommes plus dans le monde des certitudes, mais, si je puis dire, dans celui de « déductions raisonnées au-delà d'un doute raisonnable ». Qu'il n'y ait pas de méthode étayée par une technicité dont il me suffirait d'appliquer les règles, heureusement. Tous les objets de l'art ne risqueraient-ils pas de se ressembler et le cinéma serait bien ennuyeux ? Mais qu'il n'y ait aucun principe qui puisse être utilisé à la manière d'un « principe vertueux », certainement non. Et, pour commencer, cette nécessité de la « traduction » ou de l'« interprétation » (comme l'on voudra pour l'instant) sans laquelle je ne pourrais comprendre les choix et les inventions formelles de *La Grande ville* ou d'*À l'est d'Éden*. Quelle que soit notre légitime méfiance, ne devons-nous pas admettre que l'interprétation est tout simplement « requise » par la nature essentiellement allusive de toute fiction narrative ? Autrement dit, qu'il n'y a pas, qu'il ne peut y avoir de fiction narrative possible sans interprétation, et ceci dès le premier visionnement du film ?

*

Dans sa contribution à l'ouvrage dirigé par Jacqueline Nacache, *L'intuition analytique*, Barbara Le Maître légitime un concept et une pratique eux aussi mis au ban de la démarche analytique. « Tout le problème, écrit-elle, consiste à savoir si cette connaissance immédiate et supposée juste, en laquelle consiste l'intuition, est toujours compatible avec la connaissance raisonnée[7] ». Une proposition dont on pourrait contester la formulation. Pourquoi l'intuition s'opposerait-elle au raisonnement ? Les deux modes de penser ne se conditionnent-ils pas l'un l'autre, le raisonnement venant de toute manière infirmer ou confirmer une intuition qui n'est, et ne peut être, qu'une hypothèse.

Néanmoins, il convient de distinguer trois questions, ici plus ou moins confondues :
- quelle est la part de l'intuition dans l'analyse ?
- celle-ci participe-t-elle réellement d'une forme de « connaissance immédiate », ainsi que Barbara Le Maître le laisse entendre, ou d'un processus de raisonnement qui en serait le fondement ?
- à quelle(s) condition(s) la « justesse supposée » de l'intuition peut-elle être validée ?

Les analyses filmiques précédentes ont, à leur manière, apporté quelques éléments de réponse. Néanmoins, je voudrais en préciser,

---

7. Barbara Le Maitre, in *L'analyse de film en question*, op. cit., p. 41.

et compléter, certains aspects, m'ouvrir à des questions plus directement en prise avec ce que nous sommes convenus d'appeler la mise en scène. C'est elle, me semble-t-il, qui devrait faire l'objet de nos investigations. C'est elle dont nous devrions discuter en chacun de ses choix, éventuellement pour la remettre en cause, et de toute façon en interroger la rationalité.

Comme toujours, il me semble préférable de m'appuyer sur « l'analyse concrète d'un objet concret » afin d'en tirer les conclusions qui s'impose(ro)nt. Et, à cette occasion, de faire écho à d'autres formes d'expérimentation.

Commençons par le récit d'une nouvelle expérience. À titre d'entraînement, je demande à mes étudiants (en scénario) d'écrire le découpage d'un film de court-métrage de quelques minutes en respectant la contrainte suivante : deux hommes se rencontrent dans un train ; le spectateur ne voit jamais leurs visages. L'exercice est jugé quelque peu arbitraire, voire impossible. La première séquence de *L'Inconnu du Nord-express* répond à ce cahier des charges, en onze plans. À défaut de les visionner (!) décrivons-les autant que faire se peut (dans cette exposition, les plans sont associés par paire, conformément à ce qui se passe à l'image) :

1/2. Deux hommes arrivent en taxi à la gare. Le premier, Bruno, descend de la voiture cadré de la hauteur du genou jusqu'au sol, découvrant une paire de chaussures très voyantes. On remarque l'impeccable tombé du bas de son pantalon et la richesse de son tissu. Il s'éloigne vers la gauche du cadre sans se découvrir au-delà de la ceinture. Idem pour le second, Guy, qui se dirige, lui, vers la droite. Ses chaussures sont légèrement usagées, son pantalon sans éclat. Dans ses bagages, des raquettes de tennis.

3/4. Plan sur Bruno, toujours marchant vers la gauche, le haut de son corps demeurant invisible (il en sera ainsi, pour lui comme pour Guy, jusqu'à la rencontre effective des deux hommes). Une main dans la poche, il s'avance d'un pas assuré, en maître de l'espace. Le tennisman se dirige toujours vers la droite, d'un pas plus effacé.

5/6. Retour à Bruno. Seule différence notable, de petits carrés noirs sont dessinés sur le sol, entre lesquels il s'avance (de droite à gauche, donc). Ce que Guy fait à son tour, naturellement de gauche à droite.

7. Fin du montage alterné. Plan fixe. Bruno s'éloigne dans le champ profond[8] en se dirigeant vers l'accès aux quais, perpendiculairement au plan de la caméra. Sa silhouette apparaît entièrement à l'écran, mais uniquement de dos. Guy entre dans le champ à son tour, lui succédant dans l'espace. Dans un fondu enchaîné, les parallèles formées par l'apparition des rails d'un chemin de fer l'encadrent jusqu'aux épaules.

8. Fin du fondu enchaîné. Travelling avant filmant les rails, désormais seuls à l'écran ; on aperçoit l'ombre projetée de la locomotive. À la hauteur d'un premier, puis d'un second aiguillage, la caméra semble hésiter entre les deux directions qui s'offrent à elle. À chaque fois, elle opte pour la droite.

9/10. Fondu enchaîné. Le bas des jambes de Bruno traverse un compartiment, de droite à gauche, puis s'assoit à la droite de l'image, tourné vers la gauche. Mouvement similaire de Guy, mais de gauche à droite.

11. La caméra est placée en-dessous des sièges. Guy, assis à la gauche du cadre et donc tourné vers la droite, heurte, en croisant les jambes, le pied de Bruno qui occupe la position inverse.

Fin du court-métrage fictif. Le protocole est respecté. Nous n'avons vu que les pieds, les jambes ou le dos des protagonistes. Si nous ne pouvons identifier les protagonistes au sens courant du terme (par leurs visages), ils n'en sont pas moins déjà identifiables dans ce qu'il faut considérer comme le système des personnages. Un mot, aussi, sur la musique. Elle rythme et scande les déplacements des deux personnages un peu à la manière d'une versification, renforçant l'impression de parallélisme.

Le cinéaste a relevé un défi, réalisé ce que l'on pourrait considérer comme un pur exercice de style. Un jeu avec les formes, particulièrement brillant. Une analyse qui se méfierait ou s'interdirait toute interprétation s'arrêterait là. Le spectateur qui ne s'intéresserait qu'au cinéma pour le cinéma, ou à « l'art pour l'art », y trouverait

---

8. Je reprends la distinction établie par Jean Mitry entre le champ profond et la profondeur de champ dans son ouvrage, *La sémiologie en question*, Paris, Éd. du Cerf, n° 81, 1987.

matière à vénération et saluerait le génie du « seul créateur de formes du XXᵉ siècle », selon Jean-Luc Godard. Son homologue avide de connaissance en reconnaîtrait le tour de force, douterait de sa gratuité... et voudrait en savoir davantage.

Barbara Le Maître a raison. L'instant décisif dans le procès d'intellection naît d'une intuition. D'une « idée » qui surgit brutalement et dont il est difficile de préciser le mode d'avènement. Gardons-nous de la formuler dès maintenant. Il nous faut, au préalable, en préciser l'une des origines : le découpage, tel qu'il s'offre au regard du spectateur en un certain nombre d'effets caractérisés. Quatre s'avèrent particulièrement efficients, et surtout convergents :
- les deux hommes se déplacent dans des directions opposées. Par un effet subliminal, ils se croisent à l'écran. (rappelons que la codification des regards telle que l'a imposée le cinéma, dit classique, repose sur le même principe) ;
- passant de signes discontinus à des lignes continues, le marquage au sol prend de plus en plus nettement l'apparence d'un chemin emprunté tour à tour par les deux compères. Cette impression devient sensiblement plus convaincante lorsque Guy succède à Bruno dans le même plan et s'avance entre des lignes continues clairement dessinées sur le sol. Une métaphore linguistique convient à l'impression ainsi produite : le tennisman lui « *emboîte le pas* » ;
- le fondu enchaîné et la surimpression qui en résultent enferment littéralement Guy entre deux rails ;
- par un mouvement évidemment calculé, le travelling avant de la caméra-locomotive hésite entre deux directions possibles – pour toujours emprunter celle de droite.

Je l'ai déjà laissé entendre, je ne puis décrire ces effets sans convoquer, ou songer, à des formules linguistiques qui correspondent étonnamment aux suggestions et aux impressions sensorielles suscitées par le déroulement filmique. Des expressions comme « emboîter le pas », « marcher dans les pas de... »[9], « être sur des rails », « hésiter quant à la voie à suivre », « être à la croisée des chemins », autant d'expressions qui font directement écho à des moments

---

9. Expression qui trouve son équivalent en anglais : « to walk in somebody feet ».

successifs de l'image, et en sont comme des équivalences. Que le cinéaste ait eu quelque chose de cet ordre en tête alors qu'il confectionnait et (sans doute) dessinait le schéma de son découpage apparaît fort probable, consciemment ou intuitivement. Rien n'est ici le fait du hasard, pas plus que de la fantaisie interprétative d'un sujet projetant ce qu'il veut, comme il le veut. Aux images effectivement perçues sur l'écran répond le système idéel qui en semble l'inspirateur et dont le spectateur reçoit, par retour, l'intuition. La boucle est bouclée. Le spectateur fait-il autre chose que de « penser » ce que le cinéaste « a pensé », l'un et l'autre intuitivement ? Ce n'est rien comprendre à la démarche créatrice que de la vouloir entièrement consciente d'elle-même. Ce n'est rien y comprendre que de la croire purement spontanée ou seulement intuitive. Et ce ne serait n'y rien comprendre que de la vouloir identique chez tous les cinéastes. Enfin, ce ne serait que mensonge et fanfaronnade que de prétendre concevoir ce système idéel dès le premier visionnement de la séquence.

L'intuition, « issue de l'observation », c'est ce qui m'autorise à sauter le pas en formulant une « hypothèse interprétative ». Celle-là même qui permet aux choix formels d'échapper à la gratuité ou à l'arbitraire. Ce qui, conscient ou non de la part de la réalisation, en fonde l'invention et la production. Mais une intuition « issue de l'observation par l'analyse ». Cette condition est essentielle. Ne serait-ce que pour une seule raison. Elle tient à l'indétermination originelle de la figure symbolique au cinéma. Le motif de l'auréole, respectivement utilisé par Éric Rohmer et Jiri Menzel, nous avait permis de le constater. Donnons-en une preuve supplémentaire. Il suffit de comparer cette séquence de *L'Inconnu du Nord-express* au début des *Raisins de la colère*. Ford reprend incontestablement la vieille métaphore de « la croisée des chemins », apparemment si proche. Mais, chez le maître britannique, elle renvoie à une problématique d'ordre pulsionnelle et morale, dans le respect de la loi. Chez le cinéaste d'origine irlandaise, il s'agit, au contraire, de sa mise en question : la critique d'une légalité singulièrement malmenée par le cours ultérieur du récit. Les deux symboles, ou figures symboliques, n'ont pas la même signification. À chaque fois, il n'est de pensée filmique que dans la considération de sa différence.

Car lesdites figures ne prennent forme et pertinence que dans les relations qu'elles entretiennent avec le récit tout entier. J'oserais dire : au récit assimilé jusqu'à sa dernière minute, tant le sort de Guy, à savoir sa disculpation, n'intervient que in extremis. Ultime échange dialogique, au forain qui s'inquiète de l'identité de Bruno, Guy répond : « Bruno Antony, un gars très futé (a very clever fellow) ». Suffisamment intelligent pour inventer un stratagème et le sortir de l'impasse qui était la sienne ? Que le tennisman croise le chemin d'un autre homme, que celui-ci le « mette sur des rails » et lui impose un cheminement existentiel auquel il lui devient de plus en plus difficile d'échapper, tout cela n'est qu'évidence, il est vrai secondairement acquise. Le spectateur en subit l'effrayant processus et en attend le dénouement avec anxiété. Principe de fondation réciproque, cette séquence réfléchit le récit tout entier. Elle l'annonce, et presque le contient, comme sa mise en puissance. Je le répète, toute analyse de séquence centrée sur elle-même se heurte à cette autre butée : elle ne dispose pas en elle-même des moyens de son aboutissement.

Il nous reste un point à démontrer. En quoi le principe de nécessité est-il vérifié jusqu'en certaines des plus petites composantes de la mise en scène ?

Passons rapidement sur les détails qui caractérisent les personnages et dont nous avons déjà souligné la nécessité : le typage des chaussures, la qualité distincte de chacun des pantalons portés par les deux hommes et judicieusement choisis par l'habilleuse, le motif dessiné sur la cravate de Bruno (qui s'imposera ultérieurement comme un indice essentiel), tout participe à l'édification de l'ensemble et définit les protagonistes dans leurs situations de classe respective. Attardons-nous, pour l'instant, sur un aspect de la mise en scène qui semblera plus parlante : l'ordre et la direction des déplacements dans le cadre.

Il faut bien, dira-t-on, que l'un des personnages apparaisse avant l'autre à l'écran puisqu'ils n'y sont pas ensemble. Qu'ils aillent dans des sens opposés ne serait, par contre, nullement indispensable, à l'exception de quelques effets, il est vrai d'une réelle importance. Des effets plastiques, générateurs d'effets de vraisemblance indispensables au régime de croyance sur lequel fonctionne la narration.

Si les deux hommes marchaient dans la même direction, ils donneraient, d'entrée, l'impression de se suivre. De sorte que le sentiment de leur rencontre fortuite serait entaché d'une sorte de nécessité préétablie. Un contresens, si je puis oser m'exprimer ainsi. En suivant deux trajectoires initialement opposées, leurs deux silhouettes « se croisent » à l'image, métaphore d'une rencontre possible, mais non prédestinée.

Toujours, Bruno se dirige vers la gauche, Guy vers la droite. Ce pourrait être l'inverse ? On sait quelles valeurs furent archaïquement attachées à ces positions spatiales. Ce ne sont plus les données les plus conscientes de la narration qui font écho à un tel partage, mais ce qui relève de l'intimité du sujet, ce que j'ai nommé « l'inconscient cinématographique du personnage ». Que Guy ressente la tentation du mal, qu'il songe à tuer une épouse particulièrement vénale et perverse, ne serait-ce que sous l'emprise de la colère et de la rage, que cette éventualité apparaisse comme la seule solution crédible, rien de tout cela ne sera ignoré par un spectateur rendu complice de tels fantasmes par la dramaturgie. Se libérer plutôt que de rester enchaîné, tuer plutôt que de perdre toute espérance de bonheur, le Bien *versus* le Mal, autant de possibilités qui se matérialisent selon la vieille symbolique que je viens de rappeler : la droite *versus* la gauche. La direction des déplacements dans l'espace correspond aux positionnements moraux des deux personnages : l'innocence dans le mal pour Bruno, son refus dans la culpabilité pour Guy. Ainsi, arrachés à l'arbitraire primitif de tout acte de pure imagination, se trouvent vérifiés dans leur stricte nécessité :

- la démarche des personnages et leurs déplacements dans l'espace, ainsi que je l'annonçais :
- le marquage au sol et sa progression ;
- le fondu enchaîné (lors du passage du hall de la gare à la ligne de chemin de fer) ;
- l'accompagnement musical et son pouvoir rythmique...

...autant d'inventions qui éliminent tout risque d'approximation ou d'arbitraire dans l'organisation du découpage. Le principe de nécessité est d'autant mieux vérifié qu'une étude de l'ensemble du récit confirmerait avec plus de précision encore la pertinence de chacun de ces traits.

*

Nous étions confrontés à un problème d'« esthétique de la mise en scène » : comment organiser les choses à l'écran, comment arbitrer entre les multiples possibilités de découpages ? En admettant que le réalisateur ait eu l'idée de ce montage alterné avant d'arriver au studio, il lui faut, le jour du tournage, prendre une autre décision : déterminer l'ordre de succession à l'écran des protagonistes. De Guy ou de Bruno, qui apparaîtra le premier à l'image ? Une option n'en vaut-elle pas une autre ? Non, précisément, nous sommes en droit de le conclure maintenant. C'est Bruno qui mène le jeu. C'est lui qui conçoit un plan en apparence diabolique dont le pouvoir libérateur est évidemment fort tentant. L'ordre d'entrée en scène ne peut être arbitraire. Figure du « mal », inspirateur démoniaque, Bruno « doit » arriver le premier à la gare et se diriger vers la gauche. Figure simplement tentée par le mal, mais qui lui résiste, Guy ne peut que se diriger vers la droite. Leur croisement à l'image, leur rencontre dans le train, factuellement aléatoires, répondent à une nécessité que l'on dira « intérieure ». Celle qui donne force de vérité à ce que l'on pouvait juger de faible vraisemblance. Selon la terminologie de Renoir, la « vérité intérieure » supplante la « vérité extérieure », la recherche expressive la mimésis. L'un des deux hommes prend l'ascendant sur l'autre conformément à son statut de dominateur, transformant le hasard en opportunité. Une opportunité également favorable à l'autre. Prisonnier d'une vie antérieure qu'il peut raisonnablement estimer sans issue (son épouse a toutes les raisons de s'opposer au divorce), cette rencontre lui offre une solution inespérée. Ou inespérable. Les deux compères ne sont alors que les deux faces d'une même personnalité, l'une engluée dans le réel, l'autre purement imaginaire. Ce qui correspond à la double nature de la fiction : en complet accord avec le principe de réalité, d'une part ; production essentiellement fantasmatique, de l'autre. La nécessité du « découpage » trouve son propre fondement. Elle s'écarte définitivement de tout risque d'arbitraire ou de gratuité.

Celui qui ignorerait tout des codifications culturelles traditionnelles de la droite et de la gauche, des locutions ou métaphores linguistiques que nous avons citées, et, sans doute, des croisements de regards traditionnellement pratiqués au cinéma (rappelons qu'ils n'ont rien d'inévitable : Yasujiro Ozu, par exemple, ne les pratique pas) ne parviendrait pas à de mêmes conclusions. Pourrait-il en réfuter le principe au-delà des conclusions vraisemblables ? L'intuition ne sort jamais de nulle part. Elle jaillit d'un faisceau de connaissances dont les spectateurs n'ont pas nécessairement les clés.

*

Je voudrais insister sur un point. Ce sont des problèmes d'organisation spatiale ou narrative qui décident au premier chef du mode d'élaboration du découpage. Des problèmes qui semblent purement techniques, mais en lesquels se jouent et se constituent des effets de sens. Et, conséquemment, la symbolique du récit. Les deux instances s'interpénètrent. Il est difficile d'accorder la prééminence à l'une sur l'autre. Si la forme permet à l'esprit d'exister, elle-même ne se déterminerait pas sans lui. L'erreur serait de la sacraliser au point de ne lui reconnaître une valeur qu'à la condition de paraître profondément originale, un peu à la manière de la séquence d'*À l'est d'Éden* qui se distingue ouvertement des modes de filmage les plus coutumiers. Une question qui me semble à l'origine de nombreux malentendus esthétiques. En naturalisant la plus grande partie de leurs « effets de sens », de nombreux films paraissent de moindre importance, ou carrément dépourvus d'intérêt. Les débutants s'y laissent souvent prendre. Certains théoriciens également. Dans l'histoire du cinéma, ou de la critique, ce qui est « spectaculaire », et souligné à grands traits, prend souvent l'avantage sur ce qui, plus modeste en apparence, est quelquefois plus profond.

Une scène du *Caporal épinglé* (Jean Renoir) me permettra de l'illustrer. Elle se différencie de celle d'Alfred Hitchcock par son apparente banalité. Pour tout dire, elle semble si proche de la vie de tous les jours que l'on ne songe même pas à s'interroger à son sujet. Nous sommes dans une situation assez radicalement différente de celles que nous avons étudiées jusqu'ici. Toutes se signalaient d'une manière ou d'une autre à l'attention du spectateur. Celle-ci, en aucun cas. Pour reprendre la proposition de Todorov, il n'est même pas sûr que l'on puisse la remarquer de quelque façon et comprendre la « stricte nécessité » de son organisation filmique.

Elle se situe vers le début du film. Les trois principaux protagonistes, Ballochet (Claude Rich), Caporal (Jean-Pierre Cassel), et Papa (Claude Brasseur), se tiennent frontalement à l'entrée d'une tente. L'action du film se passe en juin 1940, en pleine débâcle de l'armée française. Faits prisonniers, les soldats pensent à s'évader. Ils discutent de l'opportunité d'une telle initiative. Le temps est clément, l'un de ces « bons soirs de juin » dont nous parle Rimbaud. Leur position spatiale semble aller de soi. Pourquoi s'enfermeraient-ils dans les profondeurs de leur abri ?

La scène ne se révèle significative que par l'action conjointe d'un travail analytique particulièrement exigeant et de la contrainte exercée sur les facultés d'observation et de réflexion par le principe de la nécessité absolue du découpage. Leur alliance sert de mentor. Elle empêche de glisser sur le film comme sur un miroir. Car rien, rigoureusement rien ne justifie à première vue la pertinence dudit principe. Le traitement de la scène semble même platement imitatif. Le respect du principe de nécessité aiguise la méfiance de l'analyste. Contestant ses premiers jugements, il l'oblige à enquêter sur l'éventualité d'un sens dont son regard demeure désespérément aveugle.

Tel est, soit dit en passant, le paradoxe du pénultième film de Renoir : paraître si modeste pour une si grande richesse. Bien d'autres cinéastes furent ou sont encore victimes de la même « cécité symbolique ». Le Lang américain en est la figure emblématique. Certains films sont comme des coffres-forts dissimulés sous du papier peint. Il faut apprendre à les découvrir. Ouverts, ils ne s'abandonnent encore que très lentement. Car rien, dans leur apparence, n'est immédiatement lisible de ce dont ils formalisent l'expression.

L'argument scénariste de cette conversation entre trois interlocuteurs en est presque élémentaire. N'importe quel débutant pourrait l'imaginer. Encore faut-il l'écrire et surtout le « réaliser ». Un roman ou un scénario peut se contenter de la présentation que je viens d'en faire. Un film, non. Disposer des personnages dans le cadre est une opération faussement aisée. Dans la vie, en tous lieux, rien ne paraît plus simple que de se tenir ou de s'asseoir ici plutôt que là. Chacun le fait spontanément. Devant une caméra, tout s'effondre. « Disposer », cela signifie assigner une place précise à chacun des personnages par rapport à la fenêtre de l'écran, l'un occupant inévitablement le centre, les deux autres se répartissant de part et d'autre. Il faut trancher, mettre autoritairement ce comédien-ci à cet endroit-là, cet autre ailleurs, au détriment de leurs susceptibilités réciproques. Devant une caméra, nous savons combien les étoiles au firmament du cinématographe se disputent jalousement la préséance. Les possibilités sont multiples, autant que les risques. Mais aussi les interrogations. Quels effets de sens seront-ils induits ou favorisés par chacun de ces choix ? Quelles conséquences sur le plan symbolique ? Quelles incidences sur les spectateurs. Des questions que tout cinéaste est conduit à se poser, que ce soit sous une forme intuitive ou réflexive. À moins qu'il ne laisse le hasard, ou les circonstances, décider à sa place. Une solution toujours tentante. L'arbitraire se substitue à la nécessité.

Plus gravement, ce serait trahir la vie. Dans une assemblée, autour d'une table, marchant côte à côte, les hommes cherchent instinctivement la « meilleure place » possible, c'est-à-dire la proximité avec la personne qui leur semble la plus bienveillante... ou la moins hostile. L'un choisit la mitoyenneté avec celui-ci, pour se mieux tenir à l'écart de celui-là. Il en est de même dans la fiction de Renoir (plusieurs séquences le rappellent expressément). À l'instar de ce qui se passe dans toute collectivité, les rapports entre les trois complices sont régis par de puissantes forces d'attraction et de répulsion où se jouent des solidarités et des inimitiés plus ou moins déclarées, un savant commerce où l'intérêt calculé se mêle aux élans du cœur. On sait combien toute relation triangulaire se solde fréquemment par une division « deux contre un ». De multiples sentiments et de nombreux désirs s'y expriment, cherchant à se satisfaire, entre la peur de solitude et le besoin de l'autre, la quête de l'estime de soi à travers celle d'un partenaire, des affinités électives et sélectives d'autant plus solides qu'un bouc émissaire en renforce la cohésion, tout cela sur fond de misères affectives et de cruautés féroces. Le trio du *Caporal épinglé* en respecte la règle. Papa est associé au Caporal par défaut ; ce dernier lui préfère Ballochet. Le dialogue de la scène, la suite du récit, le confirment sans ambage. Une réplique, particulièrement dure, suffit à le préciser. Lorsque Papa tente de dissuader Caporal de tenter une évasion selon lui promise à l'échec (ce qui se vérifie quelques minutes plus tard), le meneur lui rétorque, sans ménagement : « t'es pas forcé d'venir avec nous ». Détail important, nécessité faisant loi, il s'accommodera de la compagnie de Papa lorsque les Allemands le sépareront de son meilleur ami. Délaissé à son tour, il s'accrochera à cette relation, pourtant de second choix. Misère affective fait loi.

Dès lors, la disposition dans le cadre s'impose. Caporal en occupe « nécessairement » le centre, séparant/éloignant ses deux camarades ou amis, mais néanmoins rivaux en son estime. Rejetés à la périphérie, les deux compères restent encore à placer. Très bien. Mais, qui à droite, qui à gauche, puisque les deux extrémités du cadre sont traditionnellement chargées de valeurs positives et négatives. Nous pensons tenir la réponse, apparemment logique. Ballochet, le « bon ami », se tiendra à la droite du « père » ; Papa, le malheureux expédient, à sa gauche.

Tout serait résolu si nous ne devions soulever une nouvelle objection (principe de réfutation). Sur l'écran, c'est-à-dire pour le spectateur, les positions sont inversées. Papa se tient à la droite de Caporal, Ballochet à sa gauche. Tout s'écroule ? Non, car une autre justification s'impose dès que l'on réfléchit davantage. Ce n'est plus la séquence qui résout la difficulté, mais, une nouvelle fois, le récit compris en son intégralité. Sans entrer dans plus de détails, Ballochet se révélera un couard et mettra en scène son propre suicide. Papa s'évadera en compagnie de Caporal, les deux hommes se rejoignant dans la Résistance. Des deux rivaux, l'un est (finalement) plus valorisé que l'autre. Il était donc juste de placer le mal-aimé à la droite du cadre, « du point de vue » du spectateur.

Peut-on dire que Renoir imite la vie ? Sans doute, si nous envisageons la question conformément à la position d'un spectateur confortablement (ou non !) assis dans une salle de cinéma. La théorie du film privilégie le film fini comme objet d'étude, non le film à faire ou en train de se faire. Sur le plateau de tournage, le réalisateur ne dispose pas d'un modèle de la scène qu'il est en train de tourner et qu'il lui suffirait d'imiter. Il ne va pas « au motif ». Tout, pour lui, est encore possible, y compris la parfaite approximation et le complet arbitraire. S'il se souvient d'une scène analogue, par lui antérieurement vécue, ce n'est déjà plus la nature qu'il copie mais sa mémoire, avec tous les travestissements et les failles que l'on sait. Et, s'il tient compte de son expérience humaine, de deux choses l'une. Ou, il le fait à partir d'une connaissance généralisante qu'il plaque quelque peu sur la situation narrative, et il a toutes les chances de faire un mauvais film. Ou il tient compte de la spécificité de la situation et de ses personnages, et il ne copie plus, mais construit quelque chose à partir de connaissances antérieures qui ne sont pour lui que des matériaux. Une « matière de l'inspiration » qu'il doit à son travail, ancien comme actuel. La fameuse mimésis n'en est que le produit.

Cette résolution d'un problème de mise en scène devenu question de lecture repose sur un concept qui nous accompagne de façon souterraine depuis le début de cette étude. Sans que nous l'ayons clairement défini. Celui de la « conscience supposée » des personnages. À ce point de mon exposé, je dois rappeler l'une des analyses les plus pénétrantes d'Edgar Morin, hélas obstinément ignoré par la théorie du cinéma. « *Nous vivons le cinéma dans un état de double conscience* (...) Ce qu'il faut interroger précisément, c'est ce phénomène étonnant *où l'illusion de réalité est inséparable de la conscience qu'elle est réellement une illusion*, sans pourtant que cette conscience tue le sentiment de réalité », écrit en 1977 le célèbre chercheur[10]. Une proposition époustouflante de « vérité intérieure ». Elle synthétise, avec une extrême intelligence, la relation d'ambivalence que nous entretenons de façon permanente avec le cinéma de fiction. Ce n'est plus (seulement) le film projeté que le spectateur perçoit, là, devant lui, sur un écran immaculé, mais une « réalité imaginaire », une sorte d'au-delà de l'écran par lui représenté en sa pleine existence fictive, et venant le compléter. Une « réalité » qui, par le jeu de la projection-identification, prête aux personnages des sentiments, des désirs, des intentions,... dont nous avons vu quelques exemples. Une « réalité » que nous pouvons subsumer en tant que « conscience supposée ».

La question n'est pas de nier l'existence d'une telle « conscience » au prétexte de son immatérialité, mais d'en délimiter étroitement les conditions de recevabilité et, par voie de conséquence, la substance probable. Selon deux modalités : ce que l'on peut raisonnablement

---

10. Egard Morin, *Le cinéma ou l'homme imaginaire*, Paris, Éd. de Minuit, 1978, p. XII. Les italiques sont de l'auteur.

lui attribuer ; ce qu'il faut, tout aussi raisonnablement, lui contester ou lui refuser. Dans cette tâche, deux des principes que nous avions préalablement exposés affirment leur complémentarité : le principe de redondance et le principe de fondation réciproque. Ce qui est attesté par un élément du découpage et confirmé par sa répétition sous une forme ou sous une autre. C'est là, certainement, ce qui fait le plus défaut à de nombreuses analyses. Étudier un film avec une rigueur égale à celle que l'on consacrerait à l'observation d'un corps ou à l'étude d'un problème de résistance des matériaux heurte certains esprits.

*

Les extraits que nous venons d'étudier convergent sur deux points :
 - tant que nous en restons à un niveau descriptif, ou que nous nous contentons d'expliciter ce qui est immanent à leur propre visionnement, nous ne proposons que des lieux communs. Centrés sur ce qui est spécifiquement cinématographique, attachés à la forme, nous ne rendons pas compte de leur raison même. Le miroir à double face de *La Grande ville* en est le cas typique. Deux visages réunis par un mouvement de caméra, le dispositif astucieux d'un décor, certes, mais encore ? À l'exception d'une certaine puissance de fascination et de son incontestable valeur de contemplation, on ne voit guère l'intérêt du plan. Le cinéma n'est pas, ici, particulièrement intéressant.

 - aussi la compréhension d'un film dépend-elle d'une série d'opérations de l'esprit au terme desquelles se créent des associations, non seulement d'ordre formel et, comme telles, internes au dispositif du cinéma, mais également (et peut-être surtout) extérieures à son seul domaine. Le miroir n'est qu'un artifice si nous ne le rapportons pas à la conscience supposée de l'épouse ; la disposition spatiale des trois soldats français demeure factuelle si nous ne la percevons pas comme la résultante d'un rapport de forces affectives ; la servante et son mode de filmage ne sont que bizarreries vite oubliées si nous ne donnons pas à l'absence de la mère le statut d'une position-clé. En somme, sans l'extra-textualité, la textualité n'est que truisme, ou faits d'observations attentives. Ce qui, pour n'être pas si mal, n'est malgré tout que peu de chose. Le cinéma ne se connaît lui-même que dans un procès général de la connaissance. L'attention portée au spécifiquement cinématographique est une condition nécessaire mais non suffisante de l'analyse filmique.

*

Alors ne faut-il « jamais interpréter » ? Ou ne peut-on qu'interpréter ? Et, pour commencer, est-on certain de s'entendre sur le sens de ce verbe, son sens dans un tel contexte. Toutes nos définitions sont plus ou moins relatives, approximatives ou rigides au regard du foisonnement de la vie. À la différence du mot « lecture », emprunté par le cinéma à un domaine pourtant différent (mais ne parle-t-on pas de « théâtres cinématographiques », de « flottes aériennes » ?), suggérant qu'il suffirait de lire pour comprendre, le mot interprétation assume l'idée d'un écart entre ce qui est perçu et ce qui est compris. Car le cinéma, là encore, souffre de son apparente duplication du réel. Un texte écrit n'est qu'un ensemble de graphies, ou plutôt de taches, pour qui ne sait pas lire. L'image d'un film ne demande aucun apprentissage pour être perçue et identifiée dans ses données immédiates – à l'exception des situations dont j'ai donné quelques exemples. En ce sens, le 7e art n'a pas besoin d'être « lu », ses consommateurs n'ont pas besoin d'apprendre à le voir, sinon dans le sens d'une initiation à des actes de compréhension qui ne sont en aucun cas requis par son simple visionnement. Il en est des films comme des livres. Loin de constituer des ensembles homogènes impliquant les mêmes pratiques réceptives, ils se répartissent selon des échelles de difficultés qui nous conduisent insensiblement de la plus grande clarté aux obscurités les plus définitives. En ce sens, parler de la « lecture de films » n'est qu'une commodité de langage. Ou plutôt de langage actuel, celui qui s'interdit ou prohibe l'usage de certains mots devenus tabous. Derrière leur emploi ainsi mis sous le boisseau, c'est toute une configuration de pensée qui se voit proscrite, généralement au nom d'un pacte social. Une autre manière de danser sur un volcan.

« Lire » ou « interpréter », la différenciation me semble assez académique. Une évidence s'impose, je le répète, quelquefois ou souvent constatée dès le premier visionnement d'un film : quelle que soit la sophistication que l'on veuille conférer à cet exercice, la compréhension d'une œuvre n'est, ni essentiellement technique, ni seulement interne au seul champ du cinéma. Hélas, elle ne dépend pas d'un réseau de connaissances qu'il suffirait d'acquérir. Hélas, elle suppose une connaissance de la vie que le cinéma ne peut lui-même fournir. Je l'ai suffisamment dit, l'entendement d'une fiction narrative n'est pas immanent au moment de sa perception. À la différence de ce que laisse entendre Todorov, nous ne sommes pas en présence d'un modèle unique, mais de multiples possibilités, y compris à l'intérieur d'un même film. Seul un long travail d'enquête, plus ou moins ardu, plus ou moins dubitatif, nous permettra d'aboutir. Éventuellement. Il n'est pas évident que nous soyons suffisamment armés pour comprendre toutes les œuvres ou tous les films. Et tous les mêmes. En ce sens, oui, n'existent que des « principes par défaut ».

Aussi n'y a-t-il qu'une seule chose réellement importante, un « principe des principes » : la validation des énoncés produits par un acte critique. Il convient de se méfier de tout amalgame culturel ou de la fantaisie pure, toujours si tentante. Tout au long de ce texte, j'ai proposé un certain nombre d'instruments (de principes) susceptibles de servir de guides et surtout de garde-fous au travail d'explicitation requis par la nature essentiellement allusive du cinéma narratif. Le principe de nécessité, couplé au principe de totalité, éveille notre vigilance et compense notre situation de voyant non-voyant. Le principe de redondance, couplé au principe de fondation réciproque, nous protège contre les risques d'arbitraire, d'impressionnisme ou de simple amalgame avec des textes extérieurs (aux films étudiés). Pour être parfois ressemblants, ils ne sont pas nécessairement pertinents. Et, couronnant le tout, le principe de vérification. Par son recours incessant, et comme en boucle, aux quatre précédents, il chapeaute l'ensemble et s'impose dans son humilité et sa prudence raisonnées. Ce n'est plus un « principe par défaut », mais un principe dynamique, un acteur critique qui garantit une certaine légitimité à toute proposition analytique. Un authentique principe vertueux. D'où la nécessite de son bon usage. Sans lui, tous les arbitraires et toutes les projections se laisseront aller au libre jeu de la fantaisie de leurs auteurs. Le cinéma étant un songe, n'est-on pas tenté de toujours l'accorder à nos rêves ? Il nous faut atteindre cette « rigueur relative » dont parle Aristote. Cela va de soi, cet usage peut conduire l'analyste au constat d'un certain vide filmique. L'hypothèse en est la plus probable. En recherchant dans le procès filmique la confirmation de ses hypothèses, l'analyste conclura à l'absence de traits distinctifs permettant la caractérisation effective des personnages et la validation d'un grand nombre d'énoncés. Il faut rappeler combien la manipulation des foules (des spectateurs) repose sur l'utilisation systématique des ambiguïtés, du manque de précision, des raisonnements tronqués, et de façon générale du non-respect du principe de non-contradiction. Les films comptent alors essentiellement pour l'investissement imaginaire que certains spectateurs parviennent à y greffer, toutes les idiosyncrasies étant considérées par ailleurs. Nul doute qu'elles entrent en résistance avec toutes les tentatives de lecture rigoureuses (soumises au principe de vérification) qu'on peut leur proposer. On ne casse pas impunément un jouet.

Chapitre III

Une affaire de goût

Que l'on doive se méfier des goûts personnels, ainsi que certains auteurs le recommandent, semble la sagesse même si l'on tient compte de deux facteurs complémentaires : leur instabilité et leur soumission aux effets de mode ou aux arguments d'autorité.

Le premier point nous est immédiatement familier. Tel film que nous admirions hier nous laisse aujourd'hui indifférents ; cet autre que nous négligions, ou méprisions, figure désormais sur notre table de chevet. Quoi de plus normal ? Qu'un sujet quelconque soit absolument constant dans ses préférences, du début jusqu'à la fin de sa vie, paraîtrait plutôt inquiétant, signe d'une rigidité qui plaiderait en sa défaveur. Comment l'extension et l'approfondissement de nos connaissances pourraient-ils ne modifier en rien notre perception des œuvres ? L'inconstance, l'infidélité sont notre lot. Ces changements, quelquefois ces errements, font partie du mouvement même de l'esprit comme de la vie, et il nous faut les prendre en compte comme autant de moments et de matériaux constitutifs de nos modes d'existence et de nos façons de penser. Ce sont les véritables richesses de notre personnalité. Encore faut-il le reconnaître et, surtout, le problématiser.

Car nous nous trompons avec une fréquence et une profondeur également remarquables. Combien de films, encensés lors de la sortie, ont rejoint les oubliettes de l'histoire ? Combien de films vilipendés par la presse de leur temps figurent aujourd'hui parmi les œuvres majeures ? Un Panthéon pourtant bien fragile. Certaines fictions ne doivent leur survivance qu'à la folle passion de quelques admirateurs. Sans leur courage, et une bonne part de hasard, ils auraient été partiellement ou totalement détruits. Nous n'en saurions rien, ou presque. Et, pour commencer, combien de chefs-d'œuvre n'auraient-ils jamais vu le jour si leur mise en chantier avait dû être plébiscitée par le public ? Un public qui les acclame désormais avec enthousiasme, quelquefois non sans emphase. L'histoire n'est pas close. N'en doutons pas, elle se perpétue en se renouvelant. Son manque de discernement aussi.

Que l'on éprouve beaucoup de réticences, voire une franche hostilité envers toute forme de hiérarchisation et même d'évaluation, de nombreux discours en attestent, y compris au sein du système éducatif, pourtant condamné à délivrer diplômes et commentaires souvent accompagnés de mentions. Comment ne pas être tenté par la perspective de leur abolition, ne pas entretenir la nostalgie d'un monde « sans évaluation ni sanction », ménageant un havre de paix qui nous libérerait de toutes les tensions sociales ? Délicieuse est la louange, douloureux l'instant critique. Grande est la tentation d'en esquiver ou d'en repousser l'échéance, et de tout réconcilier dans un unanimisme qui laisserait intact la possibilité d'une rêverie de puissance et de réussite à la portée de tous.

Un rêve structuré par un noble sentiment : le respect de l'autre. En excluant toute évaluation, on ne se montre que plus ouvert aux variations du goût. Du goût, nous passons à la subjectivité de chacun, aux différences d'investissements ou de centres d'intérêt – qu'il s'agit précisément d'admettre dans l'humble respect de celui qui les exprime. La boucle semble bouclée. Contre l'autoritarisme, la tyrannie d'une force décisionnelle qui n'admettrait d'autre voie que celle qui lui convient, le sujet retrouve son « droit à la différence ». Tout s'égalise. Ou presque. Ce n'est pas le principe d'égalité qui triomphe, mais les forces sociales qui le revendiquent, généralement pour mieux légitimer leur propre conception de la valeur.

*

Évaluer, tout le monde le fait et en tous les domaines. « Nous avons tendance à évaluer toutes les choses de la vie et de la nature, pas seulement les productions culturelles[1] ». Comment pourrait-il en être autrement ? N'avons-nous pas des préférences ? Boire cette marque de café plutôt que telle autre, acheter notre baguette chez le boulanger du trottoir de gauche au détriment de celui de droite, choisir ce tissu qui nous semble le meilleur ou le plus soyeux ? Et si, d'aventure, nous ne le faisons pas, ou si nous le faisons inconsidérément, nous y risquons quelquefois notre vie. La méfiance devrait être notre première vertu. La vérité est que nous en manquons, par négligence, inconscience ou simple gentillesse. Au début de l'année 2011, le public français en a fait le douloureux constat à propos d'un médicament. Quelques semaines plus tard, l'explosion d'un réacteur nucléaire rappela aux Japonais, et au monde avec eux, combien de nombreuses firmes et de nombreux pouvoirs, sur toute l'étendue de la planète, exigent de leur part la plus radicale des défiances. Selon le mot désormais célèbre d'un film non moins célébré, nous sommes à une époque où tout le monde ment, les prospectus des pharmaciens, la radio, le cinéma, jusqu'aux organismes de contrôle pourtant dûment patentés. Que ce soit pour l'achat d'une voiture, d'une paire de chaussures ou le choix d'une école, tout ne se vaut pas, loin de là, et il est bien difficile de repérer le pire, à défaut d'avoir quelque certitude sur ce qui pourrait être le meilleur. En disposant sur les étals des magasins des dizaines, voire des centaines de modèles de téléviseurs, de téléphones portables ou de machines à laver, le mode de production néo-capitaliste, dans sa corne d'abondance à la musique captieuse, n'ajoute que de la confusion à la profusion. Elle ruine toute possibilité d'évaluation quelque peu rationnelle, quand bien même on y mettrait le temps.

*

La sélection par le goût n'est-elle pas à son tour inévitable ? La question, d'ailleurs, est-elle uniquement subjective ?

---

1. Jacqueline Nacache, *op. cit.*, p. 156.

Si l'on compare les centaines de milliers de films existant à ce jour dans le monde au très petit nombre d'ouvrages retenus de façon substantielle par la théorie du cinéma, force est de constater la prédominance du goût dans le choix des objets d'études. Ainsi que la thèse de doctorat d'Alexis Chéry[2] en a établi le constat, l'intérêt des chercheurs, loin de se disperser selon les idiosyncrasies de chacun, semble, au contraire, tout à fait convergent, quelques réalisateurs et quelques films recueillant leurs faveurs sans cesse réaffirmées. Il suffit de jeter un regard rétrospectif sur ladite production textuelle, écrit Jacqueline Nacache, pour remarquer combien celle-ci reflète « les hiérarchies cinéphiliques et critiques [qu'elle contribue] à construire[3] ». Des hiérarchies soumises à l'esprit du temps. Eisenstein nous en fournit un exemple particulièrement tranché : son regain d'actualité, en France, dans les années qui suivirent mai 1968, n'a-t-il pas connu le même destin que la théorie marxiste ? Le monde change ; ce que l'on appelle le « goût » également.

Aussi la notion de « goût personnel » semble-t-elle largement contestable. C'est la question du sujet qui se trouve ici désignée, ce « Je » qui est un autre ou plutôt « les autres », tant il n'est lui-même que le produit d'influences multiples dont certaines résultent de rapports d'autorité dont il lui est difficile de se libérer. Le goût personnel est souvent dépersonnalisé. Celui-ci déclare aimer tel film, cet autre le détester, non parce qu'il leur plaît ou déplait effectivement, mais pour se tenir à l'unisson d'un partenaire ou d'un groupe social dont le degré d'ouverture à la subjectivité des autres est trop souvent à la mesure de leur intolérance. À l'aune des rapports réels entre les hommes, l'ostentation et la défense de ce que l'on aime réellement supposent un courage hors du commun ; l'énonciation de ce que l'on insupporte plus encore… à moins d'être soi-même un meneur, l'un de ces « héritiers » d'origines sociales multiformes disposant d'une personnalité particulièrement dominante.

« Les gens veulent voir la même chose ! », remarque Daniel Cohen. Il ajoute : « Lorsque l'information devient trop abondante,

---

2. Alexis Chéry, *Études occurrences des films et des cinéastes dans les ouvrages de théorie du cinéma*, thèse de doctorat, Université Paris 1 Panthéon-Sorbonne, 2009.
3. *Op. cit.*, p. 148.

le comportement mimétique reste le meilleur moyen de sélectionner celle qui est pertinente (si le film a du succès, c'est qu'il est bon). Ensuite, la quête de liens sociaux fait que l'on veut voir les mêmes que les autres[4] ». De même que trop de culture tue la culture, une offre toujours plus nombreuse de films tue leur consommation en la rendant plus conventionnelle que jamais. Faut-il s'étonner des records de box-office toujours battus ?

Une autre considération s'impose. N'est-il pas réducteur de n'envisager la question du goût que de façon positive ? Dans nos méthodes d'analyse, ne faudrait-il pas inclure ce qu'elles semblent exclure ? En l'occurrence, l'indifférence, l'ennui ou l'hostilité, pour ne point oser le mot qui les radicalise : le « dégoût » ? L'un, pourtant, ne procède-t-il pas de l'autre, ou les deux d'une source unique, il est vrai le plus souvent inconsciente ? Ce qui nous conduit vers les rives d'une redéfinition de la question esthétique où les contraires s'exigent et se complètent.

Il est aisé d'en occulter le rapport dialectique. On remarquera que les critiques dites négatives sont rares, souvent plus succinctes ou partisanes, comme si elles ne donnaient pas le temps au temps. La théorie néglige les « mauvais films », concept il est vrai répudié. Leur étude est plus ardue. Parler de ce que l'on n'aime pas, ou peu, outre son caractère rébarbatif et presque malsain, exige d'autant plus de patience et d'habilité que la passion n'est plus au rendez-vous. Plus gravement, ces ouvrages généralement se dérobent, entretenant tout un système de fausses pistes, de confusions, de contradictions apparentes dont la résolution s'avère particulièrement épineuse. Les propositions les plus contraires semblent validées par l'organisation filmique. Ce qui fait sans doute la force de ces films, la raison secrète de leur succès, durable ou passager. Se contredire, laisser penser une chose et son contraire, n'est-ce pas la meilleure façon de s'annexer et de fédérer le public en coupant l'herbe sous le pied à d'éventuelles critiques ?

---

4. Daniel Cohen, *La prospérité du vice. Une introduction (inquiète) à l'économie*, Paris, Le livre de poche, n° 32134, 2011, p. 299-300.

Mettre les chercheurs en garde, à la façon de Michel Marie, contre les risques de « "choix idéologique et esthétique des œuvres" impliqué par l'intrusion des goûts personnels » est une proposition singulièrement nihiliste, l'expression d'un idéal, non seulement impraticable, mais que personne ne songe sérieusement et surtout sincèrement à pratiquer. Les goûts dits « personnels » ne sont-ils pas inséparables de certains accords esthétiques autant qu'idéologiques, il est vrai le plus souvent masqués ? L'exemple d'Eisenstein nous montre, là encore, combien certains investissements idéels et mondains, plus ou moins justifiés par des valeurs esthétiques, décident de ce qu'il semble important ou primordial de privilégier à tel ou tel moment de l'éternel flux du devenir. La conjoncture idéologique change ; ce qu'il est convenable de prendre comme objet d'étude se sacralise avec elle. Comme par un arrêt, il est vrai momentané, de l'Histoire. Ce n'est pas le moindre problème de l'humanité que de voir la facilité avec laquelle des foules ou des groupes entiers se placent sous la bannière de « chefs » dont les traits de personnalité sont les plus rigides et les plus inquiétants. Les meneurs et les faiseurs d'opinion les plus influents participent trop souvent de structures psychiques où l'intransigeance et le rejet du droit à la différence se disputent la préséance. Le monde des arts et de la littérature ne fait pas exception à la règle – lorsqu'il n'en est pas l'agent exécutif le plus implacable.

Faisons un rêve. Admettons que, demain, toute incursion du goût personnel soit bannie dans le domaine de la recherche. Qui décidera de ce qu'il est légitime ou non de prendre comme objet de travail ? Quelle instance scientifique disposera d'un crédit suffisant pour faire autorité en la matière ? À partir de quels critères ? Pour quelle finalité ? L'hypothèse en fait froid dans le dos. Elle nous reconduit vers les fleuves nauséabonds de certaines périodes de notre passé intellectuel. Ce mot d'ordre en forme de vœu pieux apparaît d'autant plus vain qu'il recouvre des contradictions proprement indépassables.

La première, je ne cesse de le répéter, tient à l'incessante extension de ce que j'appelle la culture horizontale dans sa contradiction avec une égale intensification de la culture verticale. Extension horizontale, dans le monde du cinéma, par la constante apparition de nouveaux films et de nouveaux réalisateurs reconnus dans le champ de l'art. De sorte qu'avant tout acte de connaissance, il faut toujours plus de savoir. Extension verticale, j'en ai donné quelques exemples, puisque la compréhension d'un film n'est pas immanente à son propre visionnement. Il faut, quelquefois, des heures, des jours ou des années de travail pour accéder à son intelligibilité. À chaque fois, tout un rayon de bibliothèque se doit d'être consulté, finalement toujours discutable, toujours insuffisant. Des connaissances issues du champ immense de la production littéraire ou scientifique ne lui feront-elles pas toujours défaut ? Aussi ne peut-on que choisir. Entre le hasard et l'arbitraire ?

Car choisir pourquoi, au nom de qui ? Nouvelle contradiction. Si le goût d'un sujet particulier est toujours sujet à caution, ceux des institutions et des décideurs le sont tout autant. Les préférences affichées ou proclamées par les critiques, les théoriciens, les cinéastes, dans leur valeur référentielle, sont elles-mêmes soumises à l'inconstance d'une opinion qu'elles contribuent à façonner. Les années 1970, en France, ont montré combien les jugements de goût imposaient leurs diktats avec une intransigeance d'autant plus impériale que celle-ci changeait de contenu au premier avis de tempête idéologique, sans jamais rien perdre de son arrogance. De sorte que le goût « réel », en dépit de son instabilité et de sa dépendance, demeure l'un de nos guides les plus précieux. Mais, doit-on se demander, à quelles conditions. À quelles conditions de validité ?

*

Paradoxalement, je dirai que la première de toutes est la sincérité. Ce que le sujet éprouve réellement devant une œuvre dès l'instant où il ne se sent plus obligé de parler le langage de la tribu. « Fais au moins quelquefois un effort de sincérité, exhorte Henri Michaux, au lieu de te dissimuler dans le courant de l'époque ou dans un de ces groupes où par amitié, naïveté ou espérance on s'unifie[5] ». La seconde est celle du temps. Il faut, très progressivement, se laisser gagner par les effets esthétiques et cognitifs qui émanent des œuvres. Un tableau

---

5. Henri Michaux, *Poteaux d'angle*, Paris, Gallimard/Poésie, 2009, p. 28.

ne se regarde pas en quelques secondes, comme s'il suffisait d'identifier le dessin de la pipe pour conclure à sa (re)connaissance. Un film ne se visionne pas une seule fois et l'on ne discourt pas à son sujet en se contentant de quelques scènes ou de quelques plans érigés en tout de l'œuvre. Avec le temps, se distinguent les préférences, ce qui fait sens et référence pour un sujet qui entre en résonance avec la pensée d'un film. Une pensée qui, pour lui, devient de moins en moins allusive et de plus en plus essentielle. Plagiant une célèbre formule, je dirai que « le goût, c'est l'homme ». L'homme, c'est-à-dire le sujet dans ce que sa personnalité a non seulement de plus enfoui et de plus secret, mais aussi de plus « nécessaire ».

La seconde condition est un renoncement. Il faut changer de paradigme. Abandonner toute espérance d'une quelconque universalité du Beau, et s'interroger (préalablement) sur ce qui est beau « pour soi » au détriment de ce qui est beau « en soi ». Avec, une fois encore, une contradiction.

Le spectacle de la nature fédère incontestablement le goût des hommes. Tous se réconcilient devant la majesté d'un massif montagneux, la grâce d'une rose (ou d'une tulipe), la magnificence d'un chêne, le bruissement d'un feuillage dont le vert printanier s'harmonise avec le bleu d'un ciel clément. Mais cet unanimisme n'est qu'une question d'objet. Ce qui plaît, en deçà de toute dispute ou de toute division, est aussi peu que possible un produit de l'homme. Rien n'y doit être pris en compte qui soit la manifestation d'une orientation personnelle. Nul ne peut prétendre l'imposer aux autres ; tous se sentent dépassés. Ils ne peuvent qu'admirer la force d'une nature qu'ils sont définitivement incapables de maîtriser. Aussi s'accordent-ils les uns aux autres dans un rapport de contemplation qui les incite à l'humilité plus qu'à des démonstrations de pouvoir.

La situation n'est plus tout à fait la même dans le domaine de l'art. Plus encore, si nous sommes en présence d'un art discursif. La littérature, le théâtre, le cinéma, dans les relations d'analogie qu'ils entretiennent avec la société qui les diffuse, ou qui les produit, exposent leurs publics à des systèmes représentatifs qui les positionnent comme des caisses de résonance où ils se sentent mis en jeu dans leurs affects et les conceptions qu'ils se font d'eux-mêmes et du monde. Cette mise en jeu est inégale selon les œuvres, les époques et, bien entendu, les spectateurs. Tout au long de l'aventure cinématographique, chacun le sait, de nombreux chefs-d'œuvre du 7ᵉ art se sont heurtés à de violents refus, quelquefois jusqu'à l'émeute. D'autres s'y confrontent encore, il est vrai de manière feutrée. Il serait intéressant d'écrire l'Histoire de leur rejet ou des distorsions qui leur furent infligées. L'Histoire de leur censure multiforme. Ce qui montrerait combien certains d'entre eux ne jouent toujours pas le rôle culturel qui pourrait être le leur.

La troisième condition, la plus importante, est d'ordre conceptuel. La notion de désintéressement, promue à une si belle carrière dans le champ de l'esthétique, doit être pensée comme essentiellement confuse. Loin de jeter une grande clarté sur le mode de participation d'un amateur à un objet de l'art, elle brouille les cartes et jette sur lui un masque qui souvent le fausse.

*

Ne jouons pourtant pas sur les mots. Ne tournons pas en dérision un terme si contraire à lui-même dans son rapport à la beauté. Comment pourrait-on *jouir* de façon désintéressée ? Comment n'éprouverait-on aucun intérêt pour une chose qui nous procure un agrément particulièrement intense et raffiné, alors que la recherche du plaisir, éphémère ou durable, intense ou serein, demeure notre but suprême ? Le bonheur n'est qu'une suite garantie de plaisirs que nuls déplaisirs véritables ne semblent durablement menacer. Ce qui lui confère une certaine simplicité.

Nous savons ce que nous entendons par « désintéressé » : l'absence d'objectifs monétaires et mondains. Une conception singulièrement réductrice, mais typique d'un monde qui ne pense qu'en termes comptables. Dans le monde du cinéma, peut-on dire que tous ceux qui déclarent « ceci est beau » sont désintéressés dans l'étroite assertion du terme ? Les producteurs, les distributeurs, les critiques se positionnent quelquefois comme des découvreurs et mettent au-devant de l'affiche des cinéastes ou des films dont ils font la promotion. Le Beau est aux couleurs de leur clocher, plus ou moins monétarisé. Nous connaissons suffisamment l'esprit humain pour ne point toujours douter de leur sincérité. Mais qu'en est-il des amateurs, ceux qui grossissent la troupe des admirateurs dont ont besoin « ces gens de cinéma » ? À la façon de bons soldats pour qui les honneurs et la gloire vont certainement plus volontiers aux têtes d'affiche qu'à ceux qui les regardent, ils n'en tirent aucun profit sous quelque forme tangible que ce soit. À moins que ce ne soit justement là notre cécité. Si leur intéressement paraît si « désintéressé », il n'en est que plus passionné, chargé d'affects, quelquefois à la limite de l'agressivité ou de l'intolérance. Ce qui semble bien excessif, et surtout tout à fait irrationnel. N'ayant aucun intérêt à une chose, pourquoi s'y mettre tout entier ?

Revenons à la question du dégoût et commençons par l'une de ses motivations les moins réfléchies, bien que souvent décisive. Dans une lettre à la princesse Élisabeth, Descartes l'expose de façon presque comique : « Je crois qu'une personne qui aurait d'ailleurs toute sorte de sujet d'être contente, mais qui verrait continuellement représenter devant soi des tragédies, dont tous les actes fussent funestes (...) je crois, dis-je, que cela suffirait pour accoutumer son cœur à se resserrer, et à jeter des soupirs ; ensuite de quoi la circulation du sang étant retardée et ralentie, cela pourrait facilement "lui opiler la rate", "altérer le poumon", "et causer une toux qui à la longue serait fort à craindre" [6] ».

On peut en sourire. Pourtant, le grand philosophe n'exprime-t-il pas certains sentiments largement répandus dans les milieux populaires, quoique dédaignés par la théorie, et refoulés ou méprisés dans le champ des cultivés ? Que l'on me permette une incursion dans ma vie personnelle. Je me souviens de la colère de ma mère lorsque je revins de la projection de *La Source*. S'inquiétant de ma mine défaite, de mon regard désabusé, elle se déchargea de son angoisse en les rapportant à une cause qu'il lui semblait facile de supprimer. À la manière de Descartes, elle m'exhorta à ne plus fréquenter de « pareilles horreurs » (qu'elle n'avait pas vues et n'aurait jamais supportées au-delà de quelques minutes) afin de rester en bonne santé. Dans l'un de ses tableaux, René Magritte extériorise ce que l'on pourrait considérer comme l'une des conséquences psychiques d'une « exposition

---

6. Cité par Ollivier Pourriol, *Cinéphilo*, Paris, Hachette, coll. « Pluriel », 2011, p. 151.

à une œuvre ». Une lectrice, aussi peu attirante que possible dans son apparence physique, jette un regard horrifié sur le livre qu'elle tient entre ses mains. La peinture peut surprendre, ou irriter. Elle ne cherche pas à faire vrai. Son traitement plastique exclut toute ressemblance avec un possible référent ; l'imitation est de piètre qualité. En termes naturalistes, elle apparaîtra d'une radicale fausseté. Le but n'est évidemment pas là. Il s'agit, à l'évidence, de montrer ce qu'un esprit positiviste chercherait à récuser : une peinture que l'on dira « de l'intérieur ».

« Des films, des livres, des spectacles mobilisent des réactions sans commune mesure avec leur contenu, dans la mesure où ils tirent leur puissance de pouvoir rappeler au jour des émotions enfouies », écrit Serge Tisseron[7], Enfouies, imaginées ou envisagées, de sorte que le lecteur ou le spectateur advient à la conscience d'un monde possible qui, je le répète, prend effet de *réalité imaginaire*.

Pour s'inscrire dans la continuité de Descartes, ne pourrait-on dire qu'il en est de l'esprit comme du corps ? Si la peau reste trop longtemps au soleil, elle change de couleur, brûle, éventuellement se détruit. Le contact avec une œuvre d'art, médiatisé par les yeux et les oreilles, passe par le cerveau. L'incidence est aléatoire, complexe, relativisée par de nombreux facteurs. Elle n'en est pas moins réelle.

Une plaisanterie me permettra de le faire mieux sentir. Après avoir regardé le journal télévisé dans son cortège habituel de guerres, d'attentats, de viols, de meurtres, d'incendies, d'inondations, voire de tsunamis et de catastrophes nucléaires, une femme propose à son mari de se délasser en regardant un « bon film d'horreur ». Le cinéma vérifie, peut-être plus que d'autres par son dispositif, cette vérité énoncée par la philosophie : toute conscience étant conscience de quelque chose, elle est conscience de ce qui l'affecte tel qu'elle l'affecte dans l'immédiateté de son mode de présence au monde. La salle obscure tend à substituer à l'environnement social, dans lequel le citoyen se plongeait il y a quelques instants encore, une source unique de représentation, maîtresse de ses pensées et de ses sentiments. Je l'ai déjà dit, de la représentation (cinématographique) naît une représentation mentale, source potentielle d'une série d'effets

---

7. Serge Tisseron, *Comment Hitchcock m'a guéri. Que cherchons-nous dans les images ?*, Paris, Hachette, coll. « Pluriel », 2011, p. 97.

psychiques qui génèreront à leur tour d'autres représentations, éventuelles matrices d'actions futures.

Ma mère, comme Descartes, avait parfaitement conscience de la responsabilité des images ou des œuvres. En s'interrogeant sur l'influence exercée par le spectacle d'un film ou d'une tragédie, ils exprimaient une réaction au fond assez banale. L'être humain ne cherche-t-il pas à se protéger contre toutes les formes d'agression qui seraient susceptibles de l'affaiblir ou de le menacer dans son vouloir-vivre ? Aller au-devant de ce qui fait souffrir, rend pessimiste ou porte au désespoir, n'est pas forcément de son « goût ». « Nous déployons automatiquement des mécanismes de protection contre le moindre malaise psychique[8] », remarque Jacques Généreux. Pourquoi en serait-il différemment dans le monde de l'art ? On comprend pourquoi des millions de gens s'exposent raisonnablement au soleil de comédies « bien françaises », gaies, légères et réconfortantes, quelle que soit par ailleurs leur rigoureuse fausseté... ou leur mauvais goût. Tel est leur « intérêt ». Un intérêt, notons-le bien, qui intègre un certain désintéressement vis-à-vis du monde, voulu et même revendiqué. Ce que l'on peut éminemment critiquer. Mais aussi, comme Magritte, percevoir de l'intérieur, à la façon d'un acte de défense conditionnant bien plus que leur propre bien-être : le maintien de leur « intérêt » pour la vie. Une manière de fuir la réalité du monde afin de conserver intact leur vouloir-vivre. Les contraires, une nouvelle fois, se réconcilient. Le soleil ni la mort ne se peuvent regarder en face.

Je ne compare pas ma mère à René Descartes (bien qu'ils soient de la même région). Je rapporte ce que l'on a trop tendance à refouler, ce qui explique certaines des préférences cinématographiques du plus grand nombre. Il serait absurde, ou superficiel, d'en limiter les effets au seul cinéma comme au seul public populaire. Questionnées, bien d'autres options esthétiques apparaîtraient fort voisines. Les parodies, les films de genre strictement codifiés, certaines œuvres obscures (particulièrement appréciées par certaines catégories de spectateurs) ne servent-ils pas le même but : fuir le réel, en détourner la conscience en le neutralisant par la farce, la mise à distance ou la

---

8. Jacques Généreux, *L'autre société. À la recherche du progrès humain - 2*, Paris, Seuil, coll. « Points Essais », n° 653, p. 183.

simple difficulté de compréhension. Obscurcir est un mode d'existence comme un autre, bien plus répandu que son seul champ d'application symbolique. Que les productions de l'art paraissent aussi éloignées que possible de toute forme d'expérimentation vitale est une tentation, voire un besoin, tout aussi impérieux. Il est toujours gênant de se pouvoir confondre avec le vulgaire. Il faudrait interroger une bonne partie du cinéma, et du cinéma dit « d'art », sous ce « poteau d'angle » (pour reprendre une expression de Michaux). Les amateurs de cinéma américain, disait Truffaut, ne supportent pas de voir quoi que ce soit de familier dans les films. Il leur faut, précisait-il, un dépaysement total. Les partisans de l'intransitivité au cinéma comme dans la littérature ne cherchent-ils pas, comme Descartes, à se protéger ?

Aussi peut-on en déduire l'une des relations à l'art les plus secrètes et les moins commentées. De façon presque instinctuelle et certainement inconsciente, la perception d'une œuvre met en jeu des phénomènes d'attraction ou de répulsion antécédentes à toute forme d'appropriation réfléchie. Le jugement précède la conscience et souvent lui suffit. Le spectateur se sent mis en danger, ou conforté, par les représentations auxquelles il s'expose. Spontanément, il repousse ce qui l'agresse, recherche ce qui le fortifie, approuve ou désapprouve en fonction de ce qui s'inscrit dans la continuité de son être. Jacques Généreux parle du « besoin insatiable de représentations et de stimulations du cerveau humain[9] ». Il serait erroné de le concevoir sur un plan strictement intellectuel. Ce « besoin de représentations » doit être envisagé comme une exigence vitale. En lui, spontanément, se dit un certain tout de l'être. D'où l'irrationalité de nombreuses discussions – et leur violence. Comment ne pas réagir ainsi lorsqu'il s'agit de son équilibre interne ? L'art apporte des réponses qui deviennent subjectivement autant de forces hostiles ou favorables à l'édification du sujet humain dans l'immense diversité de ses propres déterminations existentielles.

Tout groupe, toute communauté, toute nation, tout peuple privilégient les représentations qui lui sont favorables et lui permettent de se célébrer dans une commune admiration narcissique. Il fuit les

---

9. *Ibidem*, p. 122.

autres… À chaque fois, ce qui rassure, conforte, élève, permet un accroissement de bien-être ou de force est privilégié, et favorise l'éclosion du sentiment du Beau. Kubrick joue sur une ambivalence de cette sorte à la fin de ses *Sentiers de la gloire* (*Path of Glory*). Après avoir refusé la promotion au grade de général qui lui était proposée, le colonel Dax (Kirk Douglas) entend des cris et des sifflets venus d'une sorte de théâtre aux armées. Il ne pénètre pas dans la salle. Une jeune Allemande, timide, au bord des larmes, est traînée sur une estrade par un cabaretier, forcée de se mettre à chanter devant un parterre de poilus avides de « se venger du boche ». Du dehors, Dax écoute, inquiet, désabusé, dégoûté peut-être ? Craintif, il attend la suite de la « représentation ». Pendant quelques secondes, l'évolution du récit demeure suspendue entre deux possibilités contraires. L'une, ignoble, redoutée par les spectateurs eux-mêmes, mais dont les prémices leur sont déjà données : l'humiliation de la chanteuse ; une meute de soldats français la brocardant, la rage au cœur. L'autre désirée, mais d'abord improbable : l'union au lieu de la division ; l'amour se substituant à la haine. Venu de la salle, un très léger murmure monte, à peine audible. Accompagnant la jeune fille, un soldat se met à chantonner, puis un autre, et un autre encore… Bientôt tous participent, doucement, tendrement, emportés par leur musique intérieure. La caméra passe d'un poilu à l'autre, celui-ci simplement ému, son voisin carrément les larmes aux yeux. Oubliée l'Allemande, oubliée l'Ennemie. Tous sont à l'unisson d'un cœur réconcilié, sentiment bien plus noble que le déchaînement hargneux et la dérision facile qui étaient les leurs quelques secondes auparavant. Retour sur Dax, toujours à la porte. Un très léger sourire se dessine sur ses lèvres.

 Deux fins étaient ici possibles. L'une, cruelle et même désespérée, dans laquelle se jouait une image du peuple français que le peuple français ne supporterait pas de regarder longtemps en face. L'autre, laissant advenir une autre potentialité humaine. Par-delà tous les antagonismes, toujours latents, triomphe, il est vrai momentanément, une universalité assurant la satisfaction d'un besoin tout aussi impérieux que le précédent. Si, de chacune de ces fins, peut naître un égal sentiment du Beau, ce ne peut être tout à fait le même, ni le même pour tous les publics, à tous moments de leur existence. L'histoire du cinéma l'a prouvé, le finale de ce film pouvait-il être accueilli aussi favorablement en 1945 qu'il l'est aujourd'hui ? Il faut, cette fois, prendre le contre-pied de Descartes. Non pour l'annuler ou le discréditer, mais pour le compléter. S'exposer au spectacle de la tragédie ne peut-il, dans certaines circonstances et pour certaines personnes, être source d'une puissance accrue ? De façon plus générale, quel plaisir prend-on à des fins dramatiques, quelquefois à la limite de l'insupportable ?

L'Intendant Sansho en est l'un des plus beaux exemples. Après avoir connu la richesse et le pouvoir, le héros et sa mère finissent dans un dénuement atroce. La fin en quelque sorte inversée d'un mélodrame ordinaire. Tout se dégrade au lieu de trouver « enfin » réparation. Les gratifications qui avaient été accordées au spectateur au terme d'un parcours narratif particulièrement rude lui sont définitivement refusées. Rien, dans la dernière image, ne peut lui apporter une forme quelconque de compensation. Mizoguchi frustre l'hédonisme foncier du consommateur de film, celui qui semble sa seule motivation décisive. Rares sont les modes d'achèvement d'un récit qui laisse aussi perplexe, et surtout désemparé. Sur un autre registre, à la fois plus tempéré et plus radical, *Docteur Folamour* (*Dr Strangelove or How I Learned to Stop Worrying and Love the Bomb*) impose, en un sens, la plus terrible de toutes les fins au cinéma : l'anéantissement du monde par la guerre nucléaire. Aucun spectateur n'est censé lui survivre. Un absolu, il est vrai, irréalisé et compensé par la comédie. Telle est peut-être la limite du film. Effrayant, il ne débouche pas sur un régime de croyance, déni du danger oblige. Comment pourrait-on regarder intensément ce que l'on ne regarde que fictivement ?

Ne peut-on parler de la « jouissance du vrai donné comme spectacle » (mais uniquement comme spectacle), de la force de contestation et d'action dont elle enrichit potentiellement celui qui regarde le soleil noir en face ? Chez Mizoguchi, par la relation d'empathie si fortement sollicitée par le dispositif de son cinéma, le spectateur entre en symbiose avec l'homme tragique, celui qui est en butte à l'irrépressible dureté et à l'insurmontable injustice du monde. Sa propre condition, en somme, plus ou moins latente, plus ou moins partagée, mais toujours menaçante. Pénétrant plus avant la compréhension d'un monde dont il ne cesse heureusement d'être distrait dans sa vie quotidienne, généralement moins pénible, il lui est permis d'embrasser le cœur des choses. À la recherche du plaisir immédiat, agréable mais trompeur, se substituent un sentiment d'élévation, une impression de grandeur psychique qui représentent une forme d'accomplissement de ce qui est le propre de l'homme. Les fameux mouvements de grue par lesquels s'achèvent nombre de fictions mizoguchiennes formalisent l'ambivalence de la participation cinématographique qui est ici requise. Dans les tout derniers instants du récit, la douleur, par empathie, se résout en une forme supérieure de satisfaction. De sorte que ce n'est pas la vérité qui, en elle-même, donne la sensation la plus vive mais, une fois encore, l'intérêt pour la vie. Car le refus de savoir est à sa manière mortifère. L'art nous est également donné pour ne pas accepter de mourir de la vérité.

*

Aussi faut-il donner raison au goût. Raison au sens d'une compréhension de ce qui le fonde et dont l'amateur, éclairé ou non, n'a nullement conscience, du moins au départ. Raison, puisqu'il nous gouverne, quelque volonté qu'on en ait. La conséquence en est évidente : le dialogue est indispensable. Mais le dialogue dans sa version féroce, celle qui ne saurait se suffire de pâles accommodements et de tolérances retranchées dans leurs convictions profondes.

La connaissance de soi par film interposé n'est pas le moindre intérêt de l'analyse filmique (même s'il n'a que peu d'importance aux yeux de la science). Il fut une époque où l'on s'intéressait plus à la « machinerie des œuvres » qu'aux discours qu'elle permettait de tenir sur le sujet humain, c'est-à-dire tout le monde.

Évidence, le premier intérêt que l'on peut trouver à un film est éminemment subjectif. Nous entretenons tous des rapports particuliers avec certaines fictions narratives. Serge Tisseron relate une expérience de ce genre dans son ouvrage *Comment Hitchcock m'a sauvé*. La remémoration d'un souvenir douloureusement enfoui, facilitée par une fréquentation assidue du cinéaste, le conduisit à la conclusion suivante : « c'est le désir de se raccrocher à un regard, et l'impossibilité d'y parvenir, qui étaient le ressort de mon indéfectible fascination pour Hitchcock »[10]. La lecture de son travail en fait foi, l'œuvre du maître du suspense compte moins pour elle-même que pour sa valeur projective. « L'aide que nous apportent les œuvres dans la compréhension de nous-mêmes n'est pas explicative, elle est d'abord interpellative ! Le cinéma d'Hitchcock m'avait posé une question, et je m'étais attelé à y répondre[11]. » Ce qui se donne à lire n'est donc pas le cinéaste anglais, mais Serge Tisseron tel qu'en Hitchcock il se révèle (peut-être) à lui-même. Si la chose est théoriquement d'évidence, pratiquement il n'en est pas de même. Trop de lectures sont de cette sorte, mais sans assumer, à la façon de Tisseron, leur rôle subjectif. Toute analyse, je le répète, est d'abord essentiellement projective. En son commencement, elle se déploie toujours au risque du bavardage.

Un second stade, moins projectif, soucieux d'une authentique identification d'une œuvre, doit être distingué. J'en ai donné un exemple dans mon ouvrage, *Vivre avec le cinéma*[12]. Un ami et moi avions comparé notre mode de réception du cinéma de Jacques Tati. « Réception », non pas au sens de l'intelligibilité que nous en avions (quelques monographies en auraient facilité la tâche), mais de son incidence sur nos psychés réciproques. Par-delà l'affirmation de nos différences, ou de nos divergences, deux constats s'imposaient. En chacune de nos réactions se disait toute notre personne. Ce n'était pas seulement le cinéphile, l'amateur d'art ou le sujet esthétique qui répondaient à ce que l'on pourrait appeler les stimulations de l'œuvre, mais bien la personnalité de chacun en tant que configuration acquise tout au long d'un procès historico-psycho-social dont il nous est sans doute impossible de livrer la totalité des clés. Dans les deux cas, quoique de façon antagonique, se mettait en jeu un « principe de survie ». Rationnellement, la locution apparaît bien excessive ! Je la crois justifiée. Il faut comprendre ce qui se joue dans ces échanges « désintéressés », généralement inconscients de ce qui les pousse quelquefois jusqu'à la mauvaise foi. Ce que Tati représentait

---

10. Serge Tissseron, *op. cit.*, p. 58-59.
11. *Ibidem*, p. 68.
12. Daniel Serceau, *Vivre avec le cinéma*, Paris, éd. Klincksieck, coll. « 50 questions », 2010.

pour mon ami, du moins dans sa jeunesse, n'était rien moins qu'un idéal de vie : un mélange de doux abandon et de tendre sociabilité où rien ne comptait que le contentement diffus de l'instant. Mais ce qui l'enchantait m'angoissait. Cette façon de s'abandonner au fil de l'eau n'était que le meilleur moyen de me laisser submerger par le flot tempétueux du monde. À la représentation tatiesque, par nous saisie dans un commun accord, faisaient écho deux représentations divergentes. L'une en harmonie avec elle. L'autre en réaction de défense, tant son exemplarité se retournait contre ce qui me semblait indispensable à mon équilibre même.

Je ne congédie pas l'attitude « désintéressée », dans son exigence comme sa fécondité. D'une certaine manière, mon ami et moi-même l'avions intégrée dans nos discours respectifs. Notre démarche différait de celle de Tisseron. Son but, selon le titre de son ouvrage, était de guérir. Hitchcock lui devenait indispensable sur un point : contribuer à une meilleure identification de ses symptômes. Aussi aimait-il celui qui lui permettait de se fortifier. Nous n'envisagions pas du tout les choses de la même façon. Nous ne voulions qu'échanger nos points de vue. Confronter nos appréhensions réciproques de l'œuvre de Jacques Tati et les contrôler. Nous nous entendions sur ses qualités esthétiques : sa finesse d'observation ; son usage du son, si en avance sur son temps ; son système du rire ou plutôt du sourire. Des vertus qui forçaient notre admiration. Mais, à la différence de mon ami, des vertus qui ne suffisaient pas à mon « intérêt ». En art, comme ailleurs, admirer n'est pas nécessairement aimer.

En d'autres termes, nous ne partions pas de nous-mêmes pour y revenir par cinéaste interposé. Nous allions vers un cinéaste dans la seule intention d'en maîtriser le système représentatif. Surpris, nous parvenions à ce constat, paradoxal ou non : ce qui nous unissait (la valeur esthétique et les caractéristiques reconnues d'une œuvre) nous séparait, sans que nous puissions parler d'un quelconque désaccord. Il fallait nous résoudre à cette évidence : parce que nous arrivions aux mêmes conclusions, nous ne ressentions que plus nettement encore combien il ne pouvait nous intéresser de la même manière. Mais ces divergences, au lieu de nous diviser, nous permettaient de nous retrouver bien plus solidement que par un accord exclusivement formel. Nous étions unis dans nos différences. Définitivement, à moins de recommencer les cycles de nos existences. Dans ce cas, loin d'être solitaire, la démarche analytique ne peut être que dialogique. Un dialogue, non point conçu à la façon d'un échange d'opinions, chacun revendiquant la vérité pour lui-même, mais sur la base de notre étrangeté réciproque. Une mutualisation de nos réactions subjectives, si l'on veut, exclusivement permise par l'effort préalable d'objectivation que nous avions accompli. La matière analytique acquise au terme de notre conversation se dédoublait en quelque sorte. D'une part, une meilleure connaissance du cinéma de Jacques Tati ; ses effets sur la subjectivité de chacun, de l'autre. Si nous ne cédions rien sur le terrain d'une connaissance détachée de nous-mêmes, celle-ci ne nous en éclairait que davantage sur nous-mêmes.

On ne peut que constater combien la théorie marche trop souvent dans les pas de l'idéalisme moral. Celui qui culpabilise, refoule, réprime, interdit. Au lieu d'étouffer la voix du goût (qui, dans la tempête, se camouflera sous les habits les plus acceptables), il est beaucoup plus intéressant d'apprendre à la reconnaître, non dans ses oraisons, mais dans ce qui secrètement la fonde. Notre goût, celui des autres, est un matériau en lequel se donne à lire la valeur d'une œuvre d'art qu'il est absurde et d'ailleurs impossible de détacher de son vouloir-vivre. Je l'ai dit, se méfier de soi-même, prendre ses distances avec ses projections, ne jamais faire du goût un critère absolument fiable, tout chercheur se doit d'en intégrer l'exigence dans son procès de travail. Mais il ne peut raisonnablement et utilement le faire qu'à la condition d'être avec lui-même, non contre lui-même.

Immanquablement, nous retombons sur l'une des questions qui fut le plus à la mode dans le passé et qui semble aujourd'hui curieusement tombée en désuétude en dépit de sa nécessité : « pour quoi » l'analyse ? Comment pourrait-on mener à bien une quelconque activité sans s'interroger sur sa finalité, puisque de cette finalité dépend l'orientation qu'on lui donne ?

*

Reprenant le titre d'un livre célèbre, au vu de l'Histoire, on ne peut qu'être frappé par le malaise dont témoigne ce que nous appelons nos pratiques culturelles. Au début des années 1960, alors que les ciné-clubs étaient au sommet de leur prestige, que la musique classique passionnait une grande quantité de jeunes gens, que le livre de poche mettait les plus grandes œuvres de la littérature mondiale à la portée de tous, tout semblait possible. Beaucoup accédaient à un monde de connaissance et de beauté dont leurs parents avaient été écartés au seuil de leur adolescence, nécessité de gagner rapidement leur vie oblige. Pour reprendre une autre formule, je dirai que l'homme se libérait d'une matière séculaire et laissait s'épanouir les plus nobles de ses facultés : le goût du savoir, le raffinement de l'esprit et des sens. Comment ne pas se réjouir à la vue d'une toute nouvelle perspective : une extension apparemment sans limite du champ des cultivés, la possibilité, pour le plus grand nombre, d'accéder sans réserve aux plus hauts ouvrages de l'humanité, de les discuter – et de se parfaire à leur contact. On sait combien Roberto Rossellini partagea un rêve dont la télévision lui semblait le médium idéal, libéré de toutes sortes de contraintes économiques.

Las. L'espérance fut de courte durée. Le malaise est de deux ordres. Dans un ouvrage consacré à *La Mort aux trousses*, Jean-Jacques Marimbert constate que les internautes, piqués ou non de cinéphilie, se plaisent à débusquer les multiples « bévues » repérables dans un ouvrage réalisé par un cinéaste pourtant réputé pour sa haute technicité[13]. À l'occasion du trentième anniversaire du décès d'Alfred Hitchcock, dans un article intitulé *Le méconnu du Nord-express*, le magazine *L'Express* publia un trois-quarts de page alternant des rubriques découpées selon les locutions « on le sait » *versus* « on le sait moins ». Soucieux de notre éducation, l'hebdomadaire nous apprend que le cinéaste est un auteur, qu'il a travaillé pour la télévision, qu'il apparaît dans ses films, que *Psychose* est son film le plus connu et… qu'il est mort. Sur une chaîne câblée, le texte de présentation de son film déclaré le plus renommé s'étend longuement (excusez le jeu de mots) sur la doublure de Janet Leigh dont le joli corps assuma la chaste nudité de la non moins célèbre scène de la douche. Quel regain d'intérêt ! Une maison de la culture accessible

---

13. Jean-Jacques Marimbert, *Analyse d'une œuvre : La Mort aux trousses*, Paris, Vrin, 2008.

par un simple clic. De l'anecdote, du pittoresque, du parfum de scandale parfaitement éventé, du facilement mémorisable déjà grandement mémorisé, voici levé le grand voile d'une prétendue (mé)connaissance[14] et délivré le savoir que tout honnête homme moderne se doit de répandre autour de lui. La plupart des *making of* ne font guère mieux. Faut-il s'en étonner ? Quel peut être le destin de la culture dès l'instant où celle-ci confond savoir et connaissance ? Soit l'accumulation de ce qui semble rigoureusement certifiable, et donc communicable, hors de toute contestation possible.

Un mot est devenu symptomatique de ce que j'appellerais volontiers une « perversion culturelle » : celui de la séquence dite « culte », dont *Psychose* nous fournit l'exemple le plus indiscutable en même temps que le plus inquiétant. On en connaît le principe : séparer un fragment de l'ensemble sans lequel il ne peut prendre sens, le reprendre sans cesse à la manière d'un refrain ou d'un court extrait musical perpétuellement remémoré. Ce que fait le personnage interprété par Jean-Luc Godard dans *Le Signe du lion*. Écoutant un disque, le jeune homme remet continuellement le bras de son tourne-disque à son point de départ afin de réécouter, aussitôt terminé, le passage devenu l'objet de sa vénération. Le plaisir en est évidemment le but. Mais un plaisir quasi obsessionnel s'accomplissant dans la stricte répétition du même. Il s'agit, en une sorte de boucle, de renouveler sans relâche des sensations toujours recommencées et de s'immerger dans un imaginaire qui devient à lui-même sa propre fin.

L'autre caractéristique est la perte des hiérarchies. Le 29 mars 2011, *France 2* diffusait dans le cadre de son ciné-club un film de Jean-Paul Le Chanois, *Papa, maman, la bonne et moi* (Marcel Aymé et Pierre Véry en sont, avec le réalisateur, les co-scénaristes), film que l'on n'aurait jamais imaginé figurant dans une émission de cette sorte, au moins jusqu'aux années 1990.

« Analyser *sérieusement* un "nanar" demande un certain courage », affirme Jacqueline Nacache[15]. Je ne sais ce que signifie exactement ce terme argotique – que je trouve plutôt méprisant. Je ne sais pas davantage s'il convient au film de Le Chanois. Mais, si je suis

---

14. *L'Express* du 12 février 2011, Paris, Groupe Express-Roularta, 2011.
15. *Op. cit.*, p. 163.

tout à fait honnête, je dois reconnaître que cette comédie berça mon enfance. Sa projection inopinée confronta les quelques fragments dont je gardais souvenance (trois ou quatre) à l'ensemble d'une fiction qui n'était plus qu'un nébuleux souvenir. Parmi les quelques centaines de films que j'ai pu visionner jusqu'à la fin de mon adolescence, pourquoi celui-ci m'est-il resté en mémoire ? Au point de ne l'avoir jamais tout à fait oublié ?

Le petit commentaire qui précéda la projection m'apporta une réponse. Elle correspondait au désir que ce film avait éveillé en moi. L'orateur insista sur l'intérêt sociologique du récit, représentatif selon lui des classes moyennes de la première moitié des années 1950 en France (il date de 1954). Ledit papa est professeur de sciences naturelles, la maman traduit des romans noirs de langue anglaise. L'appartement est assez grand pour loger, outre « papa, maman et moi » (un « moi » qui aspire au métier d'avocat), une bonne – que naturellement il faut entretenir et salarier. Une position indiscutablement supérieure à celle des classes populaires de l'époque, mais susceptible de représenter à leurs yeux un idéal. Un but, lointain, presque inaccessible – quoique vraisemblable. N'est-ce pas un rêve que le cinéma, se demandait Valéry ? Un rêve, peut-être, mais lequel ? Et pour qui ? Toute formule généralisante jette une brume trompeuse sur l'objet qu'elle prétend éclairer – et qu'elle contribue à scléroser. Il ne faudrait l'écrire qu'au pluriel.

Le récit, lui, est précis sur un point : les conditions de logement. En accordant une place importante au décor de l'action, la fiction prend une dimension documentaire que son éloignement temporel ne rend que plus manifeste. La vie du sixième étage de l'immeuble où vivent Papa et Maman, celui des chambres de bonnes quelquefois occupées par des familles entières, témoigne des conditions d'habitat du petit peuple parisien. Une chose qui n'avait pas manqué de me frapper, et qui contrastait avec l'appartement de la famille titre, ne le rendant que plus enviable. De ce strict point de vue, nanar ou pas, ce film n'est-il pas source de connaissance ? Soyons modestes. La consultation d'études statistiques, de rapports ou d'ouvrages sur les conditions de logement à la fin de la quatrième République nous apporterait de meilleurs renseignements, plus fiables et surtout plus diversifiés. Sur ce terrain, le cinéma sera toujours perdant.

À l'exception d'un paramètre. Aucun dossier, aucun livre ne remplaceront ce que peuvent nous apporter une image et a fortiori un film : une « connaissance par la vision directe ». Yves Coppens reconnaissait au cinéma une qualité de cette sorte lorsqu'il vantait les mérites du film *L'Odyssée de l'espèce* dans l'une de ses chroniques, en lui souhaitant « beaucoup de suites, d'émules, de reprises, qui corrigeront ses imperfections, ses maladresses, ses erreurs[16] ». Cette vision d'un cinéma conçu comme une chose relative, toujours perfectible, à mille lieues de toute forme de vénération, ne devrait pas concerner le seul documentaire. La première exigence d'un analyste, comme de toute personne éprise d'un véritable amour, doit être la lucidité. Apprécier ne veut pas dire aduler. Autre principe vertueux dont le champ d'application dépasse le seul 7e art.

Dans mon souvenir, je n'avais conservé que ce modèle social. La redécouverte de cette fiction, après de longues années, me frappa pour une autre raison. À quelques exceptions près, les personnages y sont tous de « bonne volonté ». Souriants, serviables, bienveillants, ils composent un petit monde pacifique qu'aucune tension ne vient durablement affecter. Tout s'y résout, tous s'y réconcilient, dans une générosité de cœur et une ouverture d'esprit qui fait de cet immeuble montmartrois une sorte de cité radieuse à la portée de tous les types d'architectures. Nous sommes loin d'un certain cinéma français contemporain, les films de Carné ou de Duvivier par exemple, insistant sur la médiocrité et la méchanceté humaines. Ce n'est plus la sociologie qui nous donne son pain, mais le désir, partagé par la vibration de la salle, de voir s'animer sous nos yeux le tendre spectacle d'une vie heureuse. Un ciel dont les gris, rarement sombres, n'en rendent que plus vraisemblables les bleus intenses. Sans oublier l'humour, que le visage et le commentaire de Robert Lamoureux confortent de leur bonne humeur. Un antidote à cette tragédie qui inquiétait tant René Descartes. Une manière de s'exposer à quelques rayons de soleil volés

---

16. Chronique du 10 novembre 2003, *France Info*. Un ensemble de ses chroniques est paru sous le titre *Le Présent du passé. L'actualité de l'histoire de l'homme*, Paris, Odile Jacob, coll. « Essais », n° 282, 2011, p. 259. Le film *L'Odyssée de l'espèce* a été mis en scène par Jacques Malaterre. Yves Coppens en était le directeur scientifique.

entre deux nuages ? Toutes choses qui m'éclairent, aujourd'hui, sur ce qui fut, pour moi, si important lors de son premier visionnement et que je ne pouvais même pas soupçonner. Un autre rêve, à mes yeux bien plus essentiel que le désir d'une ascension sociale. Je l'ai dit, une cité heureuse. Quoi que nous fassions ou disions à propos des films, nous ne pouvons qu'y être tout entiers.

*

Jusqu'ici, je ne fais qu'une chose. Je me suis efforcé de comprendre, et de caractériser le type de plaisir et d'« intérêt » que l'on peut trouver à un spectacle de ce genre. Par « intérêt », j'entends deux choses. L'une, triviale et conforme à l'une des définitions du mot dans son usage le plus courant : ce qui retient favorablement notre attention. L'autre, moins attendue : ce dont nous pouvons tirer profit. Profit, non dans l'acception matérielle du terme, mais dans un sens qui rejoint la célèbre réplique de John Mohune, l'enfant des *Contrebandiers de Moonfleet* (*Moonfleet*) : « l'expérience, Monsieur, était profitable ».

La première forme ne regarde que le sujet lui-même. Deux degrés doivent à leur tour y être distingués.

Au bas de l'échelle, le mode le plus connu. Le goût n'est que l'expression d'un plaisir ou d'un déplaisir immédiat, ce qui charme ou irrite tel ou tel, dans telle circonstance, à tel moment de son existence. La valeur de l'objet s'épuise dans la satiété qu'il octroie. Que puis-je opposer à celui qui ne partage pas mes choix, rien, sinon le contester dès qu'il ne manifeste pas une tolérance égale à la mienne, avec moi comme avec les autres. Les amateurs de séries « B », de nanars, de films « bis » ou « X » se confondent avec les admirateurs de Godard ou d'Eisenstein. Tout est d'un même niveau puisque tout procure du plaisir ; rien ne l'est, puisque d'un spectateur à un autre ce ne sont pas les mêmes films qui permettent une égale délectation.

Mais le plaisir n'existe pas en soi. Tout plaisir est plaisir de quelque chose. Et, je viens de le dire, du « profit » que je suis susceptible d'en retirer. En m'interrogeant sur le bon souvenir que j'avais conservé du film de Le Chanois, je ne pouvais que revenir sur moi-même, non pour le ou me juger, mais pour interroger la nature de mon investissement passé. Qu'est-ce qui, en moi, trouvait matière à s'y intéresser ? Nous sommes une nouvelle fois sur le terrain d'un intérêt subjectif, non plus dans sa forme fugitive et changeante, mais en relation avec les couches profondes de la personnalité : l'Histoire de sa constitution et de sa caractérisation. Un narcissisme cognitif, si je puis m'exprimer ainsi. Le sujet se découvre lui-même dans une sorte d'étrangeté qui le révèle plus sûrement à lui-même que tous les discours qu'il tiendrait consciemment sur son propre compte.

À ce rapport de soi à soi s'en ajoute un autre, plus essentiel. Ce ne sont plus les arcanes de la subjectivité qui sont alors en jeu, mais une forme d'expérimentation à laquelle Gilles Deleuze ne songeait certainement pas. Ce n'est plus un « Je » solitaire qui entre en lice, mais ce « Je » qui n'est qu'un « nous particularisé[17] », éprouvant les mêmes sentiments, mû par les mêmes désirs, partageant les mêmes représentations que le reste du public. *Furie* ou *Le Sergent noir*, sur ce point, se rejoignent. Par sa participation à leurs procès narratifs, le spectateur (en communauté de sentiments avec beaucoup d'autres) devient le complice de dénis de justice par manipulation des preuves et déchaînement d'une vengeance destructrice. Lang met davantage l'accent sur ce dernier aspect. Le bilan en est connu depuis longtemps. Le moi adoré y perd quelque peu de sa superbe. Il cesse de se croire unique, exempt de cette noirceur qu'il prête si volontiers aux autres. Ce n'est plus la connaissance de soi comme sujet spécifique qui devient l'enjeu de l'analyse filmique, mais la conscience d'une identité partagée, fondement d'une communauté humaine. Si l'étude du cinéma ou de la littérature n'assure pas un tel accès à soi-même, comment les hommes, et tout spécialement les adolescents, pourraient-ils mettre de l'ordre et de la raison dans le foisonnement anarchique de leurs motions pulsionnelles ? Et, surtout, en faire la critique. La critique en sa juste dérision. L'une des tâches de l'analyse, l'un de ses « pour quoi ».

Quatrième niveau, entre les « intérêts » du film de Le Chanois et ceux de Ford ou de Lang, comment ne pas faire la différence ? À l'aimable famille de Robert Lamoureux, s'oppose le couple non moins sympathique de *La Grande ville*. Qui ne voit combien la fiction

---

17. Je me suis expliqué sur cette formulation dans mon ouvrage *Vivre avec le cinéma, op. cit.*

rayenne ouvre largement ses portes sur l'énoncé de contradictions essentielles, tandis que le récit français se contente d'une petite musique de jour par temps calme ? La valeur d'un film, la valeur du choix d'un film, se mesure à ses effets cognitifs. Encore faut-il songer à ce que connaître veut dire. Ce qui nous conduit vers une autre question, aujourd'hui plus essentielle que jamais : quelles connaissances nous sont-elles primordiales ? Quels savoirs nous faut-il malheureusement oublier ? Culture horizontale et culture verticale entrent de nouveau en conflit.

*

Dans ces conditions, comment pourrait-on congédier la question de la valeur ? Qu'elle soit relative à un champ de recherches considéré, à une perspective analytique ou théorique (malencontreusement ou non soumise aux modes et aux aléas idéologiques), à un changement de paradigme n'y change rien. Elle est toujours là, implicitement résolue, explicitement condamnée. Un spectateur qui hésite sur le film qu'il se propose de visionner, un téléspectateur qui consulte les programmes en font un préalable à tout spectacle futur. Qu'il n'y « ait rien de bien » au cinéma, et l'on reste chez soi. Qu'il n'y « ait rien de bien » à la télévision, et le zappage se substitue à la continuité d'une émission.

Du point de vue du chercheur, la position est-elle acceptable ? Non, puisque la notion de « qualité » attribuée à un film est indéfinissable. Oui, ne serait-ce que par nécessité, il est vrai par l'absurde. Tout film méritant d'être compris, nous n'avons aucune raison, a priori, de préférer tel objet à tel autre. Nulle raison, à l'exception d'une seule : la multitude sans cesse en expansion de ce qui s'offre à nous. Chaque jour, l'étirement de la culture horizontale, l'intensification de la culture verticale nous offrent de nouvelles possibilités d'études. Nos choix, ou plutôt nos sélections, favorisent le monde occidental. Par tradition, habitude... ou simple épuisement de nos forces. Les ouvrages élaborés par les Arabes, les Chinois, les Hébreux, les Indiens, les Perses,... devraient alimenter nos programmes au même titre que nos classiques ou nos préférences du jour. Et bien d'autres encore. Une masse par essence insaisissable dans sa totalité, au moins dans un cadre éducatif ou pour un sujet donnés. Les travaux les plus panoramiques (aux plus larges corpus) ne peuvent tout retenir. Il faut trier, sélectionner, séparer des parties d'un ensemble. Abstraire. N'est-ce pas, inévitablement, redonner le primat à l'intuition, à ce qui semble le plus important à tel moment de l'histoire, pour tel chercheur, dans telle perspective ? De sorte qu'un certain a priori se substitue, au moins partiellement, à ce qui ne devrait être que le produit de l'étude et de conclusions longuement ruminées. Dépassés par l'ampleur de la tâche, que nous reste-t-il à l'exception de notre goût personnel et de l'influence de la conjoncture idéologique, forme collective et comme gauchie du précédent ? Un coup de dés, toujours, confirmera le hasard.

*

Que l'on reconnaisse la diversité des goûts et que l'on respecte ceux qui les expriment est une attitude qui, dans un premier temps, semble la seule raisonnable. Mais une attitude qui se révèle rapidement insuffisante. Que l'on prenne en compte le goût, en tant que manifestation du moi, est d'autant plus une nécessité qu'elle contribue à une meilleure connaissance de nous-mêmes, il n'est plus utile d'y revenir. Mais se connaître ou se reconnaître est-il pour autant synonyme d'approbation ? J'imagine, sans trop de difficultés, qu'un pédophile puisse apprécier certaines images qui me révulsent. Le comprenant, je ne puis ni l'encourager, ni considérer son goût à l'égal de n'importe quel autre. La nécessaire acceptation de la diversité des goûts ne doit pas nous rendre aveugles sur leurs contradictions internes. Au cours de la décennie 2001, le cinéma français en a produit un exemple emblématique, *Bienvenue chez les ch'tis,* visionné par plus d'un Français sur trois susceptibles de se rendre au cinéma. Si le succès public d'un film détermine sa valeur, force est d'élever le film de Dany Boon au rang de chef-d'œuvre inégalé du cinéma français. Qui tiendrait ce langage ? Ni les financiers, ni le réalisateur, je ne puis en douter. Le contraire n'est pas plus exact. L'énorme masse des films ayant réalisé un très petit nombre d'entrées ne constitue pas nécessairement un vivier où fleurit le meilleur du cinéma français. Quels que soient notre mode d'approche du 7e art, nos perspectives de recherche, certaines hiérarchies s'imposent. Sommes-nous définitivement incapables de les justifier de quelque manière ? Un chercheur n'est-il pas de quelque façon requis de le faire ?

L'expérience analytique n'est-elle pas susceptible de nous apporter quelques réponses ? Ce ne serait pas le moindre de ses mérites que de nous permettre de dépasser l'ordre de l'impressionnisme et des effets de conjoncture pour nous confronter à l'évidence d'une certaine inégalité des acquis au terme d'un long travail réflexif.

Nous savons tous combien les films empruntent des sentiers souvent analogues, se répondent les uns aux autres, quelquefois de manière déclarée, par plagiat ou esprit de contestation. L'exemple de *Rio Bravo*, faux remake ou plutôt « rectification » du *Train sifflera trois fois* (*High Noon*) selon Howard Hawks, est dans tous les esprits. Une autre comparaison me semble plus féconde.

Lifeboat et *Pour que les autres vivent* (*Seven Waves Away*, Richard Sale), le premier réalisé en 1943, le second en 1956, forment un diptyque involontaire dont les arguments sont proches de l'identique : des naufragés trouvent refuge dans un (petit) canot de sauvetage – qui devient le seul lieu du drame.

Pour que les autres vivent prend immédiatement ses distances avec son prédécesseur. Il modifie la situation initiale en la rendant incontestablement plus dramatique. Prévu pour neuf personnes, ne pouvant en accueillir qu'une quinzaine en extrême limite, le bateau ne peut accepter à son bord plus de survivants. Munis de gilets de sauvetage, les naufragés doivent se relayer dans la mer. Une tempête se fait menaçante. Le canot est trop lourd. Il faut prendre une décision : sacrifier la moitié des passagers afin de maintenir les autres en vie.

Dans la notule qu'il consacre au film de Richard Sale, Alain Paucard se montre très positif. « Le film, d'une rare violence qui culmine dans l'époustouflante scène d'évacuation des faibles, relègue *Lifeboat* au rang d'aimable bluette ». Une révision des valeurs à laquelle on est tenté de souscrire dans le moment du spectacle. Dans le film d'Hitchcock, aucun des personnages (à l'exception du nazi) ne doit assumer la terrible responsabilité qui incombe au capitaine de 1956. Par effet de contraste, l'humour aidant, la situation de ces naufragés semble presque paisible. Émotionnellement, la hiérarchie semble indiscutable.

La caractérisation des personnages est cependant très inégale d'une œuvre à l'autre. Dans le film de Sale, les protagonistes ne se différencient guère que physiquement ou par la déclaration nominale de leurs statuts sociaux respectifs. Ces derniers ne comptent guère dans les relations qui se nouent au cours du voyage. Chez Hitchcock, les distinctions de classe, de personnalité et, bien entendu, de nationalité, sont autant d'acteurs d'un drame dès lors rendu très évolutif. Dans *Pour que les autres vivent*, tous les éléments de la dramaturgie sont donnés dès le départ. L'enjeu se résume à une seule (et fausse) alternative : hâter ou provoquer la mort d'une douzaine de personnes pour en sauver à peu près autant. Rationnellement, pragmatiquement, le capitaine n'a pas le choix, les dialogues le rappellent à plusieurs reprises. Refuser la violence d'un sacrifice partiel, horrible mais nécessaire, n'est qu'une façon de se laver les mains du pire, l'immanquable extermination de tous. Une manière de « ni, ni » : ni en tuer quelques-uns, ni les laisser vivre ; les laisser tous mourir pour n'en sacrifier aucun. Une option qui, narrativement, tournerait court. Le canot, surchargé, bousculé par la tempête, chavirerait bientôt et, après quelques bouillonnements, disparaîtrait au fond de la mer en ne laissant que la surface de l'eau, indifférente. Un plan dont *Lifeboat* ne fait nullement l'économie. Dans le cas contraire, la seule raisonnable, toute la question est celle des critères de choix. Quelles victimes *faut*-il désigner ? Le capitaine privilégie ceux qui ont une chance de rester plus longtemps en vie ou de contribuer à la bonne marche du bateau. Ce qui, pour être terrible semble la seule solution possible. Un impératif qui clôt le débat. Une conduite dont on pourrait faire une maxime universelle ?

En octobre 1972, à l'occasion d'un crash d'avion dans la Cordillère des Andes, les survivants avaient résisté pendant soixante-dix jours au froid polaire en se partageant la chair crue des cadavres. Qui songerait à les condamner ? Manger ou ne pas manger la chair des autres, telle était d'autant moins la question qu'il leur fallait survivre. Des réactions instinctuelles se mettent certainement en place qui modifient la perception du corps des autres. Mais on peut en imaginer le prix. Combien de temps pour se décider ? Comment peut-on supporter l'ingestion de ses compagnons de vol ? Et pour quelles conséquences psychiques, sans doute marquées pour la vie ?

Tout est alors question de « point de vue émotionnel ». Un point de vue qui ne peut être uniquement celui du spectateur puisque celui-ci n'est pas vitalement impliqué dans la situation. Mais un point de vue qui fait obstacle aux conseils de la raison chez des naufragés tous animés du même désir de vivre. Tel est (ou devrait être) le vrai moteur du drame. Avec toutes les lâchetés, les traîtrises, les reniements, les hypocrisies, les alliances et les retournements d'alliance, les fausses bonnes raisons et les bonnes fausses raisons, les arguments spécieux dont on imagine aisément le principe. Le vrai sujet du récit n'est donc pas de savoir s'il faut ou non sacrifier des vies, mais l'étude du comportement des uns et des autres face à l'inéluctabilité d'une désignation des victimes. Or, n'est-ce pas le point le moins abouti du récit ? Le réalisateur ne le traite que ponctuellement, pour en abandonner aussitôt le terrain. Le groupe des naufragés est trop uni contre son chef pour qu'il en soit autrement. La mention graphique « Coupable ou innocent » qui apparaît en surimpression sur la dernière image n'est que le prolongement du « ni, ni », caractéristique des naufragés. Sa seule présence (exemple typique de lourdeur) montre combien le personnage du capitaine est seul mis en cause.

Tous mourir ou survivre par moitié, peut-on durablement hésiter ? Blessé, le capitaine se jette à l'eau en se soumettant à la loi qu'il a édictée, et qui n'est qu'un principe de survie transcendant à toute volonté individuelle. En se centrant sur une question pragmatiquement résolue d'avance, le récit ne traite que d'un faux problème et occulte celui qui se dessine à la fin : pourquoi les passagers se retournent-ils unanimement contre celui qui les a maintenus en vie en leur permettant de ne pas endosser la responsabilité de ce qui les a sauvés ? La réponse est immanente à la question.

Lifeboat, film assez mal accueilli à sa sortie, n'est pas seulement un défi formel, mais un film politique directement au service de ce que l'on peut appeler les tâches de l'Histoire. À son niveau le plus élevé, il est essentiellement métaphorique. Dès son générique. La cheminée d'un navire s'enfonce inexorablement dans la mer, ne laissant bientôt place qu'à quelques tourbillons. Le calme revenu, apparaît un canot de sauvetage, perdu au milieu de la brume, immobile, sans locomotion ni direction, avec à son bord une élégante jolie femme préoccupée par l'un de ses bas, outrageusement filé. Tout le récit confirmera ce qui se met rapidement en place : un petit monde divisé, incapable de s'orienter, traversé par des antagonismes de classe qui dressent ses membres les uns contre les autres. Seul, le nazi possède une boussole ; seul, il oriente ce petit monde ; seul, il sait où il va. La datation de la fiction est double : 1943, pour l'action en cours ; 1938 et Munich, pour ce qu'elle représente : une Europe désunie, incapable de se rassembler au risque de se laisser anéantir (engloutir) par le péril hitlérien. La menace, d'ailleurs (je l'ai déjà signalé), se réalise fugitivement. Pendant quelques secondes, la mer recouvre entièrement le bateau. Le spectateur éprouve l'amère, et semble-t-il, définitive sensation du naufrage corps et biens de tous ses occupants. Une sanction pour leur manque de rationalité.

« Ce qui a rendu les critiques américains si véhéments contre le film est que j'avais montré un Allemand supérieur aux autres personnages[18] », constate Hitchcock. Supérieur, l'officier nazi l'est incontestablement sur un certain nombre de points cruciaux, notamment lorsque le canot est sur le point de sombrer au milieu de la tempête. Confronté à ce risque majeur, l'Allemand, seul, garde la tête froide, tient la barre, multiplie les conseils (« retenez la voile, écopez, arrimez la nourriture »), et, pour commencer, leur intime cet ordre de parfait bon sens : « ne pensez pas à vous-mêmes mais au bateau ! » À cet instant tous cèdent à la panique ou consentent déjà à la mort, y compris en un fougueux baiser. « C'était un microcosme de la guerre », déclare Hitchcock. Remarque oh combien pertinente, signe de la parfaite conscience que le cinéaste se faisait de son film[19].

Les attaques contre le film d'Hitchcock ne sont-elles pas à la mesure des louanges adressées au film de Sale ? De part et d'autre, n'est-ce pas l'émotivité que l'on privilégie, l'irrationalité promue au statut de référence pour la conduite humaine ? Avec, dans chaque cas, une dose énorme d'hypocrisie et de bonne conscience, le refus de toute analyse concrète d'une situation concrète dont l'un des maîtres de l'émancipation (déclarée) du genre humain fit au siècle dernier l'une de ses maximes.

---

18. *Le cinéma selon Alfred Hitchcock*, Paris, Éd. Robert Lafont, 1966, p. 115.
19. *Ibidem*. Pour une analyse plus complète de ce film, voir mon ouvrage *La théorie de l'art au risque des a priori*, op. cit., p. 76 à p. 80.

Entre les deux films, la différence de valeur est donc qualitative autant que quantitative.

Quantitative, car le film d'Hitchcock se révèle à l'analyse beaucoup plus riche que celui de Sale sur un grand nombre de questions (historiques, politiques, idéologiques et surtout éthiques). *Pour que les autres vivent* se résume à une seule, condensée dans sa mention finale.

Qualitative, puisque l'un des deux films esquive le questionnement que sa fiction découvre, tandis que l'autre la décline sous ses différents aspects, quitte à déplaire aux mieux pensants, ainsi que l'accueil critique en attesta lors de la sortie du film. Hitchcock (comme tous les grands cinéastes, je le répète) fait le procès de « tous » ses personnages, nazi, capitaliste, prolétaire, à commencer par celui de la journaliste éprise de sensationnel, et dont le comportement au début du récit est la métaphore d'un certain cinéma spectaculaire, auquel certains commentateurs réduiraient volontiers les films du « maître ». Il ne charge pas l'un d'entre eux pour excuser tous les autres. Il tire une leçon de l'histoire (pour lui récente) et prend la mesure de responsabilités politiques à une échelle collective. Tout ceci avec un sens de l'invention visuelle qu'il n'est plus besoin de souligner, une admirable maîtrise des idéologies qui s'affrontent... et un si parfait humour ! Que l'ouvrage soit sans prétention, peut-être, et ce serait tout à son honneur. Qui, de ces deux ouvrages, nous enrichit le plus de ses possibles réflexifs, c'est à l'analyse d'en décider. Et de décider, aussi, de l'affinement de notre goût.

Ne pas avoir conscience de son sujet, ne pas le maîtriser, le contourner ou le fuir, sont des attitudes au monde de la scénarisation-réalisation les plus communes qui soient. L'expérience nous le rappelle quotidiennement : penser son objet au plus juste, loin de toutes les approximations et de tous les évitements, ne se conquiert que tardivement. Le premier critère de la valeur d'un film n'est-il pas celui de la pertinence et de la hauteur de pensée à laquelle il permet à ses spectateurs d'advenir ? Ce que l'on peut également appeler « vérité ».

Nous retrouvons le principe déjà énoncé à propos du film de Mizoguchi : celui d'une formation et d'une élévation de l'esprit.

L'intrusion des goûts personnels est une erreur tant qu'elle est assumée à la manière d'un absolu, ce sur quoi il ne faudrait surtout pas s'interroger. Une position de défense, et même de repli, qui se clôturerait sur elle-même en une sorte d'autisme. Un « de ce qui me plaît, je ne veux rien savoir qui me serait déplaisant ». Une question qu'il faudrait retourner en une autre : « de ce plaisir que puis-je faire ? Où peut-il bien me mener ? ». Et, pour commencer, à quelles interrogations me conduit-il ? Celle, finale, du film de Sale dont les protagonistes se lavent de toute forme de responsabilité au préjudice d'un bouc émissaire ? Celle, synthétique, du film d'Hitchcock où les malheureux naufragés, écœurés par le comportement des nazis, font l'expérience de leur propre aptitude au lynchage ? Deux questions que l'on pourrait unifier en une dernière : d'un récit à l'autre, avec quel « moi » suis-je convié à vivre ? La question définitive n'est-elle pas celle-ci : de quelles représentations avons-nous besoin pour vivre ? La culture, en tant qu'elle se forge constamment en de nouveaux opus, répond à notre besoin de disposer de représentations afin de substituer aux comportements pulsionnels, qui sont généralement les nôtres, des attitudes façonnées et guidées par un retour réflexif sur eux-mêmes. Leur valeur n'est plus ornementale, mais existentielle.

Chapitre IV

Le pourquoi...

« La société de masse ne veut pas
la culture mais les loisirs. »
Hannah Arendt

« Le plaisir est le but, pas toujours le chemin. »
André Comte-Sponville

Tout analyste devrait être en mesure de justifier ses choix. À ses débuts, il est à peu près certain qu'il n'y parviendra pas. Si ce n'est par des apparences et des faux-semblants. De même que l'on ne découvre le sujet d'un film qu'au fur et à mesure qu'on le tourne, on ne comprend la rationalité de ses goûts que progressivement, au fil des études et des essais qui n'en sont que le prolongement au départ inconscient. Tout être vivant suit une logique qui le dépasse, et dont les origines se sont à peu près certainement cristallisées au long de ses très jeunes années. Par les multiples rapports que le hasard, l'environnement, la famille ont bientôt fixés comme autant de conditionnements avec lesquels il lui faut bien vivre.

Une justification peut-elle être seulement subjective ? Que nous aimions quelque chose ne prouve rien quant à sa valeur, sinon pour nous-mêmes. Quelquefois très passagèrement. Entre les effets de mode, les pressions du milieu, le terrorisme des dominants, les risques d'ostracisme aux multiples incidences, l'authenticité de ce que nous éprouvons, et surtout proclamons, semble précaire. Pouvons-nous toujours nous en prévaloir ? Que les séries de télévision aient supplanté les films de cinéma sur le petit écran n'est ni le signe du déclin artistique du 7ᵉ art, ni celui de la qualité nécessairement supérieure desdits ouvrages. Je ne puis que le répéter, la première question qu'il convient de se poser est celle du programme de plaisir inhérent à un ouvrage ou type d'ouvrage particulier. Selon le particularisme des genres. Les analyses de contenu, si décriées, n'en sont que plus nécessaires. Elles expliquent notre fascination et qualifient notre jouissance. Dans le cas des séries, elles tiennent, d'abord, à la sempiternelle réédition du même. Le plaisir tend à la répétition. Des satisfactions secondaires se greffent sur des procédures narratives réglées comme des métronomes (manichéisme, revanche du « Bien » sur l'omniprésence et l'omnipotence du Mal, besoin de justice alimenté par des sentiments de vengeance et de haine, assurance d'une fin heureuse, etc.). Elles ne sont pas nécessairement en accord avec les meilleures images que nous puissions nous faire de nous-mêmes. Lang en a justement tenu le procès. Mais elles peuvent se comprendre, offrant une sorte de réparation à un public subissant dans l'ordinaire de ses jours la part d'injustice et de frustration inhérente à toute vie humaine.

Un autre argument minimise l'importance du libre choix du goût sur le terrain de la connaissance. Compte tenu de la diversité des hommes, il ne peut que donner naissance à une multitude d'études centrées sur elles-mêmes, n'ayant d'autre fin que la légitimation d'attachements personnels. Les travaux se succèdent, s'ajoutent les uns aux autres comme autant d'atomes qui n'auraient d'autres fins que leur propre logique interne. Peut-être le déclin des analyses d'auteurs et de films vient-il de là : la crainte, justifiée, de se perdre dans des particularismes dont toute perspective globale serait absente.

Ce risque d'éclatement et d'atomisation des « points de vue » est d'autant plus contraignant que nous vivons à une époque de grande confusion des valeurs. À la fin des années 1950, au début des années 1960, venus de multiples horizons, s'imposaient des critères sélectifs et des considérations hiérarchiques qui maintenaient une ligne de partage (par essence toujours critiquable) entre le cinéma de divertissement et celui, très minoritaire, que l'on s'efforçait encore de légitimer comme un art. Passant, globalement, d'une indéniable rareté adéquate à son mode de diffusion plus ou moins confidentiel (pour une partie non négligeable de lui-même, les séances de ciné-club nécessairement espacées dans le temps), le 7e art s'est imposé sur le réseau commercial par le truchement du mouvement art et essai et son mode d'exposition journalier. Afin d'alimenter les salles en films – pour des écrans toujours plus nombreux –, il lui devenait indispensable de ne plus se montrer aussi rigoureux qu'à ses débuts. Il devait élargir le cercle de ses reconnaissances, situation d'ailleurs facilitée par l'inévitable indétermination de son concept.

Cette évolution appartenait d'autant plus à l'ordre des choses que de nombreuses forces sociales y contribuaient. Non seulement le secteur de l'exploitation cinématographique auquel le label art et essai ouvrait un nouveau marché, mais les spectateurs dans leur nécessaire diversité. Tous les goûts tendent à se faire valoir, à l'égal de n'importe quels autres. Pourquoi les amateurs de série « B » ou de cinéma bis accepteraient-ils le déclassement de leur genre de prédilection, conformément à la lettre de l'alphabet qui les spécifie ? Selon un système de défense bien connu, ils lui confèrent d'autant plus de valeur qu'ils le savent contesté. Le respect des différences, le souci égalitaire, la massification de la production élargissent quasi indéfiniment le champ de la légitimité culturelle. Puisque tous les films procurent du plaisir, les films les plus aimés dans la spontanéité de leur première vision ne paraissent-ils pas d'autant plus estimables que leur fraîcheur rend celle-ci plus intense ?

Un argument qui ne résiste guère à l'analyse. Que le spectateur d'un film « X » ressente un certain degré d'excitation et de satisfaction voyeuriste, comment le lui disputer ? Mais, notifiant ainsi sa jouissance, n'en énonce-t-il pas la limite ? Il n'est de plaisir que dans une singularité qu'il convient de spécifier. Aussi est-ce sa nature et son degré d'élévation qu'il nous faut interroger ?

Force est de le constater, la philosophie ne s'est guère interrogée sur cette question. Ne regarde-t-elle pas, majoritairement, le plaisir d'un œil méfiant, voire carrément hostile ? La situation est-elle si différente au cinéma ou dans la littérature ? « Le bonheur n'est pas gai », fait dire

Max Ophuls au chroniqueur du *Plaisir* (Jean Servais), en s'écartant brutalement des dialogues de Maupassant auxquels il s'était montré jusqu'alors étonnamment fidèle. Si entre le romancier et le cinéaste, le statut du plaisir n'est certainement pas le même, leurs pessimismes se valent. Il faudrait écrire l'histoire du plaisir – ou plutôt du déplaisir –, et s'étonner du discrédit qui lui est trop souvent octroyé dans le champ artistique ou philosophique. Le monde du spectacle, pourtant, lui doit son public. Et une grande partie de sa raison d'être.

*

Toutes les histoires, dit-on, ont déjà été écrites. Elles seraient en nombre limité et donc quantifiable. Une proposition que j'ai contestée au nom du perpétuel mouvement du devenir. Comment maintenir une constante dans un monde en continuel changement ? Sans doute le désaccord n'est-il qu'apparent, et confond-on les procédures avec la substance des œuvres. Le monde se transforme, et celle-ci avec lui, à moins de tomber dans un académisme définitif. Les comédies de mœurs en portent singulièrement la marque. Peut-on filmer une histoire d'amour aujourd'hui comme hier ? Murnau l'affirme, dès le générique de *L'Aurore*, en refusant à ses protagonistes d'autres désignations que « l'homme » ou « la femme ». Renoir s'y refuse, dès le début de *La Règle du jeu*, en prenant en compte l'évolution technique et son incidence sur les relations amoureuses : par la radio, avec laquelle tout se sait, et se sait immédiatement (la télévision en a radicalisé le procès) ; par la notification de nouveaux modes de juger, et même de désirer, les rapports entre les sexes. La modernité du film tient, aussi, à ces relations de substance. Il est intéressant de constater combien les sociétés n'évoluent que très inégalement sur toutes ces questions, fortement divisées selon les pays, les traditions, les coutumes, les religions, les degrés de civilisation, voire connaissent des régressions... comme il en est de même pour le cinéma.

Un exemple plus actuel de renouvellement des « questions de substance » nous est imposé par ce qui est en train de devenir l'un des grands défis de l'humanité : « la collision avec les limites de la Terre », selon l'heureuse expression d'André Lebeau[1]. En quelques

---

1. André Lebeau, *L'enfermement planétaire*, Paris, Gallimard, coll. « Folio actuel »,

centaines d'années, par une croissante accélération[2], nos facultés de penser nous ont permis de tirer des avantages inouïs de la structure matérielle de notre minuscule fragment d'univers. Des avantages dont la perpétuation et l'extension à l'ensemble de la planète excèdent, désormais, la possibilité de renouvellement. L'homme ne peut survivre que dans une infime portion du monde, proportionnellement plus réduite que le film plastique dont un maraîcher entoure ses pastèques. Conformément au procès de contradiction qui gouverne toutes choses, ce qui nous a libérés de nombreuses contraintes nous y assujettit de nouveau, au point de nous menacer dans notre existence. Situation inédite dans sa radicalité, notre survie dépend, et dépendra de plus en plus directement de notre pensée, c'est-à-dire de notre culture dans les décisions qu'elle ordonne. « Considérer la culture comme un domaine parmi d'autres, ou comme un moyen d'agrémenter la vie pour une certaine catégorie de personnes, c'est se tromper de siècle, c'est se tromper de millénaire. Aujourd'hui, le rôle de la culture est de fournir à nos contemporains les outils intellectuels et moraux qui leur permettront de survivre », note pertinemment Amin Maalouf[3]. « Le rôle de la conscience humaine est désormais primordial pour le salut de la planète », remarque, pour sa part, Edgar Morin[4]. Nous devons changer de paradigme. En ce sens, nous sommes incontestablement des « êtres-pour-la-liberté », des êtres dont les facultés de penser mettent en jeu, non seulement leur asservissement ou leur émancipation, mais le maintien ou l'effondrement de leurs conditions de vie.

Lebeau estime que « les réactions d'un individu aux événements contingents sont gouvernées à la fois par sa spécificité génétique et par le contenu de sa mémoire neuronale, ce que, par commodité,

---

n° 147, 2011, p. 328.
2. « Si l'on ramène l'âge de l'Univers à une journée de vingt-quatre heures, la présence de l'homme se manifeste dans les cinq dernières secondes et l'explosion technique et démographique occupe le dernier centième de seconde », *Ibid.*, p. 368.
3. Amin Maalouf, *Le dérèglement du monde*, Paris, Le livre de poche, n° 31979, 2010, p. 203.
4. Edgar Morin, *La méthode 6. Éthique*, Paris, coll. « Points Essais », n° 555, p. 217.

nous appellerons l'acquis culturel[5] ». Au titre de la première, il retient, notamment, « la tendance à former des groupes hiérarchisés [qui] découle, au niveau de l'individu, de l'établissement de relations de dominance[6] ». Ce qui le conduit à cette interrogation (qui intéresse inévitablement le cinéma et l'analyse de films) : « les idéologies, qui sont des contenus culturels présents chez les individus d'un groupe, sont-elles capables de faire plier les déterminations de l'espèce, ou sommes-nous condamnés à céder aux tendances innées qui nous poussent à l'affrontement, quitte à aménager nos prescriptions culturelles par des interprétations appropriées ? ». Il ajoute : « Cette question est d'une importance capitale dans toute tentative pour construire une vision de l'avenir[7] ». Une question, ai-je envie d'ajouter, qui résonne singulièrement au contact d'une actualité qui se fait de plus en plus récurrente. Celle, par exemple, de la violence de nos cours d'école, où les pulsions de dominance gouvernent les esprits de jeunes adolescents au point d'en faire des meurtriers. L'éternel fantasme d'un désir de toute-puissance qui entend soumettre le comportement de l'autre à son diktat et le condamne au dépérissement s'il refuse de s'y plier. Comment ne pas insister sur la multiplication des faits-divers dénonçant les agressions d'adolescents, voire d'enfants, sur leurs pairs ? Autant de témoignages de cette bonne conscience dans le mal, par laquelle un sujet quelconque s'octroie suffisamment d'autorité subjective pour imposer aux autres ses propres convictions, « naturellement » idéalisées en critères absolus du Bien.

« Ne plus céder aux tendances innées qui nous poussent à l'affrontement, faire plier les déterminations de l'espèce », tel est donc le rôle que l'auteur réserve à la culture, en la rendant désormais responsable de notre salut. « Salut », non pas au sens métaphysique du terme, tout à coup presque frivole, mais dans sa signification la plus obvie : ce qui nous sauve de la mort (physique). Faire plier les déterminations de l'espèce implique que nous soyons capables de renoncer à certaines motions pulsionnelles auxquelles nous sommes

---

5. André Lebeau, *op. cit.*, p. 160.
6. *Ibid.*, p. 173.
7. *Ibid.*, p. 269-270.

particulièrement attachées (ou, au minimum, de les infléchir), sans doute aujourd'hui plus qu'hier par une certaine ironie de l'histoire. À l'heure où notre salut est plus menacé que jamais, ne nous serions-nous pas engagés dans des voies existentielles qui le rendent de plus en plus improbable ? Il semble que oui. L'aptitude de l'homme à son auto-destruction n'est plus à démontrer. « Dans une perspective historique, la guerre apparaît comme une composante permanente – on est tenté de dire normale – de l'activité humaine. Les peuples nomades qui parcouraient les steppes d'Asie ne faisaient pas la distinction entre l'état de paix et l'état de guerre. Ce n'est que très progressivement que la guerre a revêtu ce caractère de crise et d'affrontement entre États-nations qui a culminé dans les guerres mondiales de 1914 et de 1940[8]. » Prononcée devant un parterre d'étudiants européens de ce début de XXIe siècle – ceux qui n'ont connu que la paix –, l'exposition d'un tel état de fait ne recueille que de l'incrédulité, ou un brutal refus. Élevés dans une région pacifiée, sans doute veulent-ils croire à l'existence d'un « Homme de bonne volonté » – de bonne volonté naturelle –, en dépit de la violence grandissante des milieux urbains où il leur est donné de vivre... et quelquefois de mourir prématurément. Une idée n'a pas besoin d'être vraie pour se répandre, et surtout s'imposer. Parfois, sa radicale fausseté est la condition de sa survivance. « Ce qui fait le pouvoir d'une idéologie, remarque encore Lebeau, c'est qu'elle puisse s'exprimer sous des formes simplistes et aptes à se propager aisément[9]. » Tel est l'autre constat : le succès d'une idée n'en prouve ni la vérité, ni l'utilité pour l'espèce humaine. Le dernier film des frères Dardenne, *Le Gamin au vélo*, montre, s'il en est encore besoin, combien le sujet humain est un être sous-influence. Son désir de respect et de considération le conduit jusqu'à la négation de la dignité et de la vie humaine. Le sujet s'affirme, ici, comme un « être-pour-la-mort », tout à fait capable de se placer sous des directives absolument contredites par les faits, et porteuses de son propre anéantissement. Le XXe siècle en fut un grandiose laboratoire.

---

8. *Ibid.*, p. 259.
9. *Ibid.*, p. 183.

*

De nombreux films – d'excellents films – ont été (et seront) consacrés aux deux conflits mondiaux, quelquefois pour en dénoncer les horreurs, le plus souvent pour en illustrer les exploits (agents secrets, commandos d'exception, actes de bravoure, batailles douloureusement gagnées). Il est plus agréable de glorifier le passé que de le regarder dans la totalité de ses aspects, il est vrai toujours inachevée pour l'esprit. Mais le cinéma n'est pas UN, c'est là le fait le plus important. Parler de quelque chose comme « Le » 7ᵉ art est de ce point de vue absurde. Certains films, souvent parmi les meilleurs, contestent et combattent ce dont beaucoup d'autres font le clou de leur spectacle – et de la jouissance de leurs spectateurs. À la différence d'un modèle assez dominant, leurs fictions ne se réjouissent pas de la mort de l'adversaire[10]. Elles font preuve de magnanimité à l'égard de tous les combattants. Elles en appellent à la réconciliation et à l'entente cordiale entre les hommes. Quel que soit leur camp, elles ménagent l'adversaire dans l'espérance d'une éradication de la guerre. Notons-le, au vu de l'Histoire, elles ne sont pas « réalistes ». Elles « veulent » ce dont la civilisation offre un cinglant démenti. Qu'elles soient, ou non, naturalistes en termes esthétiques, elles n'imitent nullement la vie. Elles la devancent. Depuis longtemps déjà, elles proposent ce que le développement actuel des économies mondiales et nos idéaux de justice et d'égalité rendent plus que jamais nécessaire.

La dernière séquence des *Sentiers de la gloire* en est l'un des plus beaux fleurons. Aux relations de dominance spontanément mises en jeu par les soldats français durement éprouvés par les bombes et les balles allemandes, la fiction oppose une « représentation à valeur implicitement prescriptive ». Elle n'intervient pas dans le monde

---

10. Un exemple caractéristique nous est donné par le film de John Ford, *Patrouille en mer* (*Submarine Patrol*, 1938). Dans ce film, un chasseur de sous-marin coule un bâtiment allemand. « On ne fait pas la fête », demande un homme d'équipage, satisfait du combat. « Non », répond sèchement un autre avant de se mettre au garde à vous et de saluer. En quelques plans de très courtes durées, officiers et matelots font de même avec, en sourdine, un discret accompagnement musical et le son d'une cloche qui tinte doucement avant de mourir dans un fondu au noir. L'heure est solennelle ; la mise en scène, tout le contraire.

matériel, immédiatement hors de sa portée (*Les Sentiers de la gloire*, pas plus que beaucoup d'autres films, dits pacifistes, n'ont empêché la perpétuation des conflits guerriers, ni le renouvellement de certains génocides, qualitativement aussi atroces que ceux dont on avait cru se débarrasser), mais sur celui de l'esprit. L'esprit en tant qu'il est assujetti à des attitudes-réflexes qu'il est assez raisonnable d'attribuer à cet héritage génétique (dont parle Lebeau), et dont les différentes strates de notre cerveau accréditent fortement l'hypothèse. Se confirme, alors, le domaine d'intervention de la culture : énoncer, propager, graver dans la mémoire neuronale, comme avec un poinçon, des conseils, consignes, élaborations idéelles capables de se substituer aux automatismes génétiques et d'imposer leur pouvoir décisionnel aux orientations humaines. Collectivement autant que personnellement. L'éthique *versus* le génétique.

*

Je le disais, aucun film n'en remplace tout à fait un autre. Toutes les œuvres se positionnent de façon différente, selon la dialectique de l'apollinien et du dionysiaque. Certaines élaborent et développent ce que d'autres minimisent ou refoulent, dans un mouvement d'affirmation et de négation qui les englobe toutes. Le film de Howard Hawks, presque homonyme de celui de Kubrick, *Les Chemins de la gloire* (*The Road to Glory*), situé dans le même contexte (le premier conflit mondial, côté français), ne manque ni de beauté, ni de grandeur, celle-ci contribuant largement à celle-là. À sa manière, il souscrit, lui aussi, au programme défini par Lebeau. Mais Hawks construit un monde de pure idéalité dans lequel l'identité d'un sujet se résume à sa place dans le système de la guerre. Un homme, « là pour-le-devoir », dans l'emprise presque parfaite sur toute autre sollicitation ou aspiration, à commencer par celle d'une libido qui ne figure dans la fiction que pour y être sublimée. C'est-à-dire, « volontairement » frustrée. Dans ce film, Hawks commande et recommande la maîtrise de soi et l'abnégation de façon non-dialectique : sans en inscrire, de façon concomitante, la négation critique. Il ignore (sans doute plus qu'il ne l'occulte sciemment) ce que le film de Kubrick place au premier plan : l'étude critique de la rationalité d'un système d'assujettissement où l'honneur et le sacrifice servent moins l'intérêt général que celui d'une petite classe de prédateurs particulièrement cyniques. En bloquant l'expression de la libido, son récit ruine toute espérance d'un dépassement des antagonismes, même s'il ne les exacerbe pas en tant que tels. Si la narration n'entretient nullement la haine de l'adversaire (il en ignore jusqu'au principe), il ne la combat pas. Ce qui la laisse intacte dans l'esprit du spectateur, à l'instar d'une simple potentialité qui ne demanderait qu'à refleurir. Nous pourrions imaginer le remake de son film, version allemande. Les deux fictions exemplifieraient des vertus et des comportements identiques. Elles conduiraient leurs personnages à des actions similaires, pour d'égales mises à mort (d'eux, comme de leurs ennemis). À chaque fois, « pour l'honneur ». De sorte que l'on verserait, dans l'un et l'autre camp, les mêmes larmes pour les mêmes motifs. Pour avoir emprunté le même « chemin de la gloire ».

On voit ce qui fait défaut au cinéma de Hawks : le sens social des choses, la connaissance et la mise en œuvre (cinématographique) d'un système de domination dont il ne filme que l'un des effets. Un effet que l'on peut dire aliéné. D'une certaine façon, ses personnages ne savent pas ce qu'ils font ; ils ignorent ce à quoi ils servent. « Finalement ». Que Hawks exalte le souci de la collectivité, la conscience d'une tâche circonstancielle à laquelle il faut conjoncturellement se soumettre est, à l'inverse, ce dont le film de Kubrick altère la part de nécessité. Pour cette raison, *Les Sentiers de la gloire* ne sont pas tout à fait dénués d'idéalisme. Le terme est utilisé dans un sens volontairement critique. Il désigne tout processus dont la dynamique reposerait sur de seules idées, méconnaissant les forces matérielles, internes comme externes aux individus, qui seules peuvent la susciter. En appeler à la générosité et à la réconciliation entre les hommes est une bien noble cause, à laquelle on ne peut que souscrire. Par le langage, ou dans le moment ému d'un spectacle, c'est-à-dire sans conséquence sur la vie pratique. Prohiber ou dévaloriser tout ce qui s'y oppose, comment ne pas se féliciter d'un tel programme, par ailleurs affectivement et narcissiquement si réconfortant ? Mais, pourquoi des personnages renonceraient-ils durablement, ou définitivement, à une pulsion de dominance si profondément ancrée dans leur cerveau, et ce pour leur plus grande jouissance ? Pourquoi les humains changeraient-ils d'attitude ? Pourquoi les nations s'engageraient-elles dans une voie si contraire à leurs habitudes ? En un mot, pourquoi changerait-on de culture ?

*

Je dois me soumettre à la règle que j'ai proposée au début de chapitre : exposer et justifier mes choix. Je ne puis que me référer à mes propres travaux et remettre sur le chantier ce que je me suis déjà efforcé de mener à bien. Ce n'est qu'une formule. Tout est perfectible. Nous savons combien les grandes œuvres de l'art sont inépuisables.

Un analyste doit être un chercheur. Il doit en avoir l'obstination, en souffrir l'insatisfaction. Nous ne pensons que très lentement, le plus souvent de façon atomisée et conséquemment réductrice. De multiples brouillons ont précédé ce texte. Pour ne pas être abandonnés, mais dépassés. Un essai n'en remplace pas un autre pour cause de fautes de grammaire ou d'orthographe. Plus radicalement, il se révèle inexact ou de fausse piste. Mal pensé, et donc obsolète. Une pensée plus exacte advient à l'esprit de l'analyste et se substitue à l'ancienne. Dans l'attente de se voir à son tour déclassée ?

Je ne me répéterai donc que partiellement. J'espère aller plus loin que je n'avais jamais été. C'est à ce prix que la spécificité du travail d'un auteur peut être comprise. À ce prix, aussi, que la notion d'auteur prend fondamentalement sens.

Deux questionnements ont, jusqu'à présent, été laissés en friche. Voici l'occasion de m'y confronter :
1. Peut-on, doit-on distinguer plusieurs niveaux d'analyse filmique ? Le terme même a-t-il un sens ?
2. Peut-on définir certains critères de définition du cinéma d'auteur ? Une question à laquelle on ne peut répondre sans avoir préalablement consacré de longues heures à la compréhension au moins de l'un d'entre eux, ou plutôt de plusieurs ? Autre justification de mon retour en arrière.

Sans surprise, dans la catégorie des films de guerre sur laquelle je me suis penché jusqu'ici, deux ouvrages m'apparaissent plus importants que les autres, *La Grande illusion* et *Le Caporal épinglé*. Le premier est unanimement célébré, le second non moins unanimement ignoré ou méprisé. La discussion semble close, toute remise en chantier inutile et presque ridicule. Les deux opus forment cependant un diptyque, culturellement non reconnu, mais que la problématique du film d'auteur m'oblige à considérer comme tel. Ce qui me conduit à un autre constat. Tant que la question du sens d'un film n'a pas été étudiée dans ses aspects les plus secrets, celle de sa valeur, ou de l'importance qu'il faut lui reconnaître à l'intérieur d'un champ considéré, ne peut être décidée que formellement. Une question qu'il est scientifiquement, et démocratiquement, plus agréable de refouler, mais à laquelle l'incessante extension de la culture horizontale nous confronte immanquablement. À moins de s'aveugler, plus ou moins hypocritement.

Une première raison, toute subjective, me fait apprécier ces films plus que d'autres. Dans les séquences de combat, morceaux de bravoure du genre, c'est le cas de le dire, je ne puis assister à l'extermination des soldats ennemis sans penser à ceux qu'ils laissent derrière eux, parents, femmes, enfants,... et pour commencer eux-mêmes, dans leur irrépressible désir de vie. Il en est de même pour les westerns. Les Indiens y tombent souvent comme des mouches. *La Chevauchée fantastique* (*Stagecoach*) n'en est pas exempte. Ce beau film où triomphent de beaux sentiments. Par-delà ce point de vue, lui aussi sentimental, une autre raison se profile. Par leurs procédures narratives centrées sur un seul peuple ou un seul camp, ces films nous laissent indifférents aux autres. Je ne crois pas que l'on puisse maintenir longtemps une telle attitude. Edgar Morin en appelle à « un nouveau système d'éducation, fondé sur l'esprit de reliance [qui] permettrait de favoriser les capacités de l'esprit à penser les problèmes globaux [et] mettrait à sa racine l'éducation à la compréhension entre personnes, entre peuples, entre ethnies[11] ». Penser globalement, cela signifie que l'on ne peut définitivement plus étudier le cinéma comme un ensemble clos. L'analyse filmique doit embrasser, autant que faire se peut et que le peut un analyste, la totalité de ce qu'un film désigne (un principe vertueux dont j'ai déjà parlé).

Marquons une pause et faisons un petit point de théorie. Comment peut-on découper analytiquement un film si l'on ne précise

---

11. Edgar Morin, *op. cit.*, p. 216.

pas les significations qu'il suggère ? Seule l'analyse justifie le mode de segmentation. Aussi cette activité ne peut-elle demeurer formelle et se dire indifférente à la question du sens.

S'agissant de *La Grande illusion*, je m'appuierai (de nouveau) sur l'une de ses séquences les plus brillantes, celle du « théâtre ». Il faut la considérer dans son ensemble, depuis l'arrivée de cercueils dans la cour de la caserne (où sont détenus les protagonistes français), jusqu'à la scène de la prison au terme de laquelle Maréchal (Jean Gabin) porte à ses lèvres l'harmonica que lui a laissé un vieil Allemand. Il joue « Frou-Frou », aussitôt repris et murmuré par son geôlier. Ce « Frou-frou » qu'il chantonnait à l'ouverture du récit. Une première fois dans le film, Français et Allemands se détournent de leurs investissements guerriers. Ils s'accordent. Ce court moment de diapason musical en est le symbole, autant que l'instrument. Mais la dénotation de ce grand moment d'effusion suffit-elle à la compréhension de ce qui s'y « joue » effectivement ?

Toute participation à un spectacle filmique repose sur ce que l'on est en droit de considérer comme une forme d'illusion. Les événements se succèdent à l'écran et le spectateur se suffit de leur chronologie séquentielle pour conclure à leur bonne intelligence. Il normalise tout ce qu'il entend, tout ce qu'il voit, au nom d'un principe de cohérence et d'une apparente logique narrative qui se justifie par son déroulement même. Une causalité par simple rapport de succession. Un analyste ne peut s'en suffire. Toute participation filmique repose sur des erreurs de jugement, des malentendus, des compréhensions lacunaires dont le spectateur est généralement la dupe. Sans cesse, il devrait s'interroger. Pourquoi telle action et non pas une autre ? Pourquoi ce plan et non cet autre ? Pourquoi telle réplique dans les modalités de son énonciation ? Etc. En un mot, il lui faut ouvrir une ère du soupçon systématique. Tout au long d'une narration filmique, nous ne cessons de penser et de ressentir bien plus que nous ne pouvons réfléchir. Tour à tour perplexes, hésitants, méfiants, déconcertés, sollicités par de multiples associations fugitives en leurs jugements hâtifs, nous sommes emportés par le flux de la projection et laissons se dissiper ce qui mériterait moins de précipitation : quelques certitudes, et de bien plus nombreuses interrogations. En un mot, nous ne prenons pas le temps que le temps moderne nous dispute absurdement : celui de la méditation.

Ne plus se contenter d'une telle illusion demeure le premier moment et la première nécessité d'un acte analytique. En cette clairvoyance s'accomplit la possibilité de la compréhension. À bien des égards, l'analyse de films n'est pas autre chose. Elle nous demande de compléter, en le verbalisant, ce dont le découpage ne nous offre que le possible discursif. Aussi faut-il le remettre en question dans ses fausses apparences.

Nous devons (re)poser une question à laquelle le spectacle filmique semble donner (intuitivement) une réponse à la limite de l'évidence : pourquoi Maréchal accepte-t-il l'harmonica ?
Par un mouvement du cœur, répondra-t-on en un parfait truisme. Sans doute. Que Maréchal isolé, épuisé, découragé réponde favorablement à une marque de sollicitude, nous le comprenons immédiatement. Je dirai par « association projective ». Qui n'a pas partagé une impression de cette sorte[12] ?
Un analyste peut-il se contenter d'une telle « explication » ? Nous nous confrontons à cette question des niveaux de compréhension dont je parlais ci-dessus. Un niveau plus horizontal que vertical. Il s'agit moins de substituer un sens « profond » à l'acte lui-même que de le replacer dans la chaîne des actions et des situations dont il est le dernier moment du processus. Et l'ultime conséquence.
De quel procès s'agit-il ? Ainsi que j'ai eu l'occasion de m'en expliquer dans mes précédents ouvrages, le récit de *La Grande illusion* accomplit ce que Freud considère comme le destin de la libido. Ce qu'il définit comme « l'un des principaux efforts de la civilisation [:] agglomérer les humains en de grandes unités[13] ». De l'amour de Joséphine, seule préoccupation de Maréchal à l'ouverture du récit

---

12. De très jeunes enfants, certainement, mais jusqu'à quel âge ? Il n'est de compréhension filmique possible que par l'acquisition de certaines expériences existentielles, elles-mêmes plus ou moins réfléchies. Il n'est donc pas surprenant que tous les films ne soient pas pour tous les publics. Car il ne suffit pas de s'y confronter. Encore faut-il accepter d'y penser. Mais pourquoi se concentrer sur ce qui se fait objet de déplaisir ?
13. Sigmund Freud, *Malaise dans la civilisation*, Paris, Puf, 1994, p. 54.

(position restrictive formalisée à l'image par un plan rapproché, avant que la caméra n'élargisse son champ de perception), la narration nous invite, étape après étape, au dépassement des antagonismes nationaux. Métaphoriquement, Maréchal passe de l'amour d'une (seule) personne à celle de l'humanité (tout entière). L'acceptation de l'harmonica, la rencontre avec Elsa (la fermière allemande, Dita Parlo) en accomplissent, progressivement, l'universalité rêvée.

Progressivement ? Ce processus n'est pas linéaire, mais dialectique. La fin de la scène de théâtre en est le moment négatif, celui qui ne permet une avancée que par un recul, le plein exercice d'une contradiction. En sortant de son isolement initial, en intégrant dans le champ de sa libido, non plus une personne, mais l'ensemble des alliés, Maréchal s'ouvre indiscutablement à un « plus grand agglomérat ». Mais à un ensemble néanmoins restrictif. Cette ouverture résulte d'une fermeture – qu'elle institutionnalise aussitôt. Elle exclut le peuple allemand, honni et définitivement classé dans le camp des hommes à abattre (à la fin des *Sentiers de la gloire*, avant que les soldats français ne commencent à chanter). Ou dans un western, lorsque nous prenons plaisir à l'éradication des assaillants. Ce dont Renoir, justement, ne peut et ne veut se satisfaire. Et qu'il évacue aussitôt par sa mise en scène.

Nous abordons les rives du cinéma d'auteur. À ce « niveau d'explication », nous sommes au plus près des déclarations de Renoir (pour ne pas dire, de ses intentions). D'un Jean Renoir que l'on dira « auteur » pour cette raison même. « Mon sujet principal était l'un des buts vers quoi je tends depuis que je fais des films, écrit-il dans *Ma vie et mes films*, à savoir la réunion des hommes[14]. » N'a-t-il pas précisé, au chapitre XVI, que « l'aventure de Rauffestein-Boieldieu n'[était] pas autre chose qu'une histoire d'amour[15] » ? Un vœu dont François Truffaut avait compris toute la profondeur en citant une séquence de *La Marseillaise* (celle de l'accolade dans la cour du château des Tuileries) au début de son film *La Sirène du Mississipi* – dont l'action se passe dans l'île de... « La Réunion ». « L'art, dit

---

14. Jean Renoir, *Ma vie et mes films*, Paris, Éd. Flammarion, 1974, p. 134.
15. *Ibid.*, p. 82.

encore Renoir, c'est la matérialisation d'un rêve intérieur et souvent inconscient[16]. »

En ce premier niveau, le cinéma d'auteur n'exprime encore que la subjectivité d'un homme. L'expression en surprendra peut-être beaucoup, tant la notion d'auteur est le plus souvent confondue avec un tel particularisme. L'auteur s'affirmerait dans son unicité à nulle autre pareille. Une conception du sujet que nous ne pouvons plus soutenir aujourd'hui. Je m'en expliquerai ultérieurement, il n'est d'« auteur », au sens substantiel du terme, que dans le dépassement d'une singularité – qui n'est pas abolie pour autant. Pour l'instant, contentons-nous de cette remarque : l'« auteur » n'expose en rien une « conception du monde ». Il ne fait que suivre son désir. Un rêveur ne conçoit pas, il espère et il imagine, au besoin dans le déni des choses. Parler d'une « aspiration mondaine » serait plus exact : le cinéaste français souhaite l'avènement de rapports humains essentiellement fraternels, la paix *versus* la guerre, la concorde *versus* la discorde,... la « réunion » versus la « désunion ». Un simple état du cœur. Un ressenti. La chose n'a rien d'original, ni même de très perspicace, compte tenu des relations humaines les plus probables, et en tout cas les plus répandues. Au bout du compte, elle n'est même pas « personnelle ». Qui n'appellerait pas de ses vœux une telle félicité ? L'auteur, ici, est le plus commun des hommes. Ne reste que son savoir-faire artistique.

*

Car, s'il faut du talent pour donner une forme esthétique à un rêve, il est donné à tous de l'éprouver, dans son mode d'apparition autonome autant que fugitif. Il suffit de s'abandonner aux fantaisies de ses constructions naïves. Un peu de lucidité en dévoile les faux-semblants. En appeler à un tel état des rapports entre les hommes, perspective enchanteresse, n'empêche pas qui que ce soit de haïr copieusement son voisin, d'invectiver, dans les termes les plus grossiers, les joueurs d'une équipe rivale, de fomenter des projets de vengeance parmi les plus pervers... Le rêve, ou plutôt la rêverie, n'est plus surface, mais mensonge. Elle nous distrait de nous-mêmes. Elle nous

---

16. *Ibid.*, p. 227.

installe dans le « monde », oh combien confortable, des bons sentiments. Ces purs moments de l'esprit où nous nous sentons d'autant plus portés par notre désir que nous ne retenons, pour l'exercer, que les matériaux les plus malléables, et surtout les moins contraignants. Inutile d'ajouter qu'aucune œuvre d'art ne peut s'édifier sur une plage à ce point bordée de marécages soigneusement dissimulés par cette carte du Tendre. La transposition d'un rêve n'est que naïveté et jeu candide, tant que le cinéaste n'intègre pas les (dures) conditions de sa matérialisation dans le procès de sa réalisation. Plus nombreuses seront ces dernières, plus le résultat fédérera les spectateurs, du moins ceux qui souhaitent réellement pénétrer le cœur des choses. Contrairement au cliché, pourtant repris par de brillants esprits, ce n'est pas (seulement) un rêve que le cinéma. Une narration ne peut trouver des accents de vérité si elle n'assume pas ce qui la conditionne. Les freins, les résistances, les conflits, et surtout les contradictions auxquelles se heurte tout projet, dès l'instant où il quitte le ciel lumineux du pur esprit et se confronte au principe d'une réalité qui n'est plus narrativement convoquée que pour être aussitôt surmontée. Le désir de celui-ci contre le désir de celui-là ; les rêves des uns opposés à ceux des autres.

Dans la séquence du théâtre, Maréchal est l'agent le plus actif de l'une de ces contradictions. En s'avançant sur le devant de la scène pour y défier les autorités allemandes, il satisfait un besoin dont la séquence de la fenêtre avait allusivement défini l'objet. Rappelons-en, rapidement, les données principales. Alors qu'ils confectionnent leurs costumes de scène en vue de leur représentation théâtrale, les prisonniers exposent les motifs de leur tentative d'évasion. Loin de les énoncer en vérité, ils se perdent en de longs discours qui permettent à chacun d'entre eux de se présenter de façon avantageuse. Une sorte de transmutation de leur personnalité. Mais, alors que les jeunes recrues allemandes défilent de plus en plus bruyamment dans la cour, ils se laissent gagner par leurs vrais sentiments. Maréchal en synthétise le point de douleur. « Ce qui pince, dit-il à ses camarades, c'est pas la musique, c'est pas les instruments, c'est le bruit des pas ». Conscients de leur état de servitude, secrètement humiliés, les prisonniers français sont à la recherche de leur « honneur perdu ». Une formule convenue, ou plutôt une litote. L'honneur en question n'est qu'une forme de compensation ou de réparation. Rabaissés par la morgue allemande, ils entendent restaurer leur sentiment de puissance. Le leur *versus* celui du vainqueur.

L'annonce de la reprise de Douaumont, le chant de *La Marseillaise*, entonné à pleins poumons par des alliés soudain revenus aux « choses sérieuses », leur en redonnent une pleine jouissance. Le filmage de la scène en formalise, spatialement, la nouvelle hiérarchie : les Allemands au bas de l'estrade ; Maréchal et ses amis en haut, occupant le « devant de la scène ». Ce faisant, les prisonniers inversent la distribution des sentiments. Désormais humiliés comme les Français le furent auparavant (ce qu'un soldat allemand avait concrétisé en venant chantonner sous leur fenêtre lors d'une victoire de son pays, juste pendant l'hymne national pour la victoire française), les Allemands partagent avec les vaincus le même besoin de revanche. De battus redevenir vainqueurs, de dominés dominateurs, de leur fierté gâtée retrouver le plein éclat. Et ainsi de suite, dans une alternance sans fin. Ce qui se vérifie lorsque Maréchal entend sonner les cloches d'une nouvelle victoire allemande, alors qu'il croupit au fond de sa cellule (dans l'ordre du découpage, ce plan succède, quasi immédiatement, à l'ivresse du chant de *La Marseillaise*). Un cycle sans cesse recommencé qui engendre le sentiment de sa vanité. À cette indéfinie répétition, *La Grande illusion* entend précisément mettre fin. « Une première vraie conquête de la civilisation est d'arrêter le cycle de la vengeance et de renoncer à la loi du talion[17]. »

Telle est la justification du titre, cette « grande illusion » que l'on assimile un peu trop rapidement à la guerre. Une insatiable volonté de puissance qui construit les conditions de son propre anéantissement dans le moment même de son apothéose. À l'aune du conflit qui s'annonce au moment de sa réalisation, il n'est pas exagéré de voir dans ce chef-d'œuvre de Renoir un film prémonitoire. Et il n'est pas surprenant que le cinéaste en ait réitéré le constat au début de son *Caporal épinglé*. Mais, cette fois, évolution historique oblige, par le seul instrument de *stock-shots* d'actualités, confirmation tragique de son analyse.

---

17. Edgar Morin, *La méthode 6. Éthique*, Seuil, coll. « Points Essais », n° 555, 2006, p. 158.

Nous pouvons désormais reposer la question. Pourquoi Maréchal accepte-t-il l'harmonica que lui tend son aimable geôlier ? À l'explication par le cœur, toujours valide, il faut ajouter celle d'un processus de conscience qui, en expérimentant l'alternance des humiliations et des sensations de grandeur, conclut à la vanité d'un mode existentiel fondé sur l'orgueilleuse délectation de tout sentiment de supériorité sur les autres. Une expérience, personnelle dans la fiction, collective dans la salle de cinéma, qui débouche, cette fois, sur un acte de « connaissance à finalité prescriptive » : le renoncement à la volonté de puissance en tant que modalité existentielle. Chez Kubrick, la mutation des poilus ne reposait que sur un mouvement de compassion, le désir, soudainement éprouvé, de ne pas torturer une jeune fille qui n'était nullement responsable de l'atrocité des combats. Chez Renoir, elle procède d'un acte de compréhension : la mutualisation des affects. Si les premières minutes du récit avaient multiplié les marques de similitude entre le mess des officiers français et celui de leurs homologues allemands, cette longue séquence (de la représentation théâtrale) révèle une communauté beaucoup plus profonde, et surtout plus cruelle, qu'un simple jeu de décors : une identité de vie psychique, une identité de « nature » (si je peux m'exprimer ainsi). Animés des mêmes désirs, partageant les mêmes sentiments, les deux camps ne peuvent que s'opposer jusque dans la mort. Boieldieu (Pierre Fresnay), tué par celui qui l'honore et qu'il honore le plus au monde, en est la plus haute en même temps que la plus absurde expression. Nous retrouvons le film de Hawks, mais en le dépassant dans ses antagonismes.

De ce refus d'une modalité existentielle assimilée à un acte de déraison, je ferai le second stade du cinéma d'auteur. Celui où l'on ne se contente plus de rêver les rapports entre les hommes, d'exprimer quelque prétendue « vision des choses » ou de leur substituer, par le truchement de l'impression de réalité, un « monde qui s'accorde(rait) à nos désirs ». Un moment où le cinéaste s'efforce de penser et de représenter ce qui est, comme cela est, fut-ce au prix d'un deuil radical imprimé à son propre désir. Celui de la négativité pure. Où l'auteur s'ouvre, jusqu'à la lie, à la part de vérité que requiert son œuvre. Dans *Les Deux cavaliers* (Two Rode Together, John Ford), la scène où un jeune blanc, devenu Comanche, tue la femme qui le libère après l'avoir pris pour son enfant, pourrait être considérée comme emblématique d'un tel état de la création.

Si la tendance spontanée du sujet est bien de s'aveugler sur le monde autant que sur lui-même, il s'agit de ne plus rien se masquer, à commencer, justement, par « ce que l'on ne saurait voir ou supporter de voir ». Des antagonismes et des contradictions entre les hommes, il faut tout intégrer. Le but, cependant, n'est pas de les représenter au nom de quelque mimésis qui serait à elle-même sa propre fin. Il faut instituer, faire acte de civilisation en imposant, par « l'impression sensorielle du défilement filmique », ce que les rapports sociaux ou nationaux, ici les plus probables, écartent du comportement humain. Il faut connaître et reconnaître, pour donner au rêve le fondement de vérité sans lequel il ne peut que se perdre dans les limbes de l'idéalité.

Tel est, me semble-t-il, le grand malentendu du cinéma d'auteur. Le refoulé dionysiaque de toute une tradition critique. Au bas de l'échelle, ne voir dans un film de fiction narrative qu'un aimable divertissement (une histoire d'évasion, justement) ; à son plus haut niveau, une représentation plus ou moins imitative d'une tranche de vie, qui ne se distingue de beaucoup d'autres que par son habilité esthétique. Ou sa valeur purement spéculative. Comme dans un monde achevé, une fois pour toutes. L'auteur véritable, au contraire, intervient au point de défaillance de la nature en l'homme. Ce moment où il ne peut décider de son avenir que par les prescriptions de son cerveau. Rien de ce qui produit une forme ou une autre de représentation ne peut être jugé irresponsable. Tous les films trouvent leur place dans cette caisse de résonance. Très inégalement, certainement, très confusément, sans doute, et surtout très contradictoirement, selon des distributions de rôles dont il faudrait mesurer l'emprise essentiellement subjective ? Le cinéma de Renoir, comme celui de bien d'autres, fort heureusement, intervient en un point de rupture culturelle : où la sauvegarde de la civilisation, sans cesse menacée, et les barbaries multiformes, toujours renaissantes, sollicitent le balancier d'un même funambule.

Bien que ce second stade du cinéma d'auteur, seul, puisse être qualifié de « réaliste », il est certain que *La Grande illusion* (nous) évite de le regarder trop longtemps en face. En ce sens, la narration laisse encore la primauté au rêve. Alors qu'il ne peut que reconnaître les divisions qui dressent continuellement les hommes les uns contre les autres, Renoir les combat dans le moment même où il en dresse le constat cinématographique. De ce conflit nait la tonalité pacifiste et, il convient de le souligner, exceptionnellement chaleureuse de la seconde partie de la séquence (le théâtre). Nul doute que les rapports d'opposition soient insupportables à « l'homme Renoir », et qu'il cherche à les fuir (sans doute est-ce l'une des clés de sa direction d'acteurs). Ne dit-il pas, à propos du Front populaire, qu'il « fut un moment où les Français crurent vraiment qu'ils allaient s'aimer les uns les autres », avant d'ajouter : « On se sentait porté par une vague de générosité[18] ». Une générosité qui décide de la particularité de ses mises en scène, et ne parvient à s'extérioriser que par le talent qu'elle contribue à forger. Aussi la notion « d'auteur de films » trouve-t-elle ici sa pleine justification. Quels que soient ses conditionnements géographiques, historiques, sociaux, politiques et culturels, c'est *un* homme tout entier qui décide d'un plan. Sans doute en décide-t-il d'autant mieux qu'il se met plus intimement et plus intensément en chacun de ses grains de pellicule... ou de ses pixels. Comment en serait-il autrement pour un analyste ?

Nous sommes au cœur de la problématique *intérieure* d'un auteur. Où celui-ci n'est lui-même qu'en s'oubliant lui-même. Entre ce que le cinéaste désire, et (se) donne à ressentir par ses propres films, et le monde où ce désir s'exprime, la contradiction doit être non seulement reconnue, mais partagée dans toute l'amplitude et la cruauté de son être. Partagée avec le public, cela va de soi ; mais niée, simultanément. Le moyen du cinéma n'est pas le concept, mais l'impression sensorielle, ainsi que la suggestion. Son terrain n'est pas l'intellect (comme tel), mais l'affect. Ce qui convainc Maréchal n'est pas une idée ou une théorie politique, pas même une maxime. Il souffre trop pour ne point céder tout ou partie de son orgueil et de ses investissements nationalistes. Dans *La Grande illusion*, le moteur de l'action se présente encore sous cette forme fragile. Un peu de réconfort, a-t-on envie de supposer, et ne risque-t-il de retrouver

---

18. *Ma vie mes films*, op. cit., p. 114.

la même animosité ? Ce qui se passe (et qui explique la mutation de Maréchal) est plus profond, plus tenace, moins accidentel. Ce ne peut être que le fruit d'une expérience maintes fois répétée, mais dont le récit ne porte qu'insuffisamment l'indice. C'est la raison pour laquelle *La Grande illusion* ne pouvait qu'être une étape dans l'œuvre de Renoir, une étape dont il a, dans une certaine mesure, refusé la facilité en se détournant d'un filon qui lui aurait garanti la sympathie du public. Il lui fallait aller plus loin. Ce qu'il parvient à faire, vingt-cinq années plus tard, avec *Le Caporal épinglé*.

*

Un film bien mal accueilli à sa sortie, ignoré ou vilipendé aujourd'hui encore. Le défendre, dit-on, est une entreprise sans espoir. Je ne cherche nullement à le réhabiliter au nom d'une quelconque politique des auteurs. Celle-ci s'expliquait, à défaut de se justifier, pour des raisons historiques. Comme toujours, elle s'est très vite dénaturée en un véritable dogmatisme – qui l'a pervertie. La notion d'« auteur de films » n'est certainement pas un état, pas même un statut, encore moins un acquis définitif. Ce n'est qu'un résultat, remis en jeu à chaque nouvel opus, alors confirmé ou infirmé. De sorte que chaque œuvre d'un cinéaste paraîtra plus ou moins bénéfique, et constructive, pour un ensemble toujours en devenir.

Ouvrons une parenthèse afin de mieux souligner ce point. Dans l'un de mes travaux antérieurs, j'avais pris Nicholas Ray comme l'un des exemples typiques de cette distinction entre le concept de réalisateur et celui d'auteur de films. Son *Roi des rois* (*King of the Kings*) l'éclaire particulièrement. Réalisateur, Ray le fut totalement. Au point, remarque Pierre Giuliani, de s'être porté « volontaire ». Mais, s'il fut auteur « intentionnellement », il ne le devint pas au terme du tournage, le visionnement du film en force le constat. Conformément à certaines de ses attitudes[19], Ray aurait-il été « absent » du tournage ? Physiquement présent, mais mentalement incapable de lui imprimer sa marque. Ce que pense Giuliani. « À aucun moment, écrit-il,

---

19. Sur cette question, voir l'ouvrage de Bernard Eisenschitz, *Roman américain. Les vies de Nicholas Ray*, Paris, Christian Bourgois éditeur, 1990.

Nicholas Ray ne semble s'être sérieusement posé la question : comment filmer tout cela ?[20]. » Le signe distinctif d'un non-auteur ? En l'occurrence, ce n'est nullement le cas. Il suffit de relire le long entretien que le cinéaste eut avec les *Cahiers du cinéma* en 1962, soit peu de temps après l'achèvement de l'œuvre. Ray s'est profondément investi dans un sujet qui lui tenait à cœur (« Il n'y avait pas de sujet plus important que la vie de Jésus-Christ », déclare-t-il). Il s'est longuement documenté et, de toute évidence, a beaucoup travaillé (« Nous avons passé un temps considérable sur chaque scène avant de la filmer »). Confronté à certaines invraisemblances historiques, il a innové, trouvant des solutions astucieuses (pour le « tournage » du Sermon sur la montagne, celui de la rencontre avec Ponce Pilate, ou la confection de la table de la Cène en forme de « Y », par exemple). Son talent, indiscutable, n'a pas été contraint par le « méchant système hollywoodien », grand pourfendeur, quoique grand générateur, de tempéraments de cinéastes. « Nous n'avons pas eu à faire de concessions. À aucun moment, il n'a été question de faire du spectacle », précise Ray. Le résultat n'en est pas moins assez affligeant. *Le Roi des rois* n'est qu'un livre d'images, l'illustration cinématographique de ce que l'on apprend au catéchisme (à l'exception du personnage de Barabbas, devenu un partisan de la lutte armée, et non plus un voleur. Mais son opposition au pacifisme du Christ n'est pas traitée de façon suffisamment dialectique). Aucune des thématiques du cinéaste n'y trouve un prolongement, ni même un simple reflet. Aucun de ses traits stylistiques n'y est décelable (la guérison du paralytique, autre exemple, n'est pas réellement traitée selon l'opposition des horizontales et des verticales, si caractéristique de l'esthétique rayenne).

Que Ray ait énormément travaillé ne fait pas de lui un auteur. Lapalissade ? Oui, théoriquement. Pratiquement, cette évidence, cruelle, entre en contradiction avec l'usage abusif que l'on fait du mot « travail » dans le champ de l'art. Parler du « travail » d'un artiste n'est qu'une euphémisation, sous influence marxiste, de ce qui se

---

20. Pierre Giuliani, *Nicholas Ray*, Paris, Edilig, coll. « Filmo », 1987, p. 115. « Je n'ai pas réellement été choisi : je me suis offert à mettre en scène », précise Ray dans le n° 127 des *Cahiers du cinéma*.

joue dans l'acte de la création. Une manière de ne pas réfléchir davantage sur les forces effectivement disponibles lors des phases de création, phases, on le sait, toujours précaires, toujours incertaines, toujours menacées. Ce qui les distingue des activités laborieuses dont le résultat est généralement garanti, quelques considérations de qualité mises à part. Un créateur peut encore et encore travailler, rien ne lui garantit son objet. Ainsi pour *Le Roi des rois*.

Ce qui caractérise un non-auteur est sa pauvreté substantielle. Son incapacité à sortir des idées reçues, des clichés, des propositions convenues. Ce que je désignerai du nom d'une « pensée morte ». Ray, très respectueux de la parole christique (« Le Sermon sur la montagne [est l'une] des plus grandes exhortations que l'on ait jamais faites aux humains[21] »), a-t-il été inhibé, voire intellectuellement écrasé, par l'énormité de la référence historique ? Qu'il l'ait discutée (en certains de ses aspects) ne veut pas dire qu'il ait conquis la possibilité de faire (son) œuvre à partir de tels matériaux. La politique des auteurs n'a de sens que si elle est décidée, après l'étude de la substance effective des œuvres.

Aussi ne faut-il pas hypostasier quoi que ce soit. Du point de vue du « réalisme extérieur[22] », *Le Caporal épinglé* ne vaut pas plus que beaucoup d'autres films. Et, moins encore, si l'on ne retient que les critères du spectacle ou de la valeur informative. Le désir de Renoir de « ne pas opposer les hommes » et, tout spécialement, de n'éveiller et ne réveiller en aucun cas la haine contre le peuple allemand, atténue partiellement la valeur documentaire de sa fiction, bien que la condition des prisonniers de guerre y soit qualifiée sans détour. Dans combien de films du genre la désignation explicite des soldats vaincus comme de nouveaux « esclaves » est-elle à ce point, quoique subtilement, appuyée (un exemple de cette substance dont je viens de parler et dont Rossellini regrettait qu'elle ne soit jamais prise en compte dans les critiques qui le concernaient) ? De nombreuses productions, à commencer par *La Grande illusion*, en font d'autant

---

21. Toutes les déclarations de Ray sont extraites du « Nouvel entretien avec Nicholas Ray », paru en ouverture des *Cahiers du cinéma*, n° 127, janvier 1962.
22. Je reviendrai ultérieurement sur ce concept.

mieux l'économie que leurs protagonistes sont des officiers. C'est-à-dire des privilégiés. Ne serait-ce que pour cette seule raison, le film de 1962 est plus proche du sort réservé au commun des mortels (et des spectateurs!) que son homologue de 1937. Il est aussi plus rude, moins gratifiant, « plus triste, malgré mon désir de faire rigoler les gens », reconnaît Renoir[23]. Au respect dû aux officiers et à leurs « éternelles vacances », succèdent les vexations de l'homme de troupe, et sa vie de labeur. Une chute verticale dans un ordinaire dont on ne peut s'évader que de façon « extra-ordinaire ».

Je me permets d'insister sur ces quelques aspects. Ils vérifient, encore, la dialectique de l'apollinien et du dionysiaque à laquelle j'ai fait référence à plusieurs reprises. Rien ne peut se développer, et prospérer, sans que d'autres possibles ne s'étiolent et ne dépérissent. Il est plus enthousiasmant d'assimiler les hommes et les choses à des bouquets de fleurs aux pétales innombrables que de devoir accepter la dure loi de la limitation. Il est absurde de parler de la Vérité en art, et de voir en certaines œuvres majeures les dépositaires de quelque idée métaphysique en laquelle se dirait une quelconque essence du monde. En art, comme ailleurs, il n'est de vérité que relativement à des objets ou des questions donnés. Et, nous le verrons, tel n'est même pas son but.

*

Dans *Le Caporal épinglé*, le cinéaste abandonne la thématique de la fin d'un monde, l'une des grandes problématiques de *La Grande illusion*, aux yeux de certains la plus manifeste. Il en reprend une autre, assez commune, celle des tentatives d'évasion de prisonniers de guerre. Nombreuses sont les variations filmiques sur ce thème (réalisé un an plus tard, *La Grande évasion [The Great Escape, John Sturges]* en retrouve certaines péripéties). Si le film de 1962 se contentait de filmer les avatars de quelques protagonistes décidés à franchir le réseau de barbelés qui fait obstacle à leur liberté, il ne serait que de peu d'importance, et n'aurait nullement droit au statut de cinéma d'auteur. Une première opposition se dessine. Dans de nombreux opus du genre, la réalisation se contente de filmer des

---

23. *Entretiens et propos, op. cit.*, p. 159.

hommes en action. Des hommes dont la motivation n'est exprimée que de façon tautologique : ils s'échappent... pour s'échapper. Le motif que Bœldieu met lui-même en avant, et dont on connaît désormais la rigoureuse fausseté[24]. Une tromperie par rapport à soi-même que *Le Caporal épinglé* met précisément en question. Aussi s'inscrit-il, sémantiquement, dans la continuité de *La Grande illusion*, et tout particulièrement de la séquence de la fenêtre, sur laquelle je me suis une nouvelle fois attardé. Si les personnages du *Caporal...* ne se paient pas de mots et de faux-semblants, à la manière de leurs prédécesseurs cinématographiques, s'ils s'agitent, plus que leurs camarades, les mobiles de leurs « désirs d'évasion » y sont étudiés avec plus de perspicacité. Selon deux niveaux de conscience (ou plutôt d'inconscience, pour le second) : les motifs *versus* les mobiles, ce qui se donne comme une intention, sincère ou non, *versus* ce qui s'avère, à l'analyse, le véritable moteur de l'action. Première différence, première cruauté analytique (mais une cruauté respectueuse de cette volonté de voir, y compris le pire, dont j'ai déjà parlé), chez la plupart d'entre eux, ce moteur est tout simplement refoulé. La plupart des personnages du *Caporal épinglé* s'inventent, en toute « bonne mauvaise foi », d'excellentes raisons de ne rien entendre de leurs simples motifs. Ils deviennent les sujets d'une « fausse conscience » érigée en « représentation des choses et d'eux-mêmes ». Quant à Caporal, le plus lucide de tous, il se conduit lui aussi en grande ignorance. Mais par un autre processus. À la différence de ses camarades, Caporal croit agir en pleine initiative et en toute indépendance (vers le début du récit, un plan l'énonce clairement). Et donc convaincu de ne chercher que « sa » liberté (attitude inconséquente, tant cette liberté dépend de celle des autres. Le plan auquel je viens de faire allusion en suggère l'idée, par un mouvement de caméra volontairement assimilable à une faute de mise en scène). L'observation et l'analyse rigoureuses de son comportement permettent de comprendre qu'il n'en est rien. Il reste « prisonnier » de son inconscient. En l'occurrence au sens non-freudien du mot.

---

24. « À quoi sert un terrain de golf, à jouer au golf, un court de tennis, à jouer au tennis, un camp de prisonniers, ça sert à s'évader ».

Ici, seulement, commence l'acte critique. Dans cette volonté d'exhumer ce dont le découpage ne nous offre, littéralement, que des « apparences ». Nous ne nous contentons plus d'une succession événementielle justifiée par de simples enchaînements. Nous nous interrogeons sur la rationalité de son processus : ce qui fait qu'elle se produit, comme elle se produit, au moment où elle se produit. La première approche relève de ce que Renoir appelle la « vérité extérieure » ; la seconde de ce qu'il nomme la « vérité intérieure ». Le cinéaste emploie, quelquefois, le terme de « réalisme intérieur ». Une formulation que je rapprocherai de celle de Winnicott, employant les termes de « réalité psychique interne[25] ».

Dans mon ouvrage, *Jean Renoir, la sagesse du plaisir*[26], j'ai consacré un assez long développement au *Caporal épinglé*. Je ne reviendrai pas sur les références politico-militaires de la fiction, drame objectif du récit. Renoir, pour cette raison, les traite dès l'ouverture de la narration. Ce point acquis, il s'intéresse à cette « réalité psychique interne » dont parle Winnicott. Nous en retrouvons un équivalent moins conceptuel, mais tout à fait convergent, dans ses « Entretiens et propos ». « L'essentiel dans notre métier est ce qui se passe derrière les fronts, derrière les crânes », affirme-t-il. Il n'est pas exagéré de dire que l'élaboration entière de ses découpages tend à la caractérisation de la psyché supposée de ses personnages. Ainsi se dessine une ligne de partage entre une minorité de films et le reste de la production. Je me contenterai d'une citation filmique en forme de clin d'œil. Rappelons-nous ce que Camilla (*Le Carrosse d'or*, Anna Magnani) rétorque au toréador : « Tu n'as rien dans le crâne, absolument rien ». N'en est-il pas de même pour tant de personnages dans tant de films ? Principe vertueux supplémentaire, un analyste ne devrait-il pas se poser systématiquement cette question : quelles qualités puis-je, objectivement, attribuer à tel ou tel personnage ? Objectivement, c'est-à-dire en m'appuyant sur un ou plusieurs

---

25. « Il existe une réalité psychique interne ou personnelle », affirme Winnicott, *La relation parent-nourrisson*, Paris, Payot, coll. « Petite Bibliothèque Payot », n° 791, 2011, p. 124.
26. *Jean Renoir, la sagesse du plaisir*, Paris, Éditions du Cerf, coll. « 7e art », 1985.

éléments distinctifs du découpage (effet de redondance, je le rappelle). Ce qui, trop souvent, n'exhume que des coquilles vides.

Bien que la fiction du *Caporal épinglé* puisse être assimilée à la catégorie du « film choral », elle n'en maintient pas moins (sous des formes diverses, y compris vestimentaires) une hiérarchie certaine entre ses protagonistes. Sans diminuer en rien l'intensité de leurs rapports fraternels, Renoir n'en privilégie pas moins « Caporal » (Jean-Pierre Cassel[27]), le seul de tous les prisonniers qui tente de s'évader cinq fois. Sans lui, finalement, il n'y aurait pas de film. Sans lui, il n'y aurait pas d'histoire. Mais aussi d'Histoire « à faire ». Ses quatre premières tentatives se soldent par des échecs. La cinquième évasion doit une partie de sa réussite au hasard et, surtout, à une action collective. En cette répétition se dit l'essentiel du problème.

Ces différents essais répondent indubitablement à une progression, mais à une progression non linéaire. Il serait fastidieux, et en un certain sens, inutile d'en reprendre l'analyse. Je me contenterai de ce que je considère comme l'apport essentiel du récit. Trois des cinq tentatives se décident et se font sous la direction-impulsion du principe de plaisir-déplaisir. Seules deux sont concertées et planifiées. Elles supposent maîtrise et lenteur. Telle est la différence. Occulter, réduire ou supprimer tout ou partie du déplaisir, chercher le plaisir le plus immédiat et le plus accessible, voire le plus enivrant, au besoin en s'aveuglant ou s'illusionnant sur ses conséquences probables, tels sont les mobiles quasi uniques de trois des tentatives. Elles se soldent, logiquement, par un déplaisir garanti. Quelquefois aux limites du supportable. Mais non inutilement. Elles réactivent à chaque fois le cycle du plaisir-déplaisir dans ses fonctions initiatiques.

Par-delà ses apparences anecdotiques et son esthétique apparentée à une « feintise ludique » (selon le mot de Jean-Louis Schaeffer[28]), l'histoire racontée est donc le récit d'un apprentissage. D'une initiation, que l'on peut déclarer primordiale. Savoir différer le plaisir, endurer le déplaisir, tel est ce que la mémoire neuronale du personnage parvient à fixer comme matrice d'une action future. Les deux

---

27. Son état civil n'est pas précisé davantage. Je m'en explique dans mon ouvrage.
28. Jean-Louis Schaeffer, *Pourquoi la fiction ?*, Paris, Seuil, coll. « Poétique », 1999.

attitudes, nécessairement tardive pour la seconde, loin de s'opposer à la façon de deux contraires, s'exigent et se complètent. En sanctionnant la recherche du plaisir immédiat, tendance irrépressible du sujet humain abandonné à sa pure spontanéité, le déplaisir ouvre la voie d'une satisfaction durable. Cette dialectique du plaisir-déplaisir, dans toutes les composantes de sa positivité et de sa négativité, commande l'organisation narrative du *Caporal épinglé*, à commencer par les modalités et la succession des tentatives d'évasion. C'est elle qui motive et explique le découpage en chacun de ses effets. C'est elle qui décide du comportement des personnages. C'est elle qui, d'esclaves, en arrache certains à leur condition de servitude, et les destine à plus de liberté possible. Significativement, le traditionnel mot « Fin » apparaît sur une image encore en mouvement. Le récit ne « s'achève » pas. Il se met en suspens. Pour une promesse de devenir.

Comparé à *La Grande illusion*, l'apport essentiel est dans une inversion de causalité. Dans le film de 1937, les protagonistes échouaient (lors de leur première tentative d'évasion) à la suite d'un malencontreux concours de circonstances (ils changent d'oflag[29], alors que leur tunnel est pratiquement terminé). Dans le film de 1962, ils portent, à chaque fois, la responsabilité de leur échec. La « cause efficiente » leur est « intérieure ». *Le Caporal épinglé* rompt définitivement avec la sentimentalité de *La Grande illusion*. Celle qui rendait le film plus attachant, plus conforme aux modes d'explication conventionnels. En un mot, plus plaisant.

Par-delà le cas particulier de l'avant-dernier film de Renoir, ce point mérite que je m'y attarde. Il me permettra de préciser ce que j'appelle le « troisième niveau » du cinéma d'auteur.

*

Bien que *Le Caporal épinglé* soit extrêmement touchant en certaines de ses séquences (la mort de Ballochet, Claude Rich ; la lecture d'un poème de Ronsard dans les bras d'une jeune Allemande ; Caporal mangeant son cassoulet, retour du camp de discipline,...), il

---

29. Les officiers étaient internés dans des oflags, les non-officiers dans des stalags. Même en temps de guerre, les différentes classes sociales ne descendent pas dans les mêmes hôtels.

requiert, « pour faire œuvre d'art », un regard perspicace et, surtout, un effort analytique. Ce qui, dans sa facture immédiate, est susceptible de captiver le public ne participe ni du domaine de l'action ou du spectaculaire (fédérant principalement les jeunes spectateurs), ni de celui de la sentimentalité et de l'émotivité (public majoritairement féminin), ni de celui du rêve (ressort de tous, sous des degrés de sophistication divers). Il exige ce dont il semble le plus éloigné aux yeux des cultivés : un intérêt pour la connaissance. Mais, aussi, ce dont il est le plus proche et que la culture tend à mépriser : un intérêt pour la vie commune. Il rebute, enfin, les cinéphiles, ainsi que de nombreux connaisseurs, pour lesquels il n'est pas d'œuvre d'art sans apparences obscures.

Pourquoi la distinction entre « réalisme extérieur » et « réalisme intérieur » paraissait-elle si importante aux yeux du cinéaste ? Les deux concepts ne renvoient ni à la même perception, ni à la même pratique du cinéma. Le « réalisme extérieur », Renoir emploie le mot lui-même, n'est d'abord que le souci de « l'exactitude ». Il se réduit à une sorte de reconstitution, aussi fidèle que possible, de ce qui pouvait être la vie dans un stalag durant la seconde guerre mondiale. Exactitude des décors, des uniformes, des corvées, du travail, des rapports avec la hiérarchie militaire, ... de l'esclavage. Ce dont dix, cent, mille films ne suffiraient pas à rendre compte dans leur complexité et leur extrême diversité. Il n'est de « réel » que particulier. Deux prisonniers ne vivent pas la même captivité ; deux camps d'internement ne sont jamais tout à fait les mêmes. Pour cette raison, le souci de la vérité extérieure, confondu avec la finalité de la représentation, ne peut mener qu'à une impasse. Il se perd en d'infinis détails, sans jamais épuiser son objet. Ce qui ne veut pas dire qu'il puisse être négligé. « J'ai pensé qu'un danger me guettait, confesse Renoir, c'était celui de l'inexactitude. (...) Alors j'ai demandé à Guy Lefranc de venir m'aider. (...) Lui-même ayant été prisonnier, connaissait le sujet à fond, et il a pu prendre en mains tout ce qui concernait la vérité extérieure ; d'être libéré de cette préoccupation énorme m'a permis quelques petits essais dans un sens plus poétique[30]. »

---

30. *Entretiens et propos*, op. cit., p. 161.

« Plus poétique ». L'euphémisation est la marque de cette génération de cinéastes. Une pudeur qui demeure la condition de leur art. Où les préoccupations les plus profondes de l'artiste ne s'énoncent jamais... ou se masquent toujours. Toutes les interviews et les *making-of* n'y pourront rien. Aussi peut-on, effectivement, distinguer deux « niveaux de réalité ». Deux « réalités » correspondant à deux perceptions différentes de ce qui est bien le même film, mais que seul un visionnement répété permet de concevoir ainsi.

La première forme de participation à un récit cinématographique est connue de tous. Nous nous sommes déjà attardés sur ce point. Le spectateur s'identifie, non à la personne supposée des protagonistes, mais à leur devenir filmique. De sorte que ses sentiments de plaisir et de peine, sa satisfaction ou son insatisfaction dépendent du sort qui leur est réservé (par le processus fictionnel). Entre lui, et les vœux du spectateur, s'établit une relation indécise, conflictuelle, fluctuante, où le contentement et la consternation, l'espérance et la désolation alternent au gré des péripéties, sans que la résolution narrative paraisse jamais assurée. Le spectateur est sujet de désir. Il souhaite que telle chose arrive, que telle autre soit empêchée. De nombreux films s'y essaient, avec plus ou moins de bonheur. Il ne s'agit pas d'en minimiser l'importance, pas plus que la grande difficulté. Le réalisateur doit contrôler les modes d'investissement de ses spectateurs avec une habilité et une inventivité sans égales. La maîtrise d'un découpage demeure la meilleure garantie du spectacle cinématographique. Sur ce plan, le cinéma d'Alfred Hitchcock reste exemplaire.

Aussi réussie soit-elle, cette procédure ne suffit cependant pas à la distinction d'un film d'auteur. Les gratifications d'un film de divertissement demeurent trop légères, et trop éphémères, pour nourrir durablement un esprit. Quand cette alternance binaire (du type, mourra/mourra pas, réussira/réussira pas) touche (inévitablement) à sa fin, l'intérêt suscité par le spectacle retombe, ou s'effondre. Avec la résolution du conflit s'« achève » l'investissement du spectateur. Il ne faut pas s'en cacher l'éventuelle gratuité. Le film n'est alors rien de plus qu'une parenthèse. Un loisir, selon le mot d'Hannah Arendt.

Une forme de loisir que le cinéma d'auteur ne pratique généralement que de façon annexe. Pour son plus grand risque économique. Évidence, dans *Le Caporal épinglé*, le spectateur souhaite que les prisonniers parviennent à s'échapper. Mais le spectateur n'est ainsi tenu en haleine que de façon lointaine, et surtout discontinue. « S'évadera, s'évadera pas », ce fil narratif demeure malgré tout assez lâche. Il n'occupe pas durablement le premier plan, à la manière de ce qui se passe dans un film comme *La Grande évasion* où l'attente du spectateur est à peu près centrée sur cette seule échéance. Heureuse et malheureuse, sa fin comble et déçoit, mais clôture définitivement le suspense qu'elle avait mis en chantier. Sans autre enjeu véritable. L'art cinématographique se concentre sur le traitement approprié de certaines scènes destinées à maintenir et susciter la tension du spectacle. Ainsi, pour l'une des plus fameuses séquences du film, lorsque Steve McQueen (alias Hilts) se fait champion de moto-cross occasionnel. Aussi ne faut-il pas s'étonner que le comédien américain soit entré dans la légende, y compris par posters interposés, tandis que le personnage interprété par Jean-Pierre Cassel demeurera à jamais anonyme. Bien qu'il soit, et de loin, beaucoup plus intéressant. Qu'il nous suffise, là encore, de procéder à une radiographie de leurs psychés (cinématographiques) réciproques...

Renoir ne cherche pas la « vérité » de la guerre, pas plus que celle d'un camp de prisonniers ou d'un quelconque catalogue des méthodes d'évasion possibles (bien que sa fiction n'y soit pas tout à fait étrangère). Paradoxe, réalisme extérieur et réalisme intérieur parlent de la même chose – tout en différant radicalement. De l'un à l'autre, le saut est énorme. Le premier se situe géographiquement (quelque part en Allemagne, dans quelque camp de prisonniers français), et historiquement (la seconde guerre mondiale). Film ancré dans l'Histoire, il ne concernerait que certains hommes, et ne parlerait que du passé. Le second transcende toutes ces localisations. Sans entrer dans des considérations théoriques qui ne relèvent ni de ma discipline, ni de mes compétences, il interroge le sujet humain dans l'une de ses déterminations essentielles, transcendantes à toute caractérisation spatiale et temporelle (du moins à l'échelle de la proche Histoire). En ce sens, il parle au « toujours-présent ». Voire au futur.

Caporal, crime peut-être majeur pour les lois du genre, est l'un des hommes les plus communs qui soient. Il se comporte à l'écran comme le feraient bon nombre de ses spectateurs, non dans des circonstances, mais selon des procès psychiques similaires. Les premières ne renvoient qu'à des situations conjoncturelles, désormais étrangères au public occidental dans son ensemble. Comme telles, elles ne sont pas censées leur correspondre en quoi que ce soit. Les seconds ne désignent pas des actions ou des faits dans leur matérialité passagère, mais ce qui, structurellement, s'actualise et se met psychiquement en jeu, en deçà du caractère factuel des choses. Agir impulsivement et sans réflexion (Caporal, première évasion), s'installer dans l'évitement et le déni de réalité (Ballochet, Guillaume [Jean Carmet], toujours), redouter, plus que tout, la perte de l'amour de l'autre (Papa, Claude Brasseur), nier la réalité d'un problème, tant que la matérialité des faits n'en force pas l'évidence (Caporal, cette fois à la différence de Papa), aménager les conditions de sa servitude (Ballochet, Caruso [Mario David], se parer d'une identité imaginaire, compensatrice d'une secrète dévaluation de soi-même, (presque tous les personnages),... toutes ces attitudes ne se rapportent plus à la seule condition de prisonniers de guerre, mais à celle de tout sujet, dans les aspects multiformes de son existence. Des comportements qui ne peuvent s'exercer sans que le principe de plaisir-déplaisir soit au poste de commande. Ce sont eux qui s'imposent comme autant de forces réellement agissantes, en dépit des justifications ou des représentations que les personnages peuvent s'en faire. Ce qui est vrai pour tous les hommes, à des degrés divers, selon les aléas de leur vie propre, en exerçant à chaque fois leur empire plus ou moins décisif sur leur devenir. Parce qu'ils transcendent les simples contingences de toute histoire individuelles, nous pouvons les qualifier « d'états psychiques génériques ». Ils fondent le véritable objet de la mise en scène. Le réalisme intérieur *versus* le réalisme extérieur. C'est le dernier niveau du cinéma d'auteur. Il s'agit moins de raconter une histoire que de permettre, par leur truchement, à une réflexion de se développer et de marquer intuitivement les esprits. De les marquer, précisément, par une histoire. Ce n'est plus la représentation qui est le but mais, selon le mot de Cornelius Castoriadis, une volonté « d'institution ». De permettre à des idées fondatrices de se faire jour, et de se faire jour dans les esprits, par ce qui ressortit au domaine de la fable. Pour Keaton, de se lier à l'éternel mouvement du monde. Pour Ford, de faire acte de civilisation face au déchaînement des instincts. Pour Hawks, d'instaurer une communauté égalitaire d'hommes supérieurs, ne serait-ce que par le degré d'estime qu'ils savent conquérir. Pour Renoir, comme chez Keaton, de s'allier au mouvement des choses, mais en prenant en compte le caractère proprement irrépressible du plaisir, fauteur d'ordre comme de désordre. C'est à l'évidence le point le plus secret du film, celui qui ne se révèle qu'au terme d'une analyse particulièrement têtue. « Notre comportement est en permanence tiré vers un besoin fondamental, la recherche du plaisir », écrit Marc Jeannerod[31]. Ce qu'Épicure affirmait à sa manière : « le plaisir est le principe et la fin de la vie bienheureuse (...) c'est en lui que nous trouvons le principe de tout choix et de tout refus[32] ». Dès l'instant où cette considération anthropologique paraît acquise (elle est, en tous les cas, conforme au cinéma de Renoir), *Le Caporal épinglé* se matérialise sous un tout autre jour. Il apparaît comme l'un des aboutissements de ce qui fait réellement une « œuvre », et donc un « auteur », dont certains opus témoignent particulièrement. C'est le propre d'un véritable artiste que de consacrer chacun de ses ouvrages à l'une des problématiques qui le traversent, en n'accordant aux autres qu'une position secondaire, mais en changeant à chaque fois de priorité. Ainsi *Le Déjeuner sur l'herbe* peut-il être considéré comme une autre étape décisive sur cette question, de même que *La Grande illusion* s'y confrontait déjà, mais sans la réfléchir de façon suffisante. *Le Caporal...* renvoie le spectateur à la problématique qu'il considère comme fondamentale : le besoin propre au sujet humain de rechercher le plaisir, autant qu'il est possible, partout où il est possible, comme il est possible ; et, corrélativement, la tentation de fuir le déplaisir, quelles qu'en soient les conséquences, à court comme à long terme. Telle est, je l'ai dit, la logique fondamentale qui donne au découpage toute sa rationalité, celle qui explique l'organisation et la succession des tentatives d'évasion. Une recherche qui est étudiée dans toutes ses composantes, c'est-à-dire, aussi, ses errements, ses échappatoires, ses illusions, ses mascarades, ses impasses et, surtout, ses contradictions. Confrontés

---

31. Marc Jeannerod, *Le cerveau intime*, Paris, Odile Jacob, coll. « Poches », n° 159, 2005, p. 100.
32. Épicure, « Lettre à Ménécée », in *Épicure. Lettres et Maximes*, Paris, Puf, 1990.

à chaque tentative de Caporal et de ses compères, nous devons toujours nous poser les mêmes questions. Sous l'intention déclarée, quel est le véritable objet de l'action ? Quel(s) plaisir(s) recherchent-ils ? Quel(s) déplaisir(s) prétendent-ils éviter ? Sans qu'ils en aient eux-mêmes conscience, cela va de soi. Une méthode que l'on peut appliquer à notre vie intime, autant que sociale.

*

Compte tenu du bien modeste impact des films de fiction, il est extrêmement tentant de prendre tout cela avec légèreté et de n'accorder au cinéma et, plus nettement encore aux commentaires que l'on peut en faire, pas plus d'importance qu'à un jeu... ou à une légitimation professionnelle.

Mais comment nier la puissance des idées ? Mais 1968 fut à sa manière une révolution des idées. En quelques jours, certaines parurent obsolètes ou furent interdites de séjour. D'autres, brutalement érigées à la façon d'un dogme (ainsi, le « tout est politique » qui concernait évidemment aussi le cinéma) occupèrent les premiers rangs du langage et se fixèrent comme autant d'empreintes mentales dans les automatismes discursifs. La mémoire neuronale venait de muter sur certains points cruciaux.

Les médias apparaissent aujourd'hui comme des acteurs privilégiés de ce qui se dit et, peut-être surtout de ce qui ne peut pas se dire. Ils se soumettent de plus en plus à la triple exigence de l'immédiateté, de la dramatisation et du sensationnel. À laquelle s'ajoute la facilité de compréhension et de mémorisation. De sorte que ce qui ressortit à l'ordre du superficiel et des passions les plus grossières a toutes les chances d'occuper les ondes et les voies électroniques au détriment de ce qui suppose études et réflexions proprement argumentées. Ainsi en est-il pour l'analyse de films, toujours lente, pénible, incertaine, exigeant un patient travail d'acculturation dont on ne peut être sûr de maîtriser tous les éléments nécessaires. Se creuse, alors, un profond écart entre ce qui se dit sur un film – ou peut se dire, je le répète – et ce dont celui-ci appelle l'énonciation. Seul le réalisme intérieur saisit le procès réel des choses.

Tout ce qui précède paraîtra bien abstrait, et secret, aux yeux de certains spectateurs avant tout soucieux de se divertir. Ce que

Renoir ne contesterait pas, lui qui considérait « le cinéma comme un art plus secret que les arts soi-disant secrets », et déclarait (en songeant très certainement à sa propre pratique) que « le public qui s'intéresse à ce genre d'art cinématographique est extrêmement réduit ». Il ajoutait : « le cinéma [n'est pas] fait pour les 6000 personnes du Gaumont-Palace [mais] pour trois personnes parmi ces 6000[33] ». Il espérait (y croyait-il vraiment ?) conquérir un public international pour en compenser les coûts.

Comment ne pas faire une très rapide incursion dans mon passé de directeur et de programmateur d'une salle d'art et d'essai. La pratique hebdomadaire d'un tel métier donne raison au plus célèbre des cinéastes français. Et le distingue, une nouvelle fois, par sa lucidité. En dépit de cas particuliers et d'une situation nécessairement complexe, je n'ai pu que constater le fossé qui séparait, économiquement, le film dit « d'art et d'essai » des productions les plus prisées du public. Comment le nier alors que, nous Français, avons sous les yeux cette simple évidence : *La Règle du jeu*, culturellement le plus estimé des films de l'hexagone, pouvait-il espérer un succès public comparable à celui de *Bienvenue chez les Ch'tis* ? Évidence institutionnelle cette fois : s'il en était autrement, la notion de « cinéma d'art et d'essai » n'aurait même jamais vu le jour. Nous n'en aurions jamais eu besoin.

Inversement, le succès public d'un film est souvent lié à une conjoncture idéologique. Dans le cinéma dont j'assurais la direction, la palme revint à *Family Life* (Ken Loach, 1971) qui tint l'affiche trois à quatre semaines, alors qu'aucun titre n'a jamais dépassé une semaine, voire deux à trois jours sur toute la durée de l'exploitation de la salle. Ken Loach en était à ses premiers essais. Ce n'était donc pas l'« auteur » qui bénéficiait de ce que nous sommes convenus d'appeler les « faveurs du public ». Au début des années 1970, le thème de l'anti-psychiatrie, la critique des appareils d'État, assimilés à des forces de répression, la crise de l'autorité, institutionnelle et parentale, sur fond d'un manichéisme certain et d'une révolte aux accents encore fortement adolescents, jouissaient d'un fort crédit de popularité. Le récit devenait le miroir (passager) d'une génération – cette génération qui formait le gros de « ma » clientèle. On

---

33. *Entretiens et propos, op. cit.*, p. 27.

remarquera que la notion de « film d'une génération » connut par la suite de forts beaux jours. Le plus souvent éphémères. Plaisait et plaît ce qui donne idéologiquement du plaisir. Ce qui renforce les convictions du moment. Ce qui se fait l'instrument et la garantie d'un lien social. Toutes choses qui ne seraient pas bien graves, si ne subsistaient, au bout du compte, que ces seuls effets de mode. Une conjoncture idéologique chasse l'autre, assurant le renouvellement des objets jusqu'alors les plus appréciés. Une perpétuelle fluctuation qui, soit dit en passant, correspond aux besoins du capitalisme et, peut-être de la « vie culturelle », telle qu'on la pratique aujourd'hui. Mais est-ce servir la culture ? Un modèle se substitue à un autre, dans l'abandon ou le refoulement de ce qui l'a précédé. La capitalisation dialectique des acquis, leur redéploiement critique ne sont pas assurés. Là où ne devraient régner que des approximations, des propositions toujours menacées d'insuffisances et d'erreurs, des avancées en lesquelles se profilent toujours plus ou moins des possibilités de recul, ne sont retenues que des affirmations péremptoires au risque du dogme, du slogan, et, conséquemment d'un inévitable réductionnisme. On comprend que les grandes œuvres soient « essentiellement allusives ». Ainsi se garantissent-elles une salutaire pérennité. L'analyse filmique doit tenir compte d'une double conjoncture. L'actualité idéologique à partir de laquelle elle regarde un film. Le contexte à partir duquel les spectateurs le perçoivent, lors de sa sortie ou de ses rediffusions[34]. Sans oublier le rapport que le cinéaste entretient avec l'époque de la réalisation de son film. Un grand créateur, faut-il le répéter, n'est pas forcément (ou uniquement) de son temps. On est en droit de se demander s'il n'est pas toujours (plus ou moins profondément) inactuel.

Aussi faut-il séduire les trois du Gaumont-Palace, peut-être rejoints par quelques autres, il est vrai en certaines circonstances exceptionnellement favorables. Si *Le Caporal épinglé* fourmille d'inventions visuelles et sonores, s'il est incontestablement plus rigoureux que *La Grande illusion*, ses qualités sont moins émotionnelles. Sa narration est plus complexe dans ses tonalités affectives,

---

34. Ce qu'il ne faut en aucun cas confondre avec une analyse discursive adéquate au film lui-même.

plus mêlée, plus consciente des servitudes humaines, et, surtout, plus contradictoire. Elle ne fait ni rêver (péché capital), ni battre le cœur à l'unisson d'un monde réconcilié où tout serait enfin beau et grand (ressort des grandes œuvres, dites humanistes, qui valut à *La Grande illusion* son succès public de 1937, succès démenti à la Libération où les amours d'un Français et d'une Allemande paraissaient alors insupportables), et, je le répète, ne semble pas suffisamment abstruse (critère de validité pour qui entend se distinguer de la masse). Plus que beaucoup d'autres, elle vérifie (tendanciellement) le principe de la nécessité absolue du découpage. Les raccords de montage, les jeux de lumière, la scénographie des plans, les positions dans le cadre, certains costumes, leurs accessoires, les mouvements de caméra, la liaison entre les *stock-shots* d'actualités et la dramaturgie fictionnelle, quelques fondus enchaînés, les effets sonores, la modulation des voix, le double discours dialogique, les postures corporelles, le détournement des clichés, les références à la théâtralité,... toute cette extrême précision du découpage (démontrable d'« ouïe et de visu ») concourt, plan par plan, détail après détail, à l'intelligence du discours filmique. Mais comme discrètement. Son élaboration est de faible apparence. Pour parler de la façon la plus populaire, mais ici la plus nécessaire, toutes ces qualités ne sautent pas aux yeux. Seule l'analyse permet de les restituer dans toute leur force de séduction. Mais une séduction destinée à cet étrange spectateur qui, loin de se laisser divertir par un film, ne se laisse convaincre que par l'étude. Éternel drame, incommensurable malentendu de l'art (qui est aussi celui de la culture verticale par opposition à la culture horizontale) : mille fois sur le métier remettons un ouvrage que le cours ordinaire de la vie condamne à n'être visité qu'une fois. Le plus souvent, de façon hâtive. Comme si nous ne prenions jamais le temps du temps de la profondeur. Aussi la démarche analytique, celle qui traverse les apparences, est-elle dépositaire du jugement esthétique. Hors d'elle, rien n'apparaît que formellement. C'est-à-dire, par des effets dont les plus grossiers, regrettait Méliès, sont les plus convaincants. Nietzsche ne disait-il pas que la vie privilégie toujours les apparences ? Autre principe vertueux de l'analyste : alors que nous décidons de la valeur d'une œuvre simultanément à son visionnement, cette simultanéité est pour tant de chefs-d'œuvre un leurre. Comme toujours dans la vie, il faut agir. Vite. Quand la sagesse recommande la lenteur.

Alors, comment séduire ? Ou, plus exactement, « par quoi » séduire ?

Je l'ai dit, il faut appliquer aux spectateurs une méthode analogue à celle que je préconise pour la compréhension des personnages : s'interroger sur la spécificité du plaisir. Quel(s) plaisir(s) « ce genre d'art cinématographique » est-il susceptible de leur apporter ? Une première réponse s'impose : rien, ou si peu, qui fassent l'ordinaire d'un divertissement. Rien, ou si peu, qui puissent s'écouter et se voir sans une tension de l'esprit.

Si nous en revenons à la relation que le spectateur entretient avec les personnages (privilégiés dans cette forme de pratique fictionnelle), nous devons conclure à une sorte de renversement. Le spectateur ne s'identifie plus à quelque personnage au sens, trivial, où la personnalité de ce dernier se substituerait imaginairement à la sienne (confusion d'identités). Il y gagne « son » identité. Il perçoit dans le personnage des indices identitaires qui le renvoient à lui-même, quel que soit par ailleurs le désir qu'il en ait. En suivant les tribulations de Caporal, ses échecs, ses erreurs, il comprend combien sa personnalité imaginaire, par ailleurs si valorisée, balance constamment entre l'improvisation et l'action planifiée, la précipitation et la réflexion, l'impulsion et le geste maîtrisé. Toutes choses dont il ne peut que mesurer la grande proximité avec ses propres modes opératoires. Aussi ressent-il, intuitivement, le lien étroit qui l'unit au personnage, révélé comme son alter ego de celluloïd. Exit les données conjoncturelles et presque factuelles de l'histoire qui lui est racontée. Entre en scène ce qui demeure et fixe son attention cognitive : une communauté de ressenti et d'expérience, une mise en « miroir intérieur » de ce qui lui fait également problème. Au plus quotidien.

Insistons sur ce point, ce n'est pas sa conscience réfléchie qui est à l'œuvre, mais son instance intuitive, celle qui est la plus sollicitée par sa vie psychique. Au gré de l'évolution du récit, comme au hasard ou à la nécessité de sa propre aventure existentielle, le spectateur et le citoyen sont le lieu incessant de productions mentales, à proprement parler non langagières : impressions, désirs, émotions, sentiments, images, suggestions, jugements… qui leur « traversent » l'esprit, sans qu'ils aient la possibilité de les « penser ». Les penser, autrement dit de les réfléchir, puis de les fixer, avant de les transformer en de véritables acquis de conscience. Ceux qu'il pourra, éventuellement, réinvestir dans sa vie propre et, de simples héritages culturels, les élever au rang de choix existentiels capables de décider de son avenir. Ce qu'Edgar Morin appelle « le problème de l'intégration de l'expérience vécue dans nos esprits », avant d'ajouter qu'il « faut constater une énorme déperdition de l'expérience dans tous les domaines[35] ». Tout film narratif (de quelque valeur) est un condensé d'expériences. Et ce, d'autant plus qu'il est lui-même de grande importance. L'analyse filmique se doit de réactualiser ce qui s'est sédimenté dans sa forme – pour en favoriser l'assimilation par le spectateur. Jung constatait, et regrettait, l'immense carence introspective de l'humanité. Un diagnostic que l'on peut appliquer à l'étude du cinéma. « Très peu de gens, confiait Nicholas Ray, ont les qualités nécessaires d'introspection et d'objectivité envers eux-mêmes[36]. » Un « malaise dans la civilisation » auquel l'analyse filmique permettrait de délivrer un avis de bulletin de santé.

*

---

35. Edgar Morin, *op. cit.*, p. 178.
36. *Op. cit.*

Chapitre v

Le « pour quoi »

Je suis désolé de m'être si longtemps attardé sur ces deux films. Comment faire autrement ? Au commencement de son travail, un analyste se heurte toujours à la même contradiction. Il pressent l'importance discursive d'un film dont le découpage en suggère beaucoup plus qu'il ne peut lui-même l'expliciter. Une solution lui tend les bras : user de formules conventionnelles, laudatives, saisissantes, mais qui tournent sur elles-mêmes, comme autant de promesses que nul ne serait tenu de préciser. S'il est aisé, et presque automatique, d'avoir l'intuition de quelque chose, son exposé et sa démonstration supposent un travail d'autant plus ingrat qu'il est souvent de faible portée. On ne convainc pas avec des raisons. Contradiction, il n'en faut pas moins raisonner, avancer des éléments probatoires, aller au plus profond d'une analyse, puisqu'elle seule témoigne de la richesse d'une œuvre qui se dérobe quelque peu volontairement au premier regard. Bref, il y faut une temporalité qui est aux antipodes de ce que la technicité entraîne, et impose, comme un impérieux besoin.

Bien d'autres films fourniraient d'excellents objets d'études. Par force, ils seraient moins approfondis. Moins travaillés, plus récents, ils ne bénéficieraient pas (encore ?) des multiples interrogations, des ajustements et des rectifications propres à une investigation de longue haleine. Toute (grande) œuvre nous conduit à une méditation sans fin. Année après année, nous compensons, autant que nous en sommes capables, la faiblesse de notre acculturation et des outils dont nous disposions au départ. Tous les films qui me sont apparus précieux et féconds pour l'esprit mériteraient eux aussi une investigation similaire à celles que j'ai développées dans le précédent chapitre. Serait-elle de quelque manière utile ? Pour l'essentiel, elle me conduirait aux mêmes conclusions. L'important était, en définitive, de parvenir à un certain degré d'accomplissement réflexif. Cela seul est fondateur. Où quelques œuvres, pour moi, se distinguent de la masse, il me fallait exposer les raisons de mes goûts. Des raisons certainement subjectives (quoique la prétendue « subjectivité du sujet » doive être mise en doute). Mais d'une subjectivité raisonnablement justifiée, voilà le but.

Faisons une dernière synthèse, en forme de rappel. *La Grande illusion* débouche sur une connaissance à finalité prescriptive. Une prescription qui demeure attachée à une expérience que l'on peut dire particulière, quoique socialement capitale : l'éternelle alternance du dominé *versus* être dominé, dont elle brise le cercle sans fin en nous incitant à son renoncement. Le récit demeure cependant trop allusif et (sur ce point) trop rapide quant au fondement de son évolution : ce que l'on doit considérer comme la force motrice de la mutation de Maréchal. Nous l'avons vu, les bons sentiments ne suffisent pas. Freud le constatait, nous ne savons renoncer à rien. *Le Caporal épinglé* reprend la critique de la volonté de dominance et s'interroge sur ce qui était déjà à l'œuvre dans le film de 1937 : la gouvernance du sujet par le principe du plaisir-déplaisir. Une gouvernance que l'on peut dire micro-régulatrice, exerçant son emprise sur le moi dans sa plus stricte quotidienneté.

Aussi Renoir se sépare-t-il du particularisme relatif attaché à *La Grande illusion*, et s'ouvre-t-il à une généralité qui réduit son ancrage historico-géographique à la possibilité d'une métaphore, tendanciellement universelle. Le sujet événementiel du film (les tentatives d'évasion successives) permet la matérialisation cinématographique de ce que j'appelle le « sujet de la réflexion », seule façon de rendre compte de (l'éventuelle) rationalité du découpage. En l'occurrence, la conquête, par le sujet, d'une meilleure maîtrise du principe de plaisir-déplaisir en tant que l'un des déterminants essentiels des conduites humaines. Une conquête progressive et toujours menacée, ainsi qu'en atteste la narration. Le sujet y est également envisagé dans sa relation de dépendance à l'égard des collectivités humaines. Et, surtout, dans sa vie ordinaire. Sous la fable, se désignent les actes et les comportements les plus banals. Ceux qui décident des existences dans ce qu'elles ont de plus concret, mais aussi de plus définitif.

Parvenu à ce point de ma réflexion, plusieurs remarques s'imposent.

1. Je ne puis que rendre une nouvelle fois hommage à François Truffaut quand il déclare que « ce qui est intéressant dans la carrière d'un bon cinéaste, c'est qu'elle reflète sa pensée de ses débuts à sa maturité. Chacun de ses films marque une étape de sa pensée, et il est sans importance que tel film ait du succès ou non[1]. » En d'autres termes, la réflexion sur ce que nous essayons de cerner en usant du terme « d'auteur de films » est une aventure de la connaissance. Ceci, ai-je besoin de le préciser, me motive particulièrement. Si le progrès n'existe pas dans le monde de l'art, nous pouvons parler de la progression d'une œuvre. Une progression que l'on est en droit de considérer comme l'un des signes les plus distinctifs d'un auteur. *Le Caporal épinglé* est une étape essentielle dans le cinématographe, tel que le conçoit Renoir. *Le Petit théâtre de Jean Renoir*, son dernier opus cinématographique (et tout spécialement en son sein, *Le Roi d'Yvette*, le quatrième sketch) en est une autre, en dépit de son insuccès notoire, critique autant que public. C'est à l'analyse d'en décider, preuve à l'appui (j'y reviendrai dans quelques lignes).

2. Il y aurait une sorte de perversion culturelle à faire de l'étude d'un auteur une fin en soi. Ce n'est qu'un moyen – qu'il faut naturellement porter aussi loin et aussi complètement qu'il nous est possible –, mais ce n'est que cela. Là encore, il convient de se tenir à l'écart

---

1. François Truffaut, *Le cinéma selon François Truffaut*, textes réunis par Anne Gillain, Paris, Flammarion, 1988, p. 73.

de toute forme de fétichisme. De cinéma comme de film « culte », selon nos modernes expressions.

3. Au risque de forcer le trait, je dirai que ce n'est pas Renoir qui m'intéresse dans le cinéma de Renoir, ni même sa pensée (cinématographique), je veux dire pour elle-même. L'homme est mort ; l'auteur est à la fois beaucoup plus et beaucoup moins que son œuvre. Toute célébration sans distance est une autre forme de fétichisme, une dévotion à son tour transformée en une sorte de bondieuserie. Seul compte ce que m'apporte son œuvre en tant que sujet engagé dans un devenir personnel autant que collectif.

4. Tout le monde rirait, me semble-t-il, si j'affirmais que l'analyse de film est un but dans la vie. Pour reprendre l'expression employée par Jacqueline Nacache, elle n'en constitue pas moins une sous-discipline. Est-ce une façon de dire qu'elle n'a d'autre finalité qu'elle-même ? Et qu'il est préférable de ne jamais s'interroger sur ce point ? Cette question, si prégnante dans les années qui suivirent mai 1968, semble totalement tombée en désuétude. Les modes sont une autre forme de servitude.

De même que tout travailleur (donc, tout analyste) se doit de réfléchir sur sa pratique laborieuse, ses conditions d'exercice, ses méthodes, son organisation, ses stratégies... et ses fins, un être vivant n'a-t-il pas besoin d'en faire autant, bien qu'il n'y soit nullement tenu ? Car si le travail n'est généralement qu'un moyen de gagner sa vie, le fait de vivre, et de vivre le plus heureusement ou le moins malheureusement que faire se peut, est bien la seule fin que l'on ne saurait contester. De surcroit, universellement. Sans entrer dans plus de détails, le « vivre heureusement » suppose, ou exige, que nous puissions écarter de nous le plus de déplaisirs possible, pour conquérir, puis maintenir, le plus d'états de plaisir. Dans la mesure où plaisirs et déplaisirs sont liés (pour se donner la jouissance de la danse, il faut apprendre à danser ; ce qui suppose des efforts, ainsi que le montre magnifiquement le montage parallèle de *French Cancan*), où tous les plaisirs ne sont pas à rechercher ni tous les déplaisirs à fuir (ainsi que le conseillait justement Épicure), toute réflexion sur leur articulation dialectique s'impose comme un élément culturel majeur. Majeures à leur tour sont les œuvres qui la favorisent.

Or, comment ne pas le reconnaître, le type de formation sociale qui triomphe aujourd'hui dans le monde entier ne répond à la question du « mieux vivre » que par l'accumulation de biens matériels. Une accumulation proprement sans fin (le jeu de mots est accepté), et donc insatiable. Une fuite en avant vers un toujours plus qui ne peut que creuser les écarts sans satisfaire personne. « La richesse sans la limite est grande pauvreté », remarque encore Épicure. Cette dénégation d'une évidence montre jusqu'à quel point le monde que nous nous sommes fabriqué n'est en rien matérialiste : il ne prend que bien incomplètement en compte la matérialité de la pensée, la seule décisive. Ce serait une erreur monumentale pour la culture et, en son sein, pour l'analyse filmique, que de se mettre à l'unisson d'une telle occultation. N'est-ce pas, pourtant, ce que la recherche en littérature et au cinéma n'a cessé de privilégier depuis des décennies ?

*

Toute discussion sur la valeur d'un film demeurera sans fin, c'est-à-dire toujours marquée au sceau d'un certain arbitraire, tant que nous n'aurons pas souscrit à deux exigences de travail complémentaires :
1. Sans une analyse rigoureuse de son système discursif, aucune réflexion, y compris d'ordre esthétique, ne pourra être jugée satisfaisante. Cette analyse doit être considérée comme un préalable indispensable à toute autre considération. Un préalable dont, trop souvent, l'on se dispense.
2. Ce travail ne saurait être entrepris et mené à bien tant qu'il ne maintient pas un lien de servitude étroit avec le système formel du découpage.

Toute œuvre s'accomplit dans ce qui la limite. De cette limite, l'analyse filmique se doit de rendre compte. Pas plus que le film de Kubrick, *Les Carabiniers, Le Caporal épinglé, Les Chemins de la gloire, Les Croix de bois, La Grande évasion, La Grande illusion, Le Jour le plus long, Le 41e, Stalag 17, Les Sentiers de la gloire, Le Temps d'aimer ou le temps de mourir, Trains étroitement surveillés*,... ou quelques autres fictions parmi les innombrables récits cinématographiques consacrés à l'un ou l'autre des deux grands conflits mondiaux, ne disent tout de la guerre. S'ils diffèrent grandement les uns des autres, quelquefois se contestent ou se contredisent, ils ne se complètent pas à la façon d'un puzzle qui tendrait vers son achèvement. Ils ne coexistent pas comme autant de « mondes » dont il nous suffirait de prendre note dans une acceptation lénifiante de leurs divergences mutuelles. Il faut en finir avec les concepts ou les locutions de « morceaux de monde », de « visions du monde », d'« univers imaginaires » qui réapparaissent régulièrement sous la plume de certains commentateurs. Dans notre langage conventionnel, ils rassemblent, sous un même vocable, l'ensemble d'une production attachée à un cinéaste particulier. Imprécis, passe-partout, ils uniformisent le cinéma, le gommant dans sa diversité et l'élan créateur propre à chaque auteur de films. Aussi sont-ils illusionnistes. Leur amplitude, si prometteuse, n'est qu'une extension de l'impression de réalité, de l'aptitude de l'esprit à généraliser. En un sens, à outrepasser ses droits. À l'échelle de son homonyme, ce prétendu « monde » est d'une rare indigence. Un simple rappel, à titre d'exemple. Au début d'*Une Femme mariée*, le spectateur peine à se représenter ne serait-ce que le seul hors champ. Demandons-lui de nous dessiner les plans de cette maison-là ou de ce château-là, tels qu'ils apparaissent à l'image dans leur supposée intégralité, ou de nous décrire les habitudes et les goûts culinaires, artistiques et érotiques des protagonistes (en dehors, bien entendu, de ce qui en transparait dans le cadre). Bref, de matérialiser la « diégèse ». Il ne pourra rien en dire, ni en faire. À moins, évidemment, de s'abandonner à sa fantaisie, ou à la « projection » de ses éventuelles connaissances, lacunaires, et de toute manière non constitutives pour le sujet du film. La diégèse est un blanc, une imagination sans objet, semblable à ce que l'esprit pense quand il songe à l'infini. Elle ne contribue nullement à l'analyse filmique. Le « monde » en question se confond avec les seules données du découpage et ne peut prétendre à la globalité que son appellation lui permet orgueilleusement de revendiquer. La plus majestueuse des œuvres cinématographiques n'est pas plus universelle que ne l'est notre Terre. Tout est local. Mais d'une localisation qui diffère et ouvre des perspectives de plus ou moins grande amplitude. Du film de Hawks (*Les Chemins de la gloire*), en un facile jeu de mots, je dirai qu'il nous propose moins une « vision du monde » qu'il ne concourt (involontairement) à une forme de « cécité dans le monde ». En occultant délibérément les scènes de bataille (si cruellement, mais justement rendues par tant d'autres films), *La Grande illusion* ne nous restitue pas l'une des terribles réalités de la guerre (l'épouvantable boucherie que furent ses combats), dont Renoir fut victime au point de n'avoir pu réaliser ce qui aurait sans doute été son dernier film (*Julienne et son amour*[2]). En un sens, volontaire cette fois, il s'y refuse. Ce qu'il veut nous montrer en suppose la mise à l'écart. Tout film sélectionne, privilégie, oriente, non principalement pour une question de regard, ni même de point de vue dans l'acceptation statique du terme, mais de projet. Il ne s'agit pas d'imiter ou de représenter, pas même de concevoir le « monde » en une sorte de totalité métaphorique qui ferait de chaque œuvre, ou de chaque film, une sorte de manifestation de l'ordre des choses. Il s'agit d'orienter et de dynamiser le spectateur, de répondre à la vacance existentielle à laquelle le condamne l'affaiblissement de ses instincts. Et, relativement à la subjectivité des créateurs, de répondre à des besoins qui, leur étant propres, entrent plus ou moins en correspondance avec ceux de la communauté des hommes.

À l'impossible imitation ou représentation du monde, Hawks, Kubrick, Renoir et tant d'autres opposent ce que j'appelle des « *volontés* de monde ». J'emploie ce mot par opposition à l'ordre du désir qui, bien qu'exprimant un manque, ne s'efforce pas nécessairement de créer les conditions favorables à sa satisfaction. Un fantasme peut lui suffire. Toute volonté est constructive. Elle repose sur de patientes et fines élaborations. Elle est également protéiforme. Elle prend aussi bien l'aspect, malgré tout naïf, de *Brigadoon* (où le cinéma donne corps à une pure idéalité, ce fameux « rêve » au sens candide du terme), que celui, plus combatif et surtout plus précaire, de ce qui n'est encore qu'une espérance lointaine ou menacée (*Les Sentiers*

---

2. Ce que la critique n'a pas manqué de lui reprocher. Mais, parce qu'il n'est pas un « monde », aucun film ne peut tout dire sur quelque sujet que ce soit. Et, parce qu'il est « orientation et volonté », il se caractérise d'une double façon : ce qu'il tait, ou refoule, demeure inséparable de ce qu'il promeut et de ce qu'il exhibe. Je le répète, nous ne pouvons penser une œuvre sans en interroger le mode d'articulation à la dialectique de l'apollinien et du dionysiaque.

de la gloire,...). Chaque œuvre donne une existence fictive à ce dont elle souhaite l'avènement, tout en contestant, ou dégradant, ce dont elle recherche l'anéantissement. La mimésis n'est qu'un instrument. Par le truchement de l'impression de réalité, par ailleurs si décriée, elle lui confère le statut de « réalité imaginaire ». En elle, se lit un appel et se mène une lutte idéelle pour un devenir possible. Celle-ci, rappelons-nous, apparaîtra d'autant plus puissante, et surtout plus profonde et plus « vraie », qu'elle intégrera davantage de contradictions, reportant en son sein les contraintes et les errements sans lesquels rien ne saurait matériellement advenir. Ce qui, sans doute, le rend plus improbable. Le public ne se trompe généralement pas (ou se laisse consensuellement berner, en un mensonge tacite) sur les prétendus « univers imaginaires » qu'il sait n'être que des vœux pieux. Ou de gentils divertissements. Et donc sur tant de fins heureuses. D'où son acceptation de résolutions narratives où le désastre se mêle à la désolation, en dépit de leur faible adéquation à la fonction prioritairement ludique du spectacle cinématographique. Les gratifications résultant de l'élévation de la pensée prennent le pas sur les plaisirs du rêve.

*

La majeure partie de nos études de films ou d'auteurs ressemble à des hagiographies involontaires. Il faudrait sans cesse les discuter, en tracer les limites, en souligner les failles, les manques, les éventuels errements. Issue du travail d'un ou de plusieurs hommes particuliers, aucune œuvre ne peut être considérée comme parfaite. Il nous faut renoncer, là aussi, à toute « pratique » romantique de l'amour : pour n'être jamais sans défaut, l'aimé(e) n'en est pas moins aimable. Le risque de l'analyse de films, inhérent au consumérisme moderne, serait de se laisser entraîner dans une attitude de pur enregistrement des œuvres. On ne peut se contenter d'égrener les films comme autant de propositions équivalentes, parlant de « conceptions du monde des cinéastes », comme l'on parlait hier de « conceptions du monde » dans certains travaux. Elles figuraient au sein de leur instruction comme autant de « systèmes » ou de « machines » qui n'auraient d'autre sens et d'autre finalité que leur construction refermée sur elle-même. Les étudier, les commenter, ressortirait à l'ordre d'un jeu.

Et, en tous les cas, de pratiques essentiellement ornementales : « la culture comme contingence du mondain ».

Comment, au contraire, ne pas insister sur les antagonismes qui divisent ces fameux « imaginaires », comment ne pas les percevoir dans une diversité qui condamne au schématisme toute déclaration d'unité relative au cinéma ? Et, finalement, nous mène à une impasse. À l'évidence, toute création artistique suppose, en amont de son élaboration, un long travail d'acculturation et de réflexion, hors lequel il ne peut être que convention et pauvreté. L'esprit demeure irréductiblement séparé du monde dont il est issu. Il n'en propose que des interprétations : ce par quoi il cherche, justement, à se le représenter, avant de prendre appui sur ses acquis, pour enfin se déployer en tant qu'ouvrage conquis dans son autonomie. Ainsi Kubrick se fait-il une certaine représentation des rapports que les généraux entretiennent entre eux, puis entre eux et leurs soldats, ainsi que des motivations qui les guident, des manipulations de conscience dont ils sont capables afin de servir leurs intérêts en accord seulement formel avec leurs propres valeurs morales. Mais cette « interprétation », quels qu'en soient le degré de justesse ou la part d'artifice, n'est pas son but. Sinon, son récit ne trouverait-il pas son achèvement le plus « réaliste », au sens du plus probable, dans les moqueries des poilus « se payant une boche » ? Le choix de la cruauté *versus* celui de la pitié, deux « conceptions du monde », ou plutôt de l'homme, également vraisemblables ou véridiques. À la manière de certaines séries picturales, le cinéaste filmerait une succession de fins possibles, toutes aussi acceptables les unes que les autres. Affaire de hasard, de circonstances, mais aussi d'époques. Un récit ne peut s'accomplir dans la simple reproduction d'un objet supposé préalablement existant à lui-même. Il faut en saisir le caractère essentiellement dynamique. Celui qui s'accomplit dans l'unité de la création et de la destruction, telle que tout acte producteur demeure inséparable de ce qu'il cherche à contester, contrer et dépasser. C'est-à-dire toujours, de quelque façon, à détruire. Confère la dernière séquence des *Sentiers de la gloire*. Y sont niés les solidarités de classe, l'esprit de carrière dans son indifférence à tout ce qui pourrait l'entraver ou le ralentir, fut-ce la mort des autres, le mépris du vrai, le dédain du peuple, les manipulations langagières et les mauvaises fois. Les grandes œuvres, j'y insiste, sont des actes de combat, fussent-ils marqués par une profonde lassitude. Il s'agit d'affirmer dans le moment même d'une négation, de porter à l'existence par un mouvement d'approbation qui se refuse corrélativement à d'autres possibles. C'est le propre d'un récit que de devoir choisir. Ce n'est donc pas une « conception » qui s'empare, finalement, de la mise en scène, mais bien l'Ordre d'un désir. Il n'est de désir vrai que dans la volonté qui s'efforce opiniâtrement de le réaliser. « Rien de spirituel, pas même le rêve le plus chimérique, n'a jamais été conçu sans que le contenu ne vise objectivement la transformation de la réalité matérielle. Il n'y a pas d'affect, aucune réalité intérieure, qui ne vise en fin de compte une réalité extérieure et qui, sans une telle intention, ne se réduise au faux-semblant et à la non-vérité », rappelle judicieusement Theodor W. Adorno[3].

Aussi, le mot « monde », rapporté aux films narratifs, ne renvoie-t-il en aucun cas à un pur artefact. Mais bien à l'organisation sociale dans laquelle nous sommes bien obligés de vivre. Et que nous contribuons, par nos actions, volontaires ou non, à devenir un autre probable. La première de ces actions est évidemment le film lui-même. Un film que l'on peut dire projeté sur l'écran fictif d'un « monde visé comme réel ». Par nos choix esthétiques, nos fréquentations filmiques, les discours que nous en répercutons, nous nous en rendons responsables à la façon des poilus dans les derniers instants du film de Kubrick. Le capitaine Dax est le représentant de nos espérances. Comme nous, il est extérieur au lieu de l'action. Comme nous, il espère et attend, redoutant le pire. Comme nous, il veut que lui soit donné satisfaction, dans l'impérialisme d'un désir qui se voudrait tout puissant (« comme nous », j'exclus de mon analyse les spectateurs qui se montreraient profondément pervers ou de mauvaise foi !). Demeure l'écart entre la représentation et la vie réelle, le moment du spectacle et la sortie dans la rue. Ce « monde » dont on nous parle tant pour désigner les ensembles fictifs constitués par les films n'existe évidemment pas. Aucune œuvre filmique ne peut, ne serait-ce que s'en approcher. La métaphore est trompeuse. Elle dissimule, et trahit, la première caractéristique de tout ouvrage fictif :

---

3. Theodor W. Adorno, *Prismes : Critique de la culture et de la société*, Paris, Payot, coll. « Petite Bibliothèque Payot », n° 781, 2010, p. 131.

sa profonde et essentielle contingence. L'incapacité qui est la sienne de parler du monde matériel autrement que de façon orientée. Et, précision qu'il convient de garder en mémoire, une représentation tout au plus circonscrite à quelques-uns de ses aspects.

C'est pourquoi le concept de rêverie appliqué au cinéma apparaît plus adéquat que son cousin, le rêve, autrement plus enchanteur. L'onirisme, au sens que lui confère son existence nocturne, nous abstrait du monde et ne nous met en contact qu'avec nous-mêmes. De préférence avec des zones obscures qui n'appartiennent et ne concernent que notre moi intime. À la différence de son homologue nocturne, la rêverie nous projette dans l'ordre des possibles collectifs. Elle est anticipation du monde, expression d'une volonté qui « vise » à son application. Répétons-le, qu'est-ce qu'une rêverie qui ne souhaiterait pas sa matérialisation ?

Ce qui me conduit une nouvelle fois vers les propositions de Lebeau. Au titre de notre spécificité génétique, il souligne combien les communautés humaines établissent, et même institutionnalisent, des « relations de dominance ». Dominer ou être dominé, Nietzsche en avait parfaitement résumé l'alternative. Une formule, curieusement, de faible renommée. Mais une formule qui trouve son champ d'application dans une large part du cinéma mondial où de trop nombreuses fictions en dénotent la pertinence. Elles en reproduisent les investissements affectifs, en servent la satisfaction imaginaire, et, par là, renforcent ou reconduisent ce qui demeure une façon d'être inconsciente de ses conséquences. L'innocence dans le mal, au sens de ce qui nuit à l'intelligence de la vie. Ce que des ouvrages comme *La Grande illusion* ou des *Sentiers de la gloire* combattent, en le soumettant à notre réflexion.

Par-delà tout le plaisir sensuel, affectif, esthétique que je puis éprouver lors de leur visionnement, ces deux œuvres m'intéressent, et me plaisent, pour leur contenu idéologique. Idéologique, c'est-à-dire producteur d'idées. Ces idées à partir desquelles nous décidons de nos conduites existentielles, inconsciemment bien plus que consciemment. Minoritaires au sein de la production mondiale, elles se rejoignent sur un point : elles entrent en conflit avec le programme de dominance génétique inscrit dans notre cerveau. Si leurs études se donnent la guerre pour cadre, il serait absurde d'en limiter la portée à ce seul champ historique. Il suffit d'ouvrir les yeux. Un discours de la méthode civique ne devrait pas ouvrir son premier chapitre sur un éloge du bon sens, mais par la litanie des mille et une formes de ce que j'appelle la « volonté de puissance ordinaire[4] ». Par « ordinaire », j'entends qu'elle s'exerce de la façon la plus quotidienne, à tous les âges, dans tous les métiers, dans toutes nos postures sociales ou familiales, pour toutes les couches sociales, tous les niveaux d'éducation et de culture et, naturellement, tous les sexes. Les différences, incontestables, ne sont qu'affaire de retenue, d'habilité et, surtout, de déguisement. Voire d'hypocrisie. Le plus souvent, pour des enjeux futiles ou misérables. Une volonté de puissance le plus souvent impuissante qui cherche à se satisfaire, ou plutôt à se compenser, dans des identités fantasmées que l'on peut dire aliénantes. Aliénantes puisque le sujet, se désirant et se prétendant à lui-même autre et plus qu'il n'est, perd toute possibilité d'action sur ce qu'il est effectivement. Aussi est-elle un facteur de dramatisation et de dégradation de la qualité de soi-même, dans sa vie personnelle et dans celle des autres. Et, d'autant plus qu'elle est moins réfléchie. Telle est la caractéristique principale des personnages du *Caporal épinglé*. Un miroir dans lequel nul n'a envie de se contempler. Une critique que le critique ou l'analyste ne sont nullement empressés de s'adresser à eux-mêmes. Ce qui se comprend. L'une des plus grandes misères de nos pratiques culturelles est de nous maintenir ainsi étrangers à nous-mêmes. Avec notre complicité.

En forcer la reconnaissance et la « réflexion », telle est la place culturelle que je reconnais à des films comme *La Grande illusion* ou *Le Caporal épinglé*. Mais, sans illusion pour le second. Je sais qu'il ne peut convaincre la plupart des cultivés. Cinquante années après sa sortie, son refoulement dans les poubelles de l'histoire du cinéma en atteste suffisamment. D'une certaine façon, personne n'est spontanément enclin à faire un tel retour sur soi-même : à décevoir, ou briser, cet égocentrisme sans lequel, pourtant, nous ne pouvons vivre. Obstinément, de nombreuses œuvres font « écran » à une telle traversée de nos apparences.

---

4. Ce que je n'entends pas, ici, au sens nietzschéen du terme.

Mais, là encore, efforçons-nous de dialectiser. De cette dominance, nous ne pouvons nier la positivité, dans son potentiel de dynamisme et de résistance face à l'adversité. L'humanité ne serait pas techniquement aussi avancée sans l'aiguillon dont elle imprima le fer dans la chair de tout ce qui vit. Mais une dominance dont nous ne pouvons occulter l'immense négativité. Et l'absurdité. Source d'immenses désastres planétaires, elle s'épuise le plus souvent en vaines et dérisoires querelles, pour ne rien dire de ses enjeux les plus grotesques. Et pourtant les plus répandus. Elle ressemble à l'attitude de ces piétons qui traversent en dehors des clous alors que leur feu est au rouge. L'index levé, convaincus d'être des rebelles que nulle puissance ne fera jamais fléchir. Pour ce seul instant et cette pure impression de prestige, ils transgressent une règle qui n'a d'autre but que de faciliter la vie dans une économie globale des plaisirs-déplaisirs. Une économie presque toujours négligée, à la manière d'un cerveau qui ne pense pas. De nouveau, je tiens à souligner la complémentarité des deux concepts.

Penser est un plaisir, mais est-ce un plaisir comme un autre ? La culture est un plaisir, mais est-ce pour une fin en soi ? L'analyse filmique est un plaisir, oui, mais « pour quoi » ? Si tous les films sont sources d'agrément, y compris les plus mauvais (ou presque), je l'ai dit, il n'est de plaisir que dans une singularité qu'il convient de spécifier. Ici commence une autre tâche de l'analyste. Il faut interroger notre appétit de jouissance filmique dans la nature et le degré d'élévation que chaque œuvre met à notre portée. Et qu'il nous est alors possible de rendre plus intelligent. On ne peut tout approuver en un même élan inconditionnel. Isolément, un film n'est rien, ou si peu. Dans un ensemble, il participe à cette production-reproduction idéelle qui construit, plus ou moins directement, plus ou moins fortement, ce que nous sommes appelés à devenir. Car rien n'est que le devenir, le cinéma le rappelle dans sa matérialité. En ce sens, nous pouvons parler de la « culture comme une nécessité du vivant ». *Le Caporal épinglé*, ce film si modeste en son apparence, est l'une des œuvres cinématographiques les plus soucieuses de sa part de responsabilité. La métaphore de destruction-reconstruction sous-jacente à son développement narratif en fournit le premier indice.

Ce n'est donc pas la volonté de puissance qu'il faut condamner à la façon d'une chose en soi (ce serait condamner la vie elle-même, et nous ne pourrions que la refouler), mais les objets par lesquels elle cherche à se satisfaire. En me séparant quelque peu de la philosophie épicurienne, je dirai que ce sont les objets de plaisir qu'il convient de hiérarchiser. À la mesure de leurs conséquences. Dans *La Grande illusion*, le plaisir de se sentir supérieur aux Allemands, dans *Le Caporal épinglé*, l'impression de ne plus être un esclave « à la différence des autres », sont recherchés et goûtés pour leur force d'attraction proprement inextinguible. Mais ils ne sont que de courte vue. Et se paient.

En écrivant cet ouvrage, j'ai voulu revenir sur mes analyses passées afin d'insister sur deux choses :
1. Sur la nécessaire méfiance que doit nous inspirer notre réception des films en ses premiers verdicts. Notre œil nous trompe ; notre esprit plus encore. Ce n'est pas l'écriture d'un « texte » qui doit nous guider et, moins encore, nous servir de caution. Mais la patiente observation de son découpage dans la volonté de donner un concept adéquat aux suggestions et aux intuitions dont le spectacle cinématographique nourrit notre cerveau. Un film est comme un repas. Ses conséquences aussi. Dois-je le répéter, tout ce que j'ai dit à propos du pénultième film de Renoir peut se contrôler « d'ouïe et de visu ». À l'heure où nous sommes en droit de douter de tout, à commencer de nos propres jugements, ce ne sont point d'affirmations dont nous avons besoin, mais de « possibilités de vérification ». J'en ai fourni un certain nombre d'indices.
2. Sur la nécessité de « penser la pensée du film », première étape, de « penser la pensée » d'une œuvre, seconde étape, et de les relier au système général par lequel nous tentons de penser le monde. Un ouvrage qui ne se construit que très progressivement, par des reculs autant que des avancées, des errements autant que des aboutissements toujours partiels, des inexactitudes permettant de plus exactes formulations. Une pensée qui suppose du courage. L'un des commentateurs du *Caporal épinglé* eut ce mot : « Dans la soupière, j'ai vu un crapaud ». À son insu, n'avait-il pas bien vu le film ? Que cette pénultième réalisation ait été la « plus triste » de son auteur

procède, logiquement, d'un acte de clairvoyance. De cette face négative dont j'ai vanté la cruelle nécessité. Car selon le mot, cette fois de Jean Douchet, *Le Caporal épinglé* est une œuvre de « combat », en conséquence même de sa lucidité. Il comprend, mieux que tout autre, combien la dialectique du plaisir-déplaisir, condition du sujet, s'impose comme un principe de régulation. C'est elle qui permet au personnage principal d'échapper, lentement mais non linéairement, à l'enfer de la captivité dans lequel il est plongé. Dans lequel la plupart des personnages s'« enferment » avec délectation. En sa fin de carrière, Renoir était pleinement conscient de la distance qui le séparait de l'idéalisme de *La Grande illusion*. Une distance qu'il n'avait pas hésité à creuser, au risque de se faire passer pour un crapaud. À la définition de Truffaut, j'ajouterai ce (petit) complément : « ce qui est intéressant dans la carrière d'un « vraiment » bon cinéaste, c'est qu'elle reflète, surtout, le « courage » de sa pensée ». L'une des conditions de la liberté, et non la moindre.

« Enfermement », « captivité », « asservissement », autant de métaphores extra-diégétiques qui nous renvoient à notre positionnement dans le monde. L'esthétique de l'avant-dernier film de Renoir, si modeste et pourtant si savante, débouche sur une sagesse que j'ai désignée du nom de « sagesse du plaisir ». Ce qui, là encore, était ce qui m'intéressait. Ce ne sont pas de rêves dont nous avons besoin dans un cinéma de cette sorte, mais de conseils et de recommandations, selon la fonction qu'André Comte-Sponville donne à l'éthique. « J'entends par *éthique*, écrit-il, un discours normatif mais non impératif (...) qui résulte de l'opposition du *bon* et du *mauvais*, considérés comme valeurs simplement relatives. Elle est faite de connaissances et de choix : c'est l'ensemble réfléchi et hiérarchisé de nos désirs. Une éthique répond à la question : "Comment vivre ?" ». « Ainsi l'éthique est[-elle] un travail, un processus, un cheminement[5]. » Une formulation qui s'accorde singulièrement avec le cinéma en tant que procès narratif ; une formulation qui s'applique on ne peut plus pertinemment au protagoniste du *Caporal épinglé* dont le parcours d'un bout

---

5. André Comte-Sponville, *Dictionnaire philosophique*, Paris, Puf, coll. « Perspectives critiques », 2001, p. 219.

à l'autre de sa narration est essentiellement spirituel. Une spiritualité matérialiste, si je puis m'exprimer ainsi (on sait combien la religiosité s'est annexé le mot). Ce film est bien le récit d'un cheminement. Son « réalisme » extérieur peut nous convaincre de son caractère purement fictif, à la manière d'un jeu qui se meurt lorsque l'un quelconque de nos modernes écrans voit s'éteindre sa lumière sous la simple pression d'un doigt qui ne caresse plus que des artefacts. Son « réalisme intérieur » nous demande de faire scintiller notre cerveau. Il faut porter remède à l'immense carence introspective dont parlait Jung. Nombre de nos pratiques et de nos valorisations culturelles ne cessent d'en accentuer les déficits. L'esthétique trouve sa finalité dans la définition d'une éthique. Le matériel dans le spirituel. Le « pour quoi » de l'analyse filmique dans son champ d'application.

*

Conclusion

Qu'une analyse filmique « puisse » être rigoureuse, le consensus en est facilement atteint. Qu'elle « doive » l'être, le doute s'installe. Pratiquement, il est préférable de ne pas se couper les ailes qui permettent de voltiger.

À plusieurs reprises dans le passé, je me suis permis de souligner la présence de certaines erreurs patentes dans les textes analytiques consacrés aux récits cinématographiques : des affirmations « absolument contredites par les faits ». Mon but n'était nullement de prendre mes confrères ou mes consœurs en défaut (à ce jeu, personne n'est reine ou roi). Ni même, en soi, de rectifier quelques erreurs (bien que la tâche en soit collectivement indispensable, et s'impose, individuellement, comme un impératif déontologique). Mais de rappeler l'analyse filmique à sa première exigence : l'assujettissement de la production de ses énoncés au critère de la vérification. L'idée régulatrice en est aussi simple que facile à mettre en pratique : de toute proposition analytique, il convient de mettre en lumière la relation d'étroite coïncidence avec les images et les sons, tels qu'ils apparaissent lors du déroulement filmique. Une exigence de « *correspondance avec les faits* ». Les « faits », je me suis expliqué sur l'emploi de ce mot. Ce qui s'exprime également sous une forme négative : un critique, un chercheur ou quiconque se propose d'étudier un film ne doit rien avancer qui trouve dans le corps du texte un démenti formel. Ce que l'on peut cette fois désigner, à la suite de Carl Popper, comme « un principe de réfutation ».

Sur cette base, radicale, j'ai avancé un certain nombre de modes opératoires, proclamés « vertueux » afin d'en souligner la positivité. Ils fournissent au travail interprétatif un certain nombre de règles qui le fondent raisonnablement. Car, faut-il le répéter, sans interprétation, la lecture de film ne peut que trahir une œuvre dans ce que j'ai appelé son « projet symbolique ».

Force est de le constater, cette déontologie de l'analyse filmique est souvent transgressée. Dès l'instant où l'on fixe des limites et définit des conditions de production des énoncés (relatifs à un film donné) se lève une meute de boucliers criant au scandale de méthodes disciplinaires. En ce domaine, comme en tant d'autres, le cinéma ne doit qu'être un rêve… Force est également de le constater, si le visionnement d'un récit cinématographique semble ordinairement aller de soi (bien que ce ne soit qu'une illusion), son analyse, souvent, est source d'angoisse et de déception.

Une source d'angoisse. Plus la « lecture » avance, plus elle s'avère incertaine, complexe, lointaine dans la possibilité de sa résolution. Recourir à une imagination plus que largement alimentée par des formules convenues, des projections multiformes, s'abreuver aux fontaines de la citation savante et des références légitimantes, s'impose comme une planche de salut. Le moyen se substitue à la fin.

Une source de déception. Car sa première conséquence est la limitation d'une œuvre. S'estompe et se flétrit l'aura d'absolu dont la coiffait son caractère essentiellement allusif. « Ce n'était donc que cela », s'exclame le laudateur, quelque peu dépité. Autre moment négatif. C'est de la limitation, pourtant, que nait le véritable amour. Celui, bienveillant dans son exigence même, qui accepte en tout être la complémentarité de l'ombre et de la lumière.

Alors que l'esprit humain peut tout accréditer, tout justifier, tout affirmer de façon péremptoire, à commencer parce qu'il lui est si facile d'assujettir au principe de réfutation, il lui faut renoncer à cet horizon sans partage et se soumettre à la dure loi de l'individuation. Pas plus que quiconque, aucune œuvre n'est tout. La plus belle est encore loin du compte.

Peut-être l'homme moderne, plus que ses ancêtres, était-il porté à croire en l'immensité des possibilités qui lui semblaient offertes. Nous vivons dans un monde paradoxal. Saturé de textes, d'images, de sons, de propos de toutes sortes, mais le plus souvent privé des mots et des gestes qui seraient le plus utiles à nos existences. Jamais dans l'histoire, nous n'avons disposé d'un si grand nombre de pouvoirs techniques (ces pouvoirs auxquels tant de séries américaines confient l'heureuse solution de leurs intrigues). Jamais nos instruments d'information et de communication n'ont été aussi sophistiqués, et même décuplés. Ils mettent « théoriquement » à notre portée tout le savoir et toute la sagesse du monde. Mais, « pratiquement », ils ne parlent officiellement que d'une seule voix. Celle d'un bègue, de surcroît incapable de se faire entendre au-delà de la surface des mots.

De sorte que, pour tenter d'y comprendre quelque chose, nous ne disposons, en dernière analyse, si j'ose m'exprimer ainsi, que d'un très ancien instrument : notre propre aptitude à la réflexion. Évidence ? Nous nous prenons si souvent au défaut de notre manque de perspicacité, de nos paresses autant que de nos peurs. Il nous faut mêler la confiance à la suspicion, chercher, enquêter, douter, débusquer les omissions volontaires et les silences obligés, démasquer les mensonges, dévoiler les effets de rhétorique derrière les élégances verbales, accepter des dépendances, établir des comparaisons dont beaucoup détruiront nos aimables convictions, secouer des jougs parmi les plus brillants, raisonner enfin, mais sans accepter le frein quelquefois trop puissant de la raison. Toutes choses que l'analyse filmique requiert. Toutes choses qu'elle nous apprend à faire dès l'instant où elle s'oblige aux critères de rigueur qui lui permettent de faire autorité. « Contemporain, disait Giorgio Agamben, est celui qui reçoit en plein visage le faisceau de ténèbres qui provient de son temps ».

Annexes

La projection et l'identification au cinéma, *Furie*

Nous l'avons suffisamment répété, tout artiste réfléchit sur son art. Plus que d'autres, certains films mettent en abîme leur propre procès de constitution et s'offrent comme autant de « leçons de cinéma ». Ainsi en est-il pour une courte séquence de *Furie* (*Fury*, Fritz Lang, 1936). Elle se situe vers la fin du récit. Le héros, Joe Wilson (Spencer Tracy), erre dans les rues, abandonné de tous. Il vient de traverser une terrible épreuve. Reprenons le fil des événements.

Joe prend sa voiture pour rejoindre sa fiancée. Sur le chemin, confondu avec un malfaiteur, il est incarcéré dans la prison d'une petite ville. Le shérif assure sa protection afin qu'il soit jugé selon la loi. Mais ses administrés ne l'entendent pas de cette oreille. Conduits par un meneur, ils décident de faire justice eux-mêmes. Ils entourent le bâtiment, y mettent le feu, jettent une bombe qui détruit le local où Joe est enfermé. Par miracle, le malheureux échappe au lynchage. On le croit mort. Décidé à se venger de ses assassins potentiels, il suit à la radio, en le manipulant, le procès au cours duquel 22 personnes sont accusées de l'avoir tué. Mais est-il bien mort ? L'avocat de la défense a beau jeu de tirer argument de la disparition d'un corps sans lequel nulle accusation de meurtre ne peut être soutenue. Joe se heurte à un terrible dilemme. Pour assouvir sa vengeance, il doit passer pour mort. Mais un mort ne se marie pas...

Au début de l'extrait, Joe contemple la vitrine d'un magasin d'ameublement. Il rêve à ses amours passées. Il est morose. Attiré par une musique entraînante, il se retourne. À la porte d'un bar, un homme fait ses adieux. Soudain réconforté, Joe se dirige vers l'établissement et pénètre à l'intérieur. Le sas franchi, il découvre la salle...

Le descriptif de ce début de séquence peut être notifié comme suit :
1. Joe marche seul dans une rue déserte. Il s'arrête. Panoramique droite-gauche pour filmer la vitrine d'un magasin d'ameublement. Une chambre à coucher y est exposée. Un panneau portant la mention « Pour les jeunes mariés » est disposé en son centre.
2. Plan de demi-ensemble sur les deux lits, rendant le panneau nettement plus lisible.
3. Contrechamp du précédent. Joe, en plan rapproché poitrine, baisse les yeux, songeur. En son off, il entend la voix de sa fiancée, telle qu'elle lui parlait à l'ouverture du récit, alors qu'ils contemplaient une chambre à coucher similaire. Il croit à une hallucination.
4. Il se retourne. Raccord dans le mouvement pour le filmer de face, en plan américain. En hors-champ, on entend la voix d'un homme et de la musique.
5. Plan de demi-ensemble : un homme sort d'un bar. À gauche (pour nous) de la porte d'entrée, la vitrine de l'établissement porte une mention écrite : « Business men's bar ». L'homme entr'ouvre la porte et prend congé de quelqu'un à l'intérieur. « Have a good day. Bye bye », lance-t-il.
6. Cadrage du plan 4. Joe, réconforté, rabat le col de sa gabardine et sort par la gauche du cadre.
7. Cadrage identique à celui du plan 5. Joe entre par la droite, se dirige vers le bar. Il en pousse la porte.
8. Caméra à l'intérieur du café. Raccord sur Joe qui pénètre dans l'établissement, pousse la porte du sas et parvient à l'intérieur. Le volume de la musique s'est légèrement amplifié. Joe se fige sur place...

Fidèle à une méthode expérimentale que j'aimerais pratiquer davantage, j'arrête la projection. Je demande à mes étudiants de se mettre dans la position d'un premier assistant. Celui-ci, on le sait, doit anticiper le déroulement du tournage. Il doit en planifier l'organisation et les éléments nécessaires. Ainsi, par exemple, prévoir les éventuels accessoires, convoquer les comédien(ne)s, les figurant(e)s qui seront attablés à l'intérieur de la salle. Compte tenu de la mention écrite, des serveuses, des entraîneuses ne seraient-elles pas mieux appropriées ? Je laisse réfléchir l'assistance pendant quelques instants. Je remets le projecteur en marche... le défilement des images reprend :

9. Contrechamp du plan 8, « objectivation » du regard de Joe : la salle est vide, les chaises entassées sur les tables. Un balai gît dans un seau. La partie visible du comptoir est également vide.

7. Plan frontal sur le comptoir. L'oreille collée à son poste de radio, un homme de « couleur » écoute une émission de musique.

Au plan 8, j'ai volontairement omis de le noter, Joe avait l'air franchement interloqué. En dépit de ce jeu de physionomie, signe manifeste d'une discordance entre ce que le personnage s'attendait à voir et ce qu'il perçoit effectivement, aucun des spectateurs témoins de cet exercice n'a jamais anticipé le plan 9 dans son contenu réel. En bref, tous réagissent à l'égal de Joe, tous sont aussi surpris par le vide de la salle. Ils s'attendaient à voir un bar rempli de monde.

Nous pourrions dire, avec Hitchcock, que Fritz Lang fait de la « direction de spectateur ». En maintenant un volume musical élevé, en inscrivant sur la vitre du lieu une mention écrite favorable à certaines productions fantasmatiques, en plaçant un ivrogne sur le seuil de l'établissement, en lui faisant dire adieu à quelque(s) personne(s) restée(s) dans les profondeurs d'un bar où l'on semble mener joyeuse vie, il suscite, comme immanquablement, une « projection » globalement identique chez ses spectateurs. Ce n'est pas seulement le montage qui est en jeu, mais aussi l'organisation interne de chacun des plans, organisation sans laquelle l'effet recherché ne pourrait être convenablement obtenu. Pour reprendre une expression qui m'est chère, il révèle, non seulement ce qui se passe « derrière le front, derrière le crâne » de son personnage, mais aussi le contenu de conscience des spectateurs, tel que ceux-ci en deviennent intimement, quoique fugitivement, les sujets à cet instant précis du déroulement filmique. Personnage dans le film, personnes dans la salle sont ainsi le lieu d'un même contenu idéel.

L'un existe par la conscience des autres. Les spectateurs pensent le personnage, comme celui-ci pense par eux. Alors que le celluloïd est absolument dénué de tout sentiment ou d'une quelconque substance psychique, la relation de non-coïncidence entre le plan 8 et le plan 9 en force le constat réflexif : le spectateur attribue « un fait de conscience » à l'ombre de celluloïd, ici objectivée sous la forme d'une représentation précise, un bar débordant d'activité et de monde. Faut-il le préciser, ce n'est évidemment pas le personnage (sur l'écran) qui ressent quelque chose, mais le seul spectateur, par le système d'une projection dont l'organisation filmique a rigoureusement commandé, et canalisé, la production. « Projeter », loin de libérer des forces subjectives aux contenus arbitraires, n'est alors qu'une façon de compléter le film. Mieux, et pour parler ce langage, de lui permettre d'accéder à la plénitude de sa diégèse. En un mot : l'accomplir dans son effet de réalité pour le spectateur. Ainsi l'activité de « lecture » se fait-elle la réciproque et, en un sens, le correspondant de celle de la réalisation. Par un effet de miroir, elle libère et fait advenir à la conscience les contenus psychiques qui, dictant le procès d'élaboration du découpage, s'étaient comme sédimentés sur la pellicule, image et bande sonore confondues. En quelques plans, Lang réfléchit la relation du spectateur à la fiction et la manière dont se construit la diégèse. Il légitime un couple de concepts longtemps diabolisé par la théorie du cinéma : la projection-identification. Sans « projection », la séquence n'est tout simplement pas possible ; sans identification, nous le verrons, la lecture ne l'est pas davantage.

*

Alors que nous entendons, trop souvent encore, le concept de projection-identification de façon rigide et monovalente, cet extrait de *Furie* en révèle le caractère essentiellement dynamique et ambivalent.

Dynamique, car projection et identification apparaissent complémentaires autant que contradictoires. Ambivalent, car toute projection suppose une identification préalable, et vice versa. Ce qui est projeté par le spectateur se soumet au critère de vérification par l'exigence d'une confrontation objective à la matérialité de l'image et du son. L'ivrogne, la musique ne disaient en aucun cas que le café était bondé de monde mais dénotaient, « uniquement », les adieux d'un homme (adressés à un ou plusieurs personnages, réels ou imaginaires, on ne pouvait le savoir ?), conjointement à l'audition d'un morceau de musique particulièrement entraînant. Ainsi Joe, de même que le spectateur, « projetaient-ils » (imaginaient-ils) l'existence d'un bar débordant d'activité. Mais cette projection, aussi convaincante qu'elle fût dans l'instant de son surgissement, n'était rien de plus qu'une hypothèse dont il faut vérifier la pertinence. L'identification est alors entendue comme le moment négatif de la projection, son complément et son moment de correction nécessaire (alors qu'elle est généralement associée à un phénomène subjectif, autre forme de projection). En un mot, elle est « anti-projective » par excellence. Elle réaffirme la primauté de l'objet. Un objet qu'il s'agit de percevoir dans sa matérialité radicale. Aussi peut-on dire qu'un film n'est « lisible », ou plutôt compréhensible, qu'au prix de deux mouvements contraires : affirmation d'une hypothèse « et » négation de celle-ci dans sa part d'inexactitude en effet contrôlable ; projeter pour pouvoir identifier « et » identifier pour cesser de projeter. Ce que font Joe et les spectateurs, mais intuitivement. Ce que le critique, lui, doit accomplir réflexivement[1].

Se laisser tromper, quant à l'exacte matérialité de l'objet, apparaît aussi nécessaire que l'effort accompli pour ne pas se laisser abuser. L'erreur nourrit la vérité. On voit, au passage, combien toutes les théories et les pratiques cinématographiques en vogue dans les années 1970, pratiques qui, dans leur enthousiasme, entendaient éradiquer la part de leurre propre à l'art et au spectacle cinématographiques, risquaient tout simplement de détruire leur capacité d'expression symbolique. La volonté de ne pas se tromper, ou (volonté plus clairement affichée) de ne pas laisser le public être induit en erreur n'entraînerait-elle pas la mort du film ?

Ce fragment nous conduit à un autre questionnement. Le celluloïd, nous l'avons dit, est rigoureusement dénué de tout élément d'ordre psychique. Il n'est qu'image, visuelle et sonore, pur morceau

---

1. Opération bien difficile, reconnaissons-le, avant l'arrivée de la vidéo.

de matière. Un film ne pense pas. Cette lecture positiviste du cinéma n'en trahit pas moins l'esprit de *Furie*. On ne peut comprendre celui-ci sans réinvestir le concept de « participation affective », avancé par Edgar Morin, mais malheureusement confondu, dans son ouvrage, avec celui de « projection-identification[2], lui-même faussement unitaire. Projection et identification s'abreuvent l'un comme l'autre à un fonds participatoire qui ne saurait se limiter au seul ordre de l'affectivité. Il n'est de récit et de spectacle filmiques possibles que par l'implication psychique d'un spectateur qui, à tout instant du déroulement narratif et selon des modifications constantes, se fait une certaine « représentation » de la représentation assurée par le défilement de la pellicule. Cette « représentation » est un ensemble complexe, organisé et hiérarchisé, fait de perceptions, cela va de soi, mais aussi de sensations, de sentiments, de fantasmes, d'idées préconçues, de jugements, d'images remémorées ou projetées, d'associations diverses,... où des éléments propres à chaque spectateur particulier se mêlent à des faits d'universalité. La méthode dite de « permutation » avancée par la sémiologie en offre un parfait révélateur. Dans *Furie*, la projection serait-elle la même si l'ivrogne était remplacé par un homme du monde, et son imperméable par un smoking (Lang affuble le figurant d'un imperméable et d'un chapeau similaires aux vêtements de Joe) ? Que le barman soit blanc ou noir n'affecte nullement le fonctionnement du récit et l'effet de surprise recherché (il ne figure d'ailleurs pas dans le plan révélateur). Mais ce choix ethnique induit une double correspondance. Il fait écho à la musique de jazz dans une relation de correspondance culturelle, évidemment conventionnelle, mais néanmoins pertinente pour le spectateur. Et, non sans quelque convention là aussi, il renvoie à la propre solitude de Joe, au risque de marginalisation qui est le sien à ce moment du récit (ultérieurement confirmée dans la précision d'un plan). Pour secondaire qu'il soit, ce trait n'en possède pas moins sa rationalité. Pour nous résumer, à un niveau plus global et cette fois plus essentiel, on remarquera combien les choix filmiques caractéristiques de cette courte séquence drainent le spectateur vers

---

[2]. Edgar Morin, *Le cinéma ou l'homme imaginaire. Essai d'anthropologie*, Paris, Éd. de Minuit, 1956.

la « représentation » d'un bar débordant d'activité (enfumé, grouillant de monde, de jeux, d'intrigues amoureuses,... ici prennent place les variations subjectives), non vers le lieu déserté d'une salle de bistrot au moment de sa fermeture. Tel est le point décisif. Le spectateur ne peut éviter de projeter. Sans cette projection, la séquence ne produirait pas l'effet recherché. Aussi, et bien que purement intérieure au spectateur, est-elle constitutive du procès cinématographique, à l'égal d'autres éléments objectivement discernables.

Le spectateur n'est donc n'est nullement passif (sinon sur le plan moteur, ce qui n'est pas même tout à fait exact), mais psychiquement actif. Auxiliaire du dispositif de la projection, il « participe » au film. Cette formule convenue, peut être entendue d'une double façon. Certes, et selon le contenu implicite du verbe, il désire, espère, craint, pleure, se réjouit... se laissant quelquefois submerger par un flot d'émotions irrépressible. Ce qu'Edgar Morin subsume sous l'appellation de « participation affective ». Mais il faut être plus précis. Le spectateur devient comme la pensée agissante de la fiction, celui qui la restitue dans sa substance virtuelle essentiellement condamnée à demeurer lettre morte hors de sa présence. Il suffit de comparer ce que l'on peut verbaliser au terme d'un nième visionnement à ce que nous pouvions en dire lors de notre premier contact. Pour toutes ces raisons, un film n'est pas également vu par tous les spectateurs, à tous les âges, selon toutes les circonstances (entre les enfants et les adultes, le fait est patent). Il faut penser en termes de revivification possible : faire que les pensées sédimentées par les moyens techniques (appropriés à son mode de production et de diffusion) soient en quelque sorte retrouvées par le spectateur, comme s'il vivait de plus en plus à l'unisson d'une fiction par lui restaurée dans sa valeur idéelle. En ce sens et selon l'heureuse formule de Renoir, le spectateur « finit le film »[3].

Substituer « sa » représentation (que nous appellerons représentation du premier degré) à « la » représentation filmique (représentation du second degré), la tentation en est d'autant plus grande que le texte filmique ne se constitue dans son être que par le truchement de

---

[3]. « Il faut qu'un film soit fini par le public ». Jean Renoir, *Entretiens et propos*, Paris, *Cahiers du cinéma*, n° hors série, Éd. de l'Étoile 1979, p. 116.

ce moment négatif. Nous savons tous combien le énième visionnement d'un film laisse apparaître tels ou tels détails jusqu'alors passés inaperçus, combien le même élément, jusqu'ici factuel ou anecdotique, se fait soudainement essentiel.

À plusieurs reprises, je me suis étonné du peu de respect, pour ne pas dire de la désinvolture, que de nombreux analystes manifestaient à l'égard des « textes ». Approximatives, floues, souvent inexactes ou contraires à de strictes évidences, les références aux images et aux sons, bien souvent, font office de tremplin, de pré-textes (excusez la facilité du jeu de mots) à des discours dont le fondement de possibilité se trouve ailleurs. Un ailleurs dont l'existence est bien entendu occultée. Cette pratique est celle d'auteurs réputés. Phénomène lourd d'implications, les commentateurs ne semblent pas leur en tenir rigueur. Comme si la fidélité au texte filmique ne figurait pas au titre des critères de validation scientifique du travail interprétatif. Comme si l'on n'attendait rien d'un tel « travail », sinon qu'il « nous » parle, plus ou moins hors de tout souci référentiel.

Un dernier mot sur le concept de « lecture ». Non seulement approximatif, emprunté, par déplacement, à une activité relevant d'un autre substrat matériel, il oblitère ce qui s'avère le plus important : le contenu de « conscience supposée », commun aux spectateurs comme au personnage, tel qu'il est révélé dans le moment du spectacle et rendu possible par le système du découpage. Ce que l'on ne peut en aucun cas assimiler à une activité de lecture. Lire, c'est déchiffrer un texte codifié, décrypter un ensemble de signes conventionnels. Ce que le cinéma ne saurait être. Son substrat n'est pas le mot ou la phrase, mais une duplication analogique du monde visible. Un film ne donne rien à lire, à l'exception de ses éventuelles mentions écrites. Il ne met pas ses usagers au défi d'un savoir-faire spécifique, nécessairement appris, plus ou moins péniblement. Avant même toute possibilité de compréhension, un lecteur français ne peut lire un roman russe dans son texte originel écrit en cyrillique. Il n'existe que plastiquement, si l'on peut dire. Le texte n'est qu'une succession de formes abstraites, comme il l'est pour un illettré. Mais il regardera sans effort particulier un film de la même nationalité (mentions écrites, c'est-à-dire lues, précisément exclues).

Il ne s'agit donc pas de lire, mais de comprendre. Ce qui mobilise deux niveaux d'attention et de réflexion, ainsi qu'il en est dans cette courte séquence. D'une part, observer et remarquer chaque plan dans la stricte matérialité de ses images et de ses sons. De l'autre, saisir ce qui en advient dans la psyché du spectateur. Ce que l'expérimentation ici mise en lumière permet de constater, y compris dans la communauté de son ressenti.

Le suspense et les faux « happy end » chez Alfred Hitchcock

Considéré comme le paradigme de l'œuvre d'Alfred Hitchcock, le suspense est évidemment lié à la situation ontologique du héros hitchcockien. J'ai consacré un très long article à cette question et je ne peux que renvoyer le lecteur à cette publication[4]. Si nous voulons comprendre le phénomène du suspense dans la finesse qui est la sienne, une composante doit être prise en compte (de nombreux textes tendent à la minimiser, voire à l'occulter) : le facteur humain. En l'occurrence, le spectateur. Faut-il le rappeler, un film est fait pour le public. Aucune mise en scène ne peut décider de ses orientations et de ses procédures sans y sacrifier.

Rapportée au cinéma d'Alfred Hitchcock, l'étude du suspense doit être diachronique. Car la mise au point de ses processus ne s'est élaborée que très progressivement, et surtout tardivement. Sur ce terrain comme sur d'autres, la période anglaise n'est qu'une période d'essai, essaimée, osons le dire, de ratages ou de laisser-aller partiels. Dans *L'homme qui en savait trop* (version 1934, *The Man Who Knew Too Much*), si l'assaut final ne manque pas de qualités cinématographiques (on ne peut s'empêcher de penser à certaines séquences des *Mabuse* de Fritz Lang), le cinéaste s'intéresse à de multiples petits détails, aussi pittoresques que drôles, mais qui distraient le spectateur de l'action principale. Dans *Agent secret*, pour amusantes que soient les anecdotes, le procès du suspense n'en est pas moins dilué dans une sorte de sympathique divertissement. Dans *Jeune et innocent*, lorsque la jeune héroïne s'enfonce avec son automobile dans les profondeurs d'un puits de mine et tend sa main vers son compagnon dans l'espoir d'être sauvée, le suspense est comme désamorcé par une certaine désorganisation des plans. La scène annonce, ou rappelle (c'est une question de point de vue), la fin de *La Mort aux trousses* (*North by* Northwest). On s'en souvient, sur les pentes du mont Rushmore, Ève (Eva Marie Saint) pend, les jambes dans le

---

4. Daniel Serceau, « Le principe de la faute », in *Contre Bande*, n° 19, Paris, Université Paris 1, 2010.

vide, retenue d'une main par Thornill (Cary Grant). La comparaison entre les deux traitements est éloquente. Si le suspense américain fonctionne à merveille, celui du film anglais est moins convaincant. Certes, nous retrouvons les mains tendues qui cherchent à se rejoindre du bout des doigts, mais le poignet salvateur saisit la créature défaillante avant que l'automobile ne donne réellement la sensation de sombrer définitivement dans le vide. C'est l'affaire d'un simple jeu de concordances et d'effets cumulés entre les fragments de pellicule. Le principe du suspense est trouvé. Il n'est pas encore ajusté. Dire que tout se joue au plan précis, dans sa durée non moins précise, est une lapalissade. Mais tel est bien l'« art » de la mise en scène.

Il convient de distinguer deux modalités du suspense. L'une globale, affectant peu ou prou une très grande partie de l'organisation narrative. L'autre réservée à des séquences plus spécifiques.

D'une façon générale, le visionnement de nombreux films, téléfilms ou séries, montre combien le procédé du suspense est l'un des plus usités qui soit. Quelques genres (le thriller, le film d'aventures, les films de guerre ou d'espionnage,...) lui sont organiquement liés, et l'on ne peut que souligner sa grande efficacité sur le plan du spectacle. La bombe sera-t-elle désamorcée à temps, la jeune fille échappera-t-elle à son violeur, le psychopathe sera-t-il démasqué avant d'avoir commis un nouveau crime, le héros survivra-t-il... ? Pour admettre d'innombrables variations, toutes ces péripéties se réduisent au même schéma. En maintenant aussi longtemps que possible le spectateur dans l'incertitude créée par l'égale probabilité de deux issues contraires, l'une satisfaisante et libératrice, l'autre pénible et décevante, toutes ces narrations « captivent » l'attention d'un public dès lors incapable de se détacher du déroulement de l'action. Le « contenu » du récit importe finalement assez peu (en atteste le fameux *McGuffin*, cher au cinéaste) ; la qualité esthétique guère plus. Seule compte la plus ou moins grande subtilité de l'organisation filmique, alternant des moments de forte intensité (inégaux selon les fictions et les circonstances dramatiques) aux autres, partiellement ou totalement relâchés, mais créant, chez le spectateur, cet étrange besoin de connaître une résolution dont il escompte l'avènement dans un état de tension et d'angoisse certain. Cette procédure peut être qualifiée d'endémique, tant elle est consubstantielle au déroulement de la narration, et se confond avec l'un des principes de captation du public. Ces processus se répètent inlassablement sur nos écrans. De nombreuses séries doivent leur succès d'audience à la sempiternelle répétition de ce qu'il faut parfois appeler de grosses ficelles. Des ficelles qui marchent.

Faut-il le rappeler, Hitchcock n'a pas inventé « l'effet de suspense ». Bien avant lui, Griffith en a construit les conditions d'existence cinématographiques, sur un mode qui lui était spécifique. Le cinéaste « primitif » ne se suffit pas d'un traitement essentiellement « scénaristique » de l'effet recherché en se « contentant » d'alterner à l'écran deux séries événementielles en interaction l'une sur l'autre. Il travaille directement le matériau cinématographique. Il morcelle les plans jusqu'à l'extrême, intensifiant leur pouvoir dramatique. Mais, là encore, l'organisation interne de chacun des plans demeure capitale. Griffith découpe d'autant plus que le dénouement semble proche. Conséquence (pour le spectateur), le sauveur n'en finit pas d'arriver, l'agressé(e) d'être sur le point de succomber. Chaque nouveau fragment réitère la même alternance d'espérance et de crainte. L'avènement souhaité autant que redouté se distend jusqu'à l'insoutenable. L'impatience et l'anxiété du spectateur sont ainsi portées à leur comble. Ce que Hitchcock maîtrisera lui-même de mieux en mieux.

Pour cette raison, à son plus haut niveau d'intensité, le suspense peut être qualifié de « partiel », tant il se concentre sur des séquences spécifiques, à durée limitée, bien entendu fort variable. Sans nécessairement recourir à un montage alterné (dans la séquence du vol d'un coffre-fort [*Pas de printemps pour Marnie* ; *Marnie*], le cinéaste en fait l'économie par une judicieuse position de caméra), le découpage oppose deux séries événementielles dont l'une, en chacune de ses occurrences, satisfait les attentes du spectateur, tandis que l'autre ne cesse de les contrarier. Ce dernier désire qu'une heureuse solution soit donnée à la crise, et de la façon la plus urgente ; la matière narrative ne cesse d'en repousser l'échéance. Plan après plan, le salut du personnage se fait plus incertain ; la perspective de son échec (quelquefois le risque de sa mort) plus probable. De cette situation naît une tension, sorte de « contrainte jouissive » pour le spectateur. Par sa durée, dans son intensité, elle « réalise » la situation de suspense. Ou, le cas échéant, la déréalise quelque peu (ainsi dans *Jeune et innocent*). La dilatation temporelle dont parle Jean Douchet naît de cet antagonisme. Elle est, au demeurant, fort banale, expérimentable dans notre vie de tous les jours. Il suffit d'attendre un taxi ou un bus qui tarde à venir, alors que nous avons un train ou un avion à prendre, pour ressentir cette impression d'un insoutenable étirement de l'écoulement temporel. Tout l'art d'Hitchcock, contrairement à d'autres fictions pourtant similaires, consiste à multiplier les obstacles sur le mode d'une imparable nécessité (j'y reviendrai), repoussant le moment de la résolution… et de la délivrance du spectateur ! La chaussure mal arrimée de Marnie (séquence du vol), le briquet malencontreusement tombé dans une bouche d'égout (*L'Inconnu du Nord-express*, *Strangers on a Train* ; séquence du match de tennis), la femme encombrée d'un landau (séquence de la fuite en autobus dans *Le Rideau déchiré*), en offrent autant d'exemples. Le dernier apparait d'autant plus typique que tout y semble calculé pour provoquer l'impatience, ainsi que l'agacement du spectateur. Insistons sur ce point. En ne parvenant pas à se hisser dans le car (des fugitifs), la malencontreuse passagère accentue le retard que celui-ci avait pris dès le départ, et permet au bus normalisé de se rapprocher dangereusement. Deux temporalités, sous-tendues par deux désirs, s'affrontent (dans l'esprit du spectateur), à la manière de deux forces résolument antagoniques : un désir d'accélération du mouvement de la vieille femme dont les difficultés rendent l'ascension aussi pénible que lente ; l'espoir que l'autre véhicule soit providentiellement retardé par quelque accident de parcours. Une solution que le déroulement dramatique réserve au premier bus, inversant en quelque sorte le mécanisme d'un miraculeux sauvetage. Dans le même ordre d'idées, la maladresse de la voyageuse génère des pensées magiques facilitant sa montée en dépit des obstacles matériels qui s'y opposent. Les déserteurs, les motards, le second bus, autant d'entraves, ambivalentes en termes de cinéma. Si elles font redouter le pire, et pour cette raison irritent le spectateur, elles n'en sont pas moins indispensables au meilleur fonctionnement du spectacle, en le conditionnant dans son pouvoir d'attraction émotionnelle. Paradoxe (si l'on veut), dans les œuvres du genre : pour jouir, il faut souffrir. Le découpage réactive sans cesse cette double modalité : d'un côté, la peur de l'échec ; de l'autre, le souhait, presque enfantin, du dénouement le plus rapide et le plus heureux possible.

Le plus heureux, ou le moins douloureux ? Dans *Le Rideau déchiré*, dont l'action se passe en Allemagne de l'Est, les membres d'une organisation clandestine aident le professeur Armstrong[5] (Paul Newman) à quitter leur pays. Qu'arrivera-t-il si la police découvre le stratagème du faux-vrai bus circulant à la place du service normal ? On peut craindre le pire : le démantèlement de l'organisation, ses membres arrêtés, torturés, assassinés peut-être ? Si les policiers découvrent finalement le pot aux roses, tous les participants parviennent néanmoins à s'échapper. Seul le bus est perdu. Une bien légère sanction pour un risque maximum ! Le fait ne manque pas de surprendre. Hitchcock ménagerait-il ses spectateurs... et la possibilité de satisfaction d'un public pourvoyeur de dividendes ?

Un autre détail contribue à la tension générale de la séquence : le physique de la dame au landau. Résolument dépourvu de tout attrait, il renforce l'agressivité du spectateur désirant, « impérativement », ce que la fiction s'obstine à lui refuser. La passagère fait office de bouc émissaire. À l'époque des cinémas populaires, une partie du public manifestait son irritation par une kyrielle de noms d'oiseaux destinés à ce type de personnages, briseurs de rêves. Ne nous y trompons pas. Un tel public, « dans sa mauvaise éducation », verbalisait ce que les spectateurs d'aujourd'hui, plus policés, plus inhibés sans doute, ne manquent pas de ressentir, mais s'efforcent de contrôler. De ce point de vue, l'expression, « ce n'est qu'un film », chère au cinéaste, n'est rien de plus qu'un mécanisme de conjuration. Je ne le répéterai jamais assez, la fameuse « impression de réalité » n'est autre que la projection, dans et par l'imagination du spectateur, du film comme étant une réalité – ce qu'il faut désigner du nom de « réalité imaginaire ». Aussi les passions, fictivement éprouvées par les personnages, sont-elles effectivement partagées (quoique différemment ressenties, l'implication événementielle n'étant pas de même nature). Que certains spectateurs laissent éclater leur frustration, voire leur colère contre un « monde qui n'est décidément pas conforme à leurs désirs », n'en est que la conséquence, au demeurant fort banale. Il n'est de suspense possible que dans ces conditions. Aussi pouvons-nous l'identifier à un dispositif de mise à mal, voire

---

5. Ce nom, composé de deux autres, est-il ironique ?

de « punition ». Rapporté au(x) personnage(s), le fait est indiscutable. Pour avoir fauté d'une manière ou d'une autre, ils s'enferment inexorablement dans un processus existentiel où s'effondrent tous leurs repères. Soudainement rappelés à un état de vulnérabilité parfois extrême, ils vivent dans l'angoisse et le risque de la mort. Quant au spectateur, plus que jamais pris entre son désir de connaître l'issue du conflit et l'implacable déroulement filmique qui ne lui permet d'y accéder qu'au prix d'une tension qu'il est bien obligé de subir, ne partage-t-il pas, sensoriellement, une semblable mise à l'épreuve, quoique dépourvue de tout danger réel ?

Ainsi la question du vraisemblable est-elle au cœur de ce dispositif. Tous les procédés d'empêchement inventés sur le plan scénaristique doivent apparaître diégétiquement nécessaires. Sur ce plan, le Hitchcock américain a réalisé d'incontestables progrès[6]. Dans *L'Inconnu du Nord-express*, la chute du briquet dans une « providentielle » bouche d'égout, astuce critiquable, n'en est pas moins fort bien amenée. Elle permet un double étirement. Celui du match, bien sûr, contraignant Guy à sortir de sa nonchalance habituelle et à livrer rudement bataille, trait caractéristique de la morale hitchcockienne[7]. Celui de la récupération de l'objet, avec cette étrange impression d'un allongement quasi démesuré de la main de Bruno, une extension physique qui donne la mesure de la dilatation du temps. Les deux extensions temporelles s'amplifient d'autant plus l'une par l'autre qu'elles participent de deux intérêts contraires. Le suspense est entier, mais conserve néanmoins quelque chose d'un « effet-cinéma ». À l'inverse, dans *Pas de printemps pour Marnie*, la chaussure placée en équilibre instable entre particulièrement en résonance avec l'expérience quotidienne des spectateurs. Agissant précipitamment, la jeune femme n'a pas contrôlé son geste. Le réalisateur peut (aimablement) se moquer de « ses amis les vraisemblants », la vraisemblance de la situation en accentue la puissance émotionnelle. L'inventivité de la scène repose également sur son mode de résolution. La chute

---

6. Voir mon article, « Divertir et punir », in *Contre Bande*, n° 19, Paris, Université Paris 1, 2010, p. 31 à 52.
7. *Ibidem*.

tant redoutée de la chaussure (véritable « chute » d'une séquence qui ferait à elle seule un petit court-métrage) met fin aux espérances du public, évidemment solidaire de la voleuse (autre paradoxe : il prend fait et cause pour une action dont il n'aimerait certainement pas être la victime dans sa vie personnelle). Ce possible impossible, ou, pour le spectateur, cet impossible rendu possible (le soulier ne peut tomber sans attirer l'attention d'une femme de ménage présente dans le champ, mais jusqu'ici trop occupée par son travail pour regarder dans la direction de l'héroïne) trouve rétrospectivement sa justification (par un jeu de scène, nous comprenons que l'employée est sourde), et rend l'invention filmique d'autant plus astucieuse.

Logiquement, Hitchcock repousse jusqu'au dernier instant la résolution narrative. À la toute fin de *Fenêtre sur cour* (*Rear Window*), le sauvetage, en tout point in extremis, n'empêche nullement Jeffries de tomber dans le vide, l'axe de la caméra créant une impression d'aspiration par le bas[8]. Dans ce film de 1954, comme dans celui de 1964, advient, pendant un instant, ce dont le spectateur redoute (ou refuse) l'éventualité : Jeffries s'écrasant au bas de l'immeuble ; le soulier touchant le sol à grand fracas. Tendanciellement dans son œuvre, la punition se fera toujours plus sévère.

Soyons honnêtes. Tous ces processus sont plus ou moins communs à tous les films ou séries dont le pouvoir spectaculaire repose sur des effets de suspense. Mais le rythme de ceux-ci, la progression de leurs alternances sont, d'un cinéaste à l'autre, plus ou moins ajustés. L'implication émotionnelle du spectateur est-elle dans tous les cas sensiblement la même ? Ou, pour dire les choses autrement, quelle différence doit-on faire (peut-on faire ?) entre Hitchcock, Brian de Palma et la série de télévision *Mission impossible*[9], pour ne retenir que ces quelques exemples ? L'intensité du mode de captation du spectateur est-elle meilleure et, surtout, plus intéressante dans les films de « l'auteur » Alfred Hitchcock, comparativement à ceux d'un quelconque faiseur de séries ? Telle est la grande difficulté,

---

8. J'ai analysé plus longuement cette scène dans mon ouvrage *Le désir de fictions*, Paris, éd. Dis-voir, 1987.
9. Je prends cet exemple car cette série, dite « culte » (le mot est assez stupide... ou désespérément pertinent) fit l'objet d'un travail de thèse.

ce pourquoi tant de textes se taisent, ouvrant la voie à une banalisation des valeurs dont on mesure aujourd'hui les effets. C'est là, aussi, ce que l'on peut désigner du nom de « formalisme » : ne suffit-il pas d'ouvrir la télévision pour constater combien les fictions les plus éculées mettent immanquablement en jeu ce mécanisme du désir et de la crainte ? À qualité technique plus ou moins égale, n'est-on pas obligé de reconnaître combien le clivage se situe dans le hors-champ du film, ce que j'appellerai son « référent imaginaire » : les situations psychiques de Manny (Henry Fonda dans *Le Faux Coupable, The Wrong Man*), de Charlie (Joseph Cotten dans *L'Ombre d'un doute, The Shadow of a Doubt*), de Jeffries,… n'ont précisément rien de fictif et trouvent leur écho dans notre propre capital d'expériences et de hantises personnelles. Pour paraître plus fabriquées, celles de Mélanie ou de Thornhill n'entrent-elles pas en correspondance avec ce qui fait, pour nous, véritablement problème ? L'exemple des *Oiseaux* s'avère aujourd'hui particulièrement probant. Car si les volatiles ne se révoltent pas (encore ?), le récit nous rappelle à notre impuissance face au déchaînement des forces naturelles. À notre finitude ? En ce début de XXIe siècle, l'histoire semble donner raison à l'une des plus brillantes fables d'Alfred Hitchcock.

*

Du suspense, la période américaine accentue le malaise. De deux manières. Par une tonalité générale, conséquence d'une plus grande rigueur narrative et d'une meilleure élaboration de ses effets ; par les modalités de ses dénouements.

Le cinéma d'Alfred Hitchcock porte, jusqu'à l'extrême, l'une des contradictions du spectacle de divertissement dans lequel certains critiques voulurent l'enfermer. Lapalissade, les spectateurs, qui entrent dans une salle de cinéma ou s'installent devant leur écran de télévision, cherchent à se divertir. Ils espèrent une certaine quantité, voire qualité de plaisir. Si le cinéma d'Alfred Hitchcock leur donne indubitablement satisfaction (ses scores, au box-office, « en fournissent quittance »), il les soumet à un régime de conscience dont ils aspirent simultanément à se décharger. Je le répète, certaines périodes fictionnelles deviennent insoutenables, mais c'est d'elles, justement, que naît la spécificité du plaisir obtenu. Ainsi, pour employer une autre formule, les spectateurs sont-ils tourmentés par cela même qui leur fait plaisir. Une sorte de prison dorée. Force est de constater combien cette contradiction, tendanciellement, ne cesse de s'amplifier tout au long de la période américaine. L'évolution des modalités du dénouement narratif en porte assez nettement la marque.

Dans l'œuvre considérée en son entier, nous pouvons distinguer quatre types de fins :

1. Les « vraies fins heureuses »

La période anglaise en comporte de multiples (*Meurtre* [*Murder*], *L'homme qui en savait trop* [*The Man Who Know Too Much*], *Les 39 marches* [*The 39 Steps*], *Jeune et innocent*, *Une femme disparait* [*The Lady Vanishes*],...) ; la période américaine beaucoup moins, et de plus en plus discutables. Il en est alors comme de nos jours heureux. Il n'y a rien à en dire.

2. Les « fins heureuses ambiguës »

Elles sont assez nombreuses, chacune étant à sa manière un cas particulier. Dans *Sabotage/Agent secret*, un couple d'amoureux se constitue sur la fin. Mais la jeune femme a dû tuer son mari ; son jeune frère a été tué par l'explosion de la bombe qu'il transportait à son insu. Si Maxime de Winter (Laurence Olivier) est lavé de tout soupçon (il est vrai par une sorte de coup de théâtre quasi inespéré), *Rebecca* s'achève sur un manoir en feu. Dans *L'Ombre d'un doute*, la disparition d'un monstre séduisant pèse comme une « ombre » malsaine sur le couple qui est en train de se former. Leur bonheur est moins que garanti. « L'idée est que la fille sera amoureuse de son oncle Charlie toute sa vie », précise Hitchcock[10]. Son mariage avec un inspecteur de police coïncide étrangement avec un enterrement. Sauvés, les naufragés de *Lifeboat* quittent la scène après avoir fait l'amère expérience de leur troublante ressemblance avec les nazis. Quant à Michael Armstrong, s'il revient sain et sauf au pays, il n'en est pas moins un escroc (scientifique), et occasionnellement un tueur. Indice de sa mauvaise conscience et de son statut réel, loin de plastronner devant les photographes, il leur tourne le dos. Quant

---

10. *Le cinéma selon Alfred Hitchcock, op. cit.*, p. 114.

au dernier plan des *Oiseaux*, il ne laisse rien augurer de bien tranquillisant. Le travail de l'image comme du son affirme la suprématie des volatiles sur une espèce humaine contrainte à plus d'humilité.

3. Les « fins franchement malheureuses »
Je l'ai dit, elles se multiplient dans la période américaine (*La Corde*, [*Rope*], *Vertigo*, *Psychose*,...). Attardons-nous sur le film de 1948. Les deux garçons iront en prison. Quant au professeur Cadell, il porte une responsabilité qui le hantera toute sa vie. Étrange similitude avec le personnage également interprété par James Stewart dans *Vertigo*. Responsable de la mort d'un policier au début du récit, il récidive (en apparence) avec la prétendue femme de son ami (la justice enfonce le clou lors du procès qui lui est fait), avant de provoquer la mort réelle de sa maîtresse. La construction en boucle ne fait pas de doute, de même que la réitération de la faute et le caractère de plus en plus implacable de la punition. Notons que la chute de Judy (Kim Novak), aussi accidentelle qu'elle paraisse, n'en est pas moins provoquée par la soudaine irruption d'une religieuse, sortant des « ténèbres » à la façon d'un être surnaturel.

4. Les « fins heureuses contredites par les codes du 7e art »
J'ai gardé pour la fin le type cinématographiquement le plus intéressant. L'exemple le plus facile (le plus douloureusement agréable) nous est fourni par le comportement de Lisa (Grace Kelly dans *Le crime était presque parfait*). La très élégante jeune femme, vêtue d'un jean et portant des talons plats, dissimule un magazine de mode sous une publication conforme aux vœux de son futur époux. Non sans humour, ces jeux de scène font peser sur le couple commençant une menace peut-être aussi grande, quoique moins dramatique, que celle dont on signalait la présence au dernier plan de *L'Ombre d'un doute* ? Les deux amants demeurant tout à fait étrangers l'un à l'autre dans leurs investissements respectifs, le mode de vie de l'un ne suppose-t-il pas la « mise à mort » de l'autre ? Ne peut-on parler d'une fin sacrificielle ? Si Lisa ne renonce à ses plaisirs que par rouerie, n'est-ce pas Jeffries, endormi, immobilisé, les deux jambes dans le plâtre qui en sera la victime ?

Le plus brillant, le plus rusé reste celui de *La Mort aux trousses*, véritable tour de passe-passe du « vraisemblable à l'écran ». Son final, en vérité, devrait être la chute (une de plus !) de la jeune femme dans le vide. Belle occasion d'exercer cette perspicacité critique dont je parlais au début de cet ouvrage. Il suffit d'observer la scène en la capitalisant dans la totalité des signes qui la constituent. Mais, aussi, en la soumettant au critère (pourtant si décrié par le cinéaste lui-même) du vraisemblable. Il est difficile de sauver d'une mort certaine même la plus légère des sylphides quand on ne la tient que par le poignet de sa main gantée, et que l'on a soi-même les doigts sadiquement écrasés par la chaussure de son adversaire ! Pour reprendre le titre d'un film « X », ça glisse au pays des merveilles. Seul le désir du spectateur d'assister « contre toute vraisemblance » à une fin heureuse, permet d'accréditer l'incroyable pirouette finale. L'humour aidant.

Mais c'est avec *Le Faux Coupable* que l'on trouve l'un des exemples les plus significatifs. La clôture de son récit s'égrène en trois ou quatre temps (compte tenu des chevauchements à l'image et au son) :
1. À la clinique, Manny quitte son épouse retombée dans son état de mélancolie. De nouveau, elle est incapable de communiquer ;
2. Il sort dans le couloir qu'il avait emprunté lors de son arrivée. La tonalité du plan initial était assez joyeuse. Il marchait d'un pas décidé. Le cadrage, serré, donnait plus de force à son personnage. L'éclairage mettait en valeur une certaine luminosité des murs, ainsi que la blouse blanche de l'infirmière. Lorsque Manny quitte la chambre de son épouse, évidemment attristé, le couloir s'est nettement assombri, à l'exception, au loin, d'un hall fortement éclairé. Le musicien est cette fois filmé en plan assez large, flottant quelque peu dans l'espace ;
3. Avant qu'il ne soit sorti du champ, apparaît une mention écrite doublée d'une musique sirupeuse. « Deux années plus tard », annonce un carton, en précisant que Rose est désormais complètement guérie et poursuit une vie paisible au sein de sa famille. La mention s'efface, découvrant un paysage urbain. Au loin (dans le champ profond), on aperçoit un couple accompagné de deux enfants. Ils se promènent.

La fiction proprement dite s'achève aux points 1 + 2. Les points 2 + 3 n'ont d'autre statut que celui d'un discours officiel (« hollywoodien »), rassérénant. Le traitement de la scène maintient une ambiguïté. Convaincu par la voix-off, le spectateur peut conclure à un heureux dénouement. Dans la mesure où le couple demeure trop éloigné pour être reconnaissable, il lui faut (c'est le cas de le dire) croire le commentateur sur parole. Le son avance une proposition que l'image ne peut valider. Rien ne peut être certifié sur une « base matérielle ». Il faut prendre le cinéma au pied de la lettre – ou plutôt au pied de l'image et du son. Désignés uniquement par une instance extra-diégétique, les protagonistes, et leur sort supposé, demeurent privés d'effet de réalité. On existe d'autant moins au cinéma que l'on occupe une plus petite surface visible, c'est-à-dire une moins large portion de l'écran. Aussi la « sensation » du bonheur recouvrée est-elle refusée aux spectateurs. Sensation est ici probation. En son absence, le crédit de vérité concédée à la voix-off s'apparente à un acte de foi, lui-même enfant d'un simple désir. Celui, bien connu, que « tout s'arrangera à la fin », ainsi que l'énonçait un peu trop distinctement le générique d'une célèbre série américaine. Dans ces conditions, faut-il parler d'une liberté d'interprétation laissée au spectateur ? Ou de son besoin de croire ? De croire à ce qui lui fait plaisir. Force est de constater combien les films de la période américaine altèrent, ou ruinent, la possibilité d'une « vraie fin heureuse ». Ils multiplient les artifices qui vont dans ce sens, certains très nets, d'autres plus camouflés, non sans laisser la place à des fins plus brutales et surtout franchement déceptives.

Aussi, pour me résumer, distinguerai-je trois concepts-clés organiquement liés les uns aux autres :
1. L'exercice plus ou moins continu d'une tension qui met à mal les « nerfs » du spectateur, et l'assujettit à un régime de conscience quelquefois à la limite du soutenable. Visionner un film d'Alfred Hitchcock, c'est incontestablement endurer une certaine épreuve psychique.
2. L'incertitude grandissante quant à la sortie de crise. Ainsi les fictions, tendanciellement, débouchent-elles de moins en moins sur une situation d'apaisement ou de bonheur sans nuages. Dans la mesure où l'un des enjeux des fictions hitchcockiennes demeure la fondation ou la continuité d'un couple, on remarquera combien celles-ci se font également plus incertaines, ou carrément menacées. *L'Ombre d'un doute*, *Marnie*, *Les Oiseaux* le confirment.
3. La mise en accusation du ou des personnages et la volonté de le(s) punir par le truchement de procès événementiels dont l'issue

peut lui/leur être fatale. Le point d'orgue en est certainement atteint avec *Les Oiseaux*. Plus qu'une fable écologique, le récit s'élève à la dignité d'une critique historico-sociale, et même d'une critique de civilisation, à bien des égards plus pertinente que jamais. Ce procès se reporte sur le spectateur. Aussi faut-il souligner une fois encore le paradoxe d'un divertissement imposant à ses amateurs ce dont ils veulent faire l'économie en venant s'exposer à ce qui « ne serait qu'un film », c'est-à-dire un objet à finalité essentiellement ludique. L'angoisse, un sentiment d'insécurité croissant, le désenchantement, le désir frustré en sont les acquis les plus récurrents. Bref, un mal-être, toujours plus constant et généralisé (*Vertigo*, *Psychose* sont, de ce point de vue, les plus radicaux). Et, tout ceci, ne le perdons jamais de vue, pour visionner un « produit » émanant de la plus fameuse de toutes les usines à rêves.

Buster et Woody
De certaines divergences cinématographiques

Comment peut-on juger d'un film, peut-on même en juger ? « La vision de la réalité, écrit Serge Moscovici, (...) est évidemment sociale, à la fois parce que c'est un produit du groupe et parce que l'individu l'accepte à la seule condition qu'elle soit acceptée par les autres[11]. » Aussi la beauté ou la valeur d'une œuvre cinématographique ne serait-elle que consensuelle, accord tacite, le plus souvent fluctuant et fragile, tel que certains cinéastes ou plutôt quelques-uns de leurs films bénéficieraient d'une reconnaissance faisant autorité dans le champ de l'art. L'opinion des spécialistes diffère de celle des « amateurs éclairés », et elle-même de celle du « grand public ». On le voit, tout ceci n'accepte d'autres précisions que ces imprécisions mêmes. Mais tous s'accorderaient au moins sur un point : l'extrême difficulté, voire la quasi-impossibilité de justifier leurs goûts autrement que de façon intuitive. En ce domaine, tout acte de raison suppose un énorme travail, et il n'est pas sûr que d'un acte de raison naisse une conviction pour les autres.

En Europe, Woody Allen appartient à la catégorie des cinéastes consensuels. Chaque époque suscite son Panthéon. Antonioni, Bergman, Bunuel en occupèrent les sièges avant lui, assurant les beaux jours de l'« art et essai » français à ses débuts. Dans les années 70, Wim Wenders prit la relève. Aujourd'hui, Tarentino, Cronenberg, Brian de Palma font partie de ceux qui « ne se discutent pas ». Quant à Woody Allen, le seul énoncé de son nom suffit à des épanchements de louanges, voire à des attendrissements, dont on est en droit de chercher l'origine hors du champ du cinéma.

En 1985, lorsque *La Rose pourpre du Caire* sortit sur les écrans, quelques critiques[12] ne manquèrent pas d'établir un rapprochement ou de se permettre une comparaison. La mémoire et ses défaillances

---

11. Pierre Moscovici, *Psychologie des minorités actives*, Paris, Quadrige/PUF, 1979, p. 42.
12. Numériquement minoritaires ! Sur vingt-six critiques de quotidiens recensés, une seule fait allusion au film de 1924.

aidant, le film de Woody Allen rappelait une œuvre de 1924, signée Buster Keaton.

Dans *Sherlock Junior détective* (*Sherlock Jr*), le personnage interprété par Buster Keaton, opérateur de son état[13], se dédouble à l'occasion d'un rêve, et pénètre l'espace du film dont il est censé surveiller la projection. Celui-ci, c'est le cas de le dire, lui oppose une fin de « non-recevoir ». D'abord violemment rejeté dans la salle par le coup-de-poing de son rival (devenu personnage du film projeté), Sherlock se heurte à l'instabilité constitutionnelle des images qui défilent sur l'écran. Se croit-il perdu dans un désert, un train passe à toute allure et manque de l'écraser. Tente-t-il de se reposer sur un tas de sable ? Celui-ci se transforme en rocher assailli par les vagues. Veut-il plonger ? À l'océan succède un tapis de neige dans lequel il s'enfonce, jambes en l'air. S'appuie-t-il contre un arbre ? le tronc disparait, provoquant sa chute…

Justifiant ces gags dans leur répétition, tout autant que dans leur concept, le cinéaste oppose au désir de repos de son personnage la matérialité du cinématographe, ici montrée dans son épure. Soit une succession extrèmement rapide de photogrammes, l'un chassant l'autre dans une perpétuelle évanescence. À peine une image s'est-elle stabilisée devant la fenêtre du projecteur qu'une autre la remplace, par essence déjà différente puisque ne correspondant pas exactement au même instantané du monde. Au cinéma, il n'est de permanence possible que dans le mouvement même. Ce que Sherlock se doit d'intégrer dans ses actes, à moins de se faire expulser. Le fondement matériel du cinéma rejoint celui de la *physis*. Il s'accorde à la « nature de sa nature ». Au cinéma, il n'est d'Être que dans le devenir.

Premier constat, Buster Keaton et Woody Allen n'usent pas « également » du dispositif engendré par leurs récits respectifs. Dans *La Rose pourpre du Caire*, le passage de l'écran à la salle, et réciproquement, se fait au moyen d'un simple contrechamp. À l'exception, toutefois, d'un effet plus subtil (une seule occurrence) : Tom Baxter

---

13. Dans les années 50, le langage courant de l'exploitation désignait du mot « opérateur » l'homme chargé d'assurer la projection des films. « Projectionniste », non usité, n'était qu'un mot sophistiqué.

(le comédien fugueur) se détache de la lumière bleutée de son film d'origine pour entrer dans celui de la couleur, conventionnellement assimilé à celui de la « réalité ». Mais le personnage ne sort pas « de » l'écran, pas plus qu'il n'y entre. Il change de coloration, non « visiblement » d'espace. Le passage d'un monde à un autre est « idée », « convention », mais non « sensation ». Dans *Sherlock Junior*, Keaton « monte » littéralement « dans » l'écran, comme on dirait « sur » la scène. L'effet de réalité est d'autant plus intense que l'impression visuelle du film projeté reste entière. Caractéristique d'une partie du cinéma moderne, dans *La Rose pourpre du Caire*, le rôle des sens se trouve minoré. L'adhésion au principe fictionnel (un personnage quitte l'écran) ressortit davantage à l'ordre d'une opération de l'esprit. Elle relève d'une démarche déductive (effectuée en deux temps : Tom Baxter était dans le film projeté ; il est maintenant dans la salle), non d'une impression sensible. En somme, Woody Allen fait appel à notre capacité de croire, ou plutôt d'acquiescer. Une première fois, nous entrons dans le monde du postulat.

Si Buster Keaton donnait au film projeté le statut d'un rêve, Woody Allen s'en tient à une autre matérialité du récit cinématographique. Les protagonistes du film visionné par Cécilia (Mia Farrow) ne sont, du moins essentiellement, ni personnes ni personnages, mais simples apparences filmiques, « êtres pelliculaires ». Ainsi la chanteuse pousse-t-elle un cri d'horreur au contact de Cécilia, épouvantée par sa tri-dimensionnalité. Ainsi Tom Baxter peut-il se battre sans recevoir de coups et garde-t-il intact l'ordre de sa chevelure ou de son pantalon. Ainsi « doit-il » croiser une femme enceinte sans rien comprendre aux déformations de son ventre ou pénétrer dans un bordel sans deviner le métier de ses pensionnaires. Être de pellicule, ou plutôt de fiction, matérialisé par le celluloïd, ses savoirs et savoir-faire se limitent à ceux supposés de son personnage, telles que les codifications en usage en limitent culturellement la formalisation. D'où sa stupéfaction au terme de son premier baiser (avec Cecilia) : aucun fondu au noir ne vient lui succéder.

À la différence de Keaton, Allen ne respecte pas les règles qu'il semble avoir lui-même prescrites. Tom Baxter ne devrait-il pas être terrifié par « l'épaisseur » de Cécilia, et elle-même par sa « minceur » ? Comment peut-il, ne serait-ce que « désirer » faire l'amour (la rencontre des sexes) puisque, du sexe, le cinéma de l'époque ne connaît que le baiser ? Et le voudrait-il, que la pauvre Cécilia en serait profondément déçue : n'y faut-il pas un certain **volume**… ?

On l'aura compris, Woody Allen prend ses aises. D'une scène à l'autre, parfois à l'intérieur d'un même plan, il modifie le statut de ses « personnages fictifs » (ceux du film projeté), tour à tour simples silhouettes de celluloïd, comédiens à la recherche de la représentation, personnages en cessation de fiction. Toutes les conventions se mélangent. Le film projeté devient scène de théâtre, les ombres de noir et de blanc êtres de chair et les personnages acteurs en quête d'emploi.

On peut s'en réjouir. Affranchi de toute contrainte, se jouant du vraisemblable tout autant que des lois de la matière, Woody Allen nous offre un festival d'imagination débridée. Qu'une situation serve de tremplin à l'un des possibles avalisés par une telle licence, le cinéaste s'y livre sans souci de cohérence. La chose n'a pas besoin d'être conforme à quelque règle que ce soit. Entre le spectateur et le récit s'installe l'accord tacite d'un droit à la fantaisie. « Le récit est entièrement guidé, déterminé par le personnage, par ses rêves et ses phantasmes, qui deviennent réels, pour le spectateur et pour lui, sans qu'il soit jamais besoin d'apporter quelque précision que ce soit[14]. » La trouvaille est plaisante.

Mais cette absence de règles ou, si l'on préfère, ce jeu avec des règles que l'on édicte pour aussitôt les transgresser, ne frappe-t-elle pas du sceau de sa gratuité l'édifice en son entier ? Car si tout est jeu, si rien n'est vraiment sérieux, si nous n'avons besoin de « croire » que pour le temps fugitif d'un bon mot ou d'un acte insolite, ne risque-t-on pas à notre tour de n'être touchés par rien ?

Et d'abord, par le peu de consistance des situations comme des personnages. Car de quels rêves, de quels fantasmes s'agit-il ? Le mot revient fréquemment sous la plume ou la langue des critiques, et l'on serait tenté de ne voir dans le cinéma de Woody Allen qu'une forme d'excellence en ce domaine.

---

14. Pascal Mérigeau, « L'écran magique », in *La revue du cinéma*, Paris, UFOLEIS, n° 407, juillet/août 1985, p. 43.

Quoique la mise en scène ne nous permette pas ce les identifier avec toute la rigueur souhaitable, on en reconnaîtra trois, formant un tout synthétique : une relation de fascination ; un désir d'intégration ; et complémentaire des précédents, l'attente d'une reconnaissance amoureuse.

Qu'un personnage sorte de l'écran et s'entiche de l'une de ses spectatrices, ce n'est pas là un fantasme « vrai ». Mais qu'une spectatrice rêve d'un personnage ou de son comédien (les deux étant, au cinéma, toujours quelque peu confondus), par-delà une séparation spatiale qui est avant tout sociale, telle est bien la « fantaisie » dont Cécilia peut entretenir l'obscure rêverie. Cohérence du récit, elle n'en dit rien à sa sœur. Entre la honte et la crainte du ridicule, certains fantasmes ne se partagent pas. Aussi le point de départ de *La Rose pourpre du Caire* est-il aussi banal que simple. Cécilia, la serveuse au cœur de midinette, contemple un film dont l'action, les décors, les protagonistes sont aux antipodes de ses espérances existentielles. Confondant la fiction et son effet de réalité, elle en désire le référent imaginaire à la façon d'un objet idéal dont elle aimerait partager plaisirs et privilèges. « Pourquoi pas moi », se dit-elle, déçue par la médiocrité de son sort ? Jolie femme, ne lui suffit-il pas d'être remarquée, c'est-à-dire regardée ? Le bel acteur, l'homme du monde, l'être inaccessible, frappé par sa « différence », ne peut que la distinguer entre toutes – et l'aimer.

Aussi la sortie du personnage hors du cadre clôturé de l'écran peut-elle être considérée comme un stratagème du désir, sa « mise en scène ». Son fantasme, en effet, ouvrant la possibilité d'une rencontre inouïe. Au hasard d'un coup de téléphone, Cécilia la serveuse croise son idole et s'évade. Ce qu'on appelle le « rêve », au cinéma, est toujours désir d'une concrétisation. Par l'entremise de la fiction, et de son point de départ axiomatique, le jeune premier, le beau jeune homme, la future star, la font accéder au monde singé par la fiction – et si ardemment désiré ! Qu'elle choisisse l'acteur contre le personnage, qu'elle abandonne le pauvre Tom Baxter à son sort, procède, c'est le cas de le dire, d'un simple respect du principe de « réalité ».

Ne construisons pas le film plus qu'il ne s'est construit lui-même. Notre description du fantasme « possible », si elle permet d'expliquer, ou de justifier, le dispositif des allées et venues entre l'écran et la salle, est comme démentie par la gestualité de Cécilia. Fixée par Tom Baxter, encore acteur du film, elle se détourne et s'étonne qu'elle puisse être l'objet de son regard. Ce n'est plus « pourquoi pas moi ? » mais « ce ne peut être moi », fantasme d'abandon et de dépréciation de soi, non antagonique au précédent, mais qui seul se matérialise par la mise en scène. Tout récit filmique est un système autonome. Il se constitue dans son être par le jeu des interactions qu'il a patiemment mises en situation de correspondances. Car, du fantasme, le cinéaste ne nous livre à peu près rien, sinon la captation de son personnage par le déroulement du récit, le mélange d'émerveillement et de stupéfaction par lequel il la tient, sans oublier l'attrait exercé par une vie de strass et de paillettes. Pour le reste, il nous faut reconnaître la pauvreté, ou plutôt la banalité des signes. Exploitant les ressources comiques de son dispositif, Allen ne néglige-t-il pas le traitement de son personnage ?

Premier constat, le nœud du fantasme reste intact. Non pas critiqué par la mise en scène ou le déroulement narratif, mais renforcé par eux. À preuve, l'impensable scène du bordel. Que Tom Baxter ne saisisse rien de la fonction du lieu, c'est la convention du récit. Que les filles de joie se pâment d'attendrissement devant les élans de fidélité amoureuse de leur impossible client, c'est attribuer à toute prostituée une âme de midinette, cliché oblige. Couché sur le ventre de sa geisha, le pauvre Mizoguchi n'en demeurerait pas moins abasourdi. Car, comment ne pas en reconnaître la sentimentalité ? Aucune distance n'est prise avec cette image de l'amour. La moindre série de télévision en dit davantage sur les ruses, les calculs, les chausse-trapes, les stratagèmes et les doubles discours qui font l'ordinaire des passions du cœur. Sans parler des faux-semblants de tendresse et d'exaltation dont les hétaïres font leur fonds de commerce. Que tout ceci se déroule dans une maison close n'est que malice sans grande conséquence : le sexe n'y figure en bonne place que pour être aussitôt occulté. Même pas sublimé. C'est la pure sentimentalité de la relation amoureuse qui s'exprime en toute idéalité et dont le récit maintient entière la nostalgie. *Maudite Aphrodite* en fut l'exacte confirmation. Chez Woody Allen, le sexe est angéliquement puritain.

Second constat, le dispositif formel ne dépasse que rarement le seuil d'un excellent divertissement. Un film s'insère dans le film, les personnages changent de statut, scènes après scènes, l'exercice surprend un peu au début, amuse de temps à autre, séduit parfois. Mais reste convention. Le principe de réalité est habilement congédié. Le personnage paie avec de la monnaie de singe ou plutôt de fiction, l'offre à un chômeur, s'étonne de ne pas disparaître dans un fondu au noir. Le récit dévoile l'envers du décor, exhibe la machinerie cinéma, comme d'autres comiques le firent avant lui (Keaton, Lewis,...). Ce n'est donc qu'un jeu. Un jeu de cinéma. Trait typique des aspirations du monde moderne : si leurs bénéfices ludiques sont incontestables, les personnages ne se heurtent jamais durablement à quelque sanction que ce soit. Ni la police ni l'homme humilié ne feront le coup-de-poing contre l'échappé du celluloïd. La carrière du jeune premier, un moment menacée, éventuellement brisée, reprend ses droits. On passe l'éponge sur un dérèglement qui n'est que crise passagère, sans valeur d'apprentissage. Cette occultation n'appauvrit-elle pas le potentiel symbolique et n'anesthésie-t-elle pas la force émotionnelle ? C'est le procès d'un certain cinéma qu'il faudrait entreprendre. Un cinéma qui congédie la valeur référentielle des films de fiction narrative, se fait axiomatique, assoit le cours ultérieur de ses fictions sur des règles ludiquement prescrites. La pellicule se fait chair et la chair pellicule. On nous demande d'en accepter le postulat. Héritier de Méliès, le médium ouvre des possibilités d'exploration et de variations techniques aux déclinaisons sans fin. Pourquoi pas ?, interrogera-t-on[15], charmé par ce débordement de fantaisie. Mais dans ce « pourquoi pas » réside toute l'ambiguïté, ou plutôt la gratuité de l'objet créé. On ne va pas (toujours) au cinéma comme on joue au Monopoly. Dans *La Rose pourpre du Caire*, le désarroi de Tom Baxter, abandonné sans façon par l'amour de sa vie, ne nous affecte pas profondément. Nous demeurons comme à la lisière de son destin, amusés, complices, parfois attendris, mais en nous contentant de passer. Nous ne sommes

---

15. *Pourquoi pas ?* est aussi le titre d'un film de Coline Serreau réalisé en 1978 et qui congédie également le principe de réalité. Il suffirait, fictionnellement, d'éliminer le sentiment de jalousie pour que des couples épurés de toute tentation en ce domaine s'affirment comme l'avenir possible de l'humanité.

là que pour deux petites heures. Nous nous prêtons plus au jeu que nous nous donnons au drame. Nous touchons à la raison même de l'impression de réalité au cinéma. Paradoxe, en son affaiblissement se joue un acte de déréalisation qui renforce l'effet cinéma plus qu'il ne l'atténue. Tout y devient « léger ». Dans le film de Woody Allen, les scènes les plus « graves », c'est-à-dire à plus forte implication symbolique, sont aussi les plus plates. Ainsi pour les déboires matrimoniaux de Cécilia, montrés sans inventivité particulière[16].

L'autre danger tient à la liberté narrative. Si Buster Keaton structure ses récits par un solide lien logique, Woody Allen les conçoit, d'abord, comme des prétextes à gags. À gags, c'est-à-dire à ces épanchements d'oralité qui lui sont si évidemment spécifiques. Dans *La Rose pourpre du Caire*, le mode de filmage est à cet égard caractéristique. La bande image n'est pas moins découpée que celle de n'importe quel film standard. Mais elle l'est inégalement. Des séries de plans brefs alternent avec de longs moments filmés en continuité, des effets de recadrages assurant le suivi des personnages dans le décor. Du Woody Allen type. Où d'autres se suffiraient de quelques répliques, il n'en finit plus de laisser ses personnages soliloquer les uns en face des autres, chacun s'abandonnant sans réserve aux excès nécessairement partisans de sa subjectivité. Son cinéma reste fidèle à ses origines. Celles d'un orateur face à son public, enchaînant gag linguistique après gag linguistique, en espérant que la rapidité du débit et le nombre des répliques sauveront l'ensemble d'un manque parfois évident de pertinence. Dans cette logorrhée, les chutes un peu faibles, carrément artificielles et pour tout dire non signifiantes, ne sont pas rares. Mais cela « passe », le plus souvent. Principe axiomatique oblige, on ne saurait espérer davantage de rigueur, les principes de la fiction étant de toute façon arbitraires.

*

Si la différence entre les deux films s'arrêtait là, nous la jugerions presque négligeable. La question est ailleurs. Un dispositif, aussi astucieux soit-il, ne justifie pas l'entrée dans le champ de l'art. Encore doit-il porter la marque d'une authentique pensée. Dont acte pour Buster Keaton.

---

16. Le mari n'est qu'une brute épaisse, porteur de tous les défauts de la terre.

Dans une très belle image (par le procédé d'une surimpression), la silhouette d'un Sherlock éveillé se détache de celle du Sherlock endormi. Elle lui reproche de s'être réfugié dans le sommeil, de laisser couler les choses quand il lui faudrait agir. Car, sur l'écran du film dans le film, un changement est intervenu. Ce ne sont plus ses protagonistes qui occupent la scène, mais Kathryn[17] et sa famille, les pairs du projectionniste. Le supposé réel s'est substitué au supposé fictionnel.

Nous insistions tout à l'heure sur les difficultés rencontrées par Sherlock pour pénétrer l'espace de l'écran. Toute position de repos, toute tentation d'immobilisme, s'avéraient condamnées. Une autre exigence se fait jour. Celle d'une triple adaptation, selon que l'on prend le cinéma ou la vie réelle comme mode de référence. La pellicule étant en perpétuel mouvement, il convient de se synchroniser avec elle. Le film étant fiction, on ne saurait s'y intégrer sans devenir l'un de ses personnages. L'histoire racontée possédant sa propre dynamique, encore faut-il y jouer un rôle qui corresponde à sa nécessité.

Ce que le double éveillé de l'opérateur commence par méconnaître. Il s'impose, à la manière d'un corps étranger qui tenterait de s'immiscer dans un milieu dont il ignore les règles. Aussi ne peut-il qu'être refoulé, et de la manière la plus radicale. Sa place est dans la cabine. En devenant Sherlock Junior, tout change. Ce sont les personnages de la fiction qui l'appellent à la rescousse. Il ne force plus la porte ; il est attendu. Il n'est plus un intrus ; on l'espère, auréolé par sa réputation. La relation d'homologie avec les lois de l'existence sociale se passe de commentaire.

Ce sont les mécanismes d'un rêve doublement compensatoire qui semblent se mettre à l'œuvre. Au début du récit (première image), Sherlock lit un ouvrage au titre aussi explicite (« Comment devenir détective ? ») que son propre prénom (Sherlock, évidemment pour Sherlock Holmes). Si ses premières expériences (de détective amateur) se soldent par des échecs cuisants, sources de ses malheurs récurrents (par sa maladresse, il se fait dérober son argent et endosse la responsabilité du vol commis par son rival), son rêve le transforme du tout au tout. Devenu l'égal des plus grands, il confond l'escroc qui l'avait déshonoré et reconquiert pleinement sa place auprès de

---

17. *La Fiancée de Sherlock*. À la ville, Kathryn McGuire.

la jeune fille aimée. Tout serait pour le mieux dans le meilleur des mondes si, précisément, ce n'était qu'un rêve.

Dans la théorie du cinéma, l'usage du mot « rêve » est incontestablement inflationniste. Mais aussi réducteur. Dans *Sherlock Junior*, il prend tour à tour deux sens distincts, selon qu'il est envisagé sur un mode diurne ou nocturne. Sherlock le balayeur-projectionniste se « rêve » dans la peau du plus célèbre des détectives. Un rêve, ou plutôt une rêverie, dont il peut mesurer le coefficient de concrétisation possible à l'aune de ses actions réelles. Première vérification, Sherlock, le prétendant injustement chassé de la maison qui aurait dû être la sienne, s'endort au lieu de se battre. Mais, sombrant dans le sommeil, il livre son moi faible et découragé au sermon d'une autre instance de sa personnalité. Une instance dont Buster Keaton, le cinéaste, ne dissimule pas la double polarité.

Et d'abord, celle d'un surmoi qui se cristallise à l'imitation des images sociales. Seul dans sa salle de cinéma, les détritus et son balai à l'abandon, le balayeur en défaut de service se voudrait « fameux détective », nous dit l'intertitre. Mais ce « fameux », véhiculé par la production culturelle, puis intériorisé comme modèle par l'appareil psychique, quel est-il ? Le livre, le film proposent à leurs lecteurs et spectateurs la fiction d'une personnalité, certes d'exception, mais « essentiellement immatérielle ». Celle qui ignore les déboires, les ratages, les défauts de puissance et les impuissances définitives, inséparables de toute existence humaine. Un idéal à la mesure de cette irréalité. Keaton-auteur ne tourne pas le dos au cliché. Il le défait de l'intérieur, par sa mise à l'épreuve de la réalité. Les rodomontades du projectionniste devenu Sherlock Holmes, en rêve comme en cinématographe, font long feu. Sherlock Junior répète, pour commencer, les fanfaronnades de son pauvre amateur. « Pas de détails, proteste-t-il devant le coffre-fort vidé de ses bijoux. Une simple déduction permettra de résoudre cette affaire ». Quelque temps plus tard, il quitte la maison sans avoir rien résolu[18] ! S'il prend les voleurs en chasse, il ne doit sa réussite, et même son salut, qu'à

---

18. « Son esprit brillant a fait toute la lumière mais n'a identifié ni les voleurs ni retrouvé les perles », note ironiquement l'intertitre. Il s'agit de *Top hat*,

la présence d'un assistant qu'il traite comme un valet. De sorte que la toute-puissance du personnage et le contentement de soi qui en résulte sont à plusieurs reprises critiqués et pris en défaut. Sortant de la maison où fut commis le vol, il manque de laisser choir la boule de billard transformée en grenade. Au cours de sa flature, il se fait littéralement claquer la porte au nez et se laisse enfermer sur un toit. Acculé dans une impasse, il n'échappe à ses poursuivants que par le truchement d'un « truc » illusionniste, heureusement préparé par son assistant. À la fin du rêve, voguant sur l'eau en compagnie de sa fiancée, il coule inexorablement alors qu'il plastronnait déjà, fier de son succès. Le narcissisme du personnage est par deux fois suggéré. Alors qu'il s'apprête à quitter son domicile, il se contemple dans un miroir qui s'avère n'être qu'une cloison ouverte. La porte d'entrée est celle d'un coffre-fort. Indice de sa préciosité ? S'« identifier » au maître au point de devenir un autre lui-même n'est qu'un modèle illusoire, et des plus dangereux. À la fin du rêve, en équilibre instable sur son tabouret, le projectionniste se noie dans une eau imaginaire. Fin du cauchemar.

Nous aurions cependant tort de ne voir dans cette séquence onirique que cette seule critique. Jean-Pierre Coursedon remarque, avec raison, combien « les péripéties les plus étonnantes de la partie rêvée ne contredisent jamais les lois naturelles et ne mettent en jeu que des activités humainement réalisables[19] ». Certaines d'entre elles, pour paraître inouïes et souvent « impossibles », relèvent de performances authentiques[20]. « On retrouve là une démarche caractéristique du héros keatonien, précise Coursedon : même s'il rêve, il reste actif et conquérant. Car c'est bien une conquête du monde filmique que le héros entreprend, et non pas une simple évasion compensatrice[21]. »
Du monde filmique ou du monde tout court ? L'un des plaisirs (le plaisir essentiel ?) pris au cinéma de Keaton tient à cette impression

---

19. Jean-Pierre Coursedon, *Buster Keaton*, Paris, Atlas/Lherminier, 1986, p. 112.
20. Le mot de « performance », si galvaudé aujourd'hui, retrouve ici sa substance. La séquence de la moto fut tournée sans trucage. « Je me suis simplement entraîné à conduire une moto assis sur le guidon » (cf., Jean-Pierre Coursedon, *op. cit.*).
21. Jean-Pierre Coursedon, *op. cit.*, p. 111.

de combativité exacerbée qui se dégage de chacune de ses fictions. Jouant de sa petitesse, de l'infériorité physique qui semble en résulter et de son inhibition sexuelle, Keaton se bat contre un monde hostile qui initialement le rejette. Dès qu'il s'arrache à sa passivité première et se met positivement en mouvement (au pas de course, avec l'extraordinaire vélocité qu'on lui connaît, proprement jubilatoire), il profite d'une concordance heureuse, presque inouïe, avec la mobilité des choses. Il « tombe » dans la voiture de son rival au moment précis où elle passe à sa hauteur, se faufile presque miraculeusement au sein du trafic et, « climax » de la séquence, roule sur un pont rompu en son milieu, alors qu'en contrebas deux camions se croisant en sens inverse viennent se substituer à la chaussée manquante. Il allait tomber dans le vide ; il franchit l'édifice sans encombre. Ainsi la séquence du rêve est-elle détournée de sa fonction d'évasion pour accéder à l'exemplarité d'une mise au défi : celle d'une pleine adaptation au devenir. Dans l'imaginaire ouvert pour le public, le spectateur puise des matériaux dont les potentialités dynamiques enrichissent sa subjectivité. Le cinéma devient l'une de ces figures sociales contribuant à la formation du surmoi. La fin du récit est explicite. Sherlock copie le modèle-film jusqu'au point où il est renvoyé à sa propre subjectivité créatrice. Au début du récit, il était affublé d'une moustache, authentique postiche pour une maturité encore incertaine. Il lui faut, cette fois, accéder à la paternité. Buster Keaton ne triche pas. Tout reste à faire. La fonction du film comme du rêve n'en aura pas moins été de le fustiger.

On voit à quel degré de richesse atteint une séquence que l'on ne peut enfermer dans la catégorie du rêve sans quelque schématisme. Aussi nous faut-il revenir à notre point de départ pour en saisir toute la fonction (une fonction qui s'identifie à l'évidence à celle du cinéma de Keaton en son entier). Placée sous l'autorité d'un double contestant le sujet dans ses tentations régressives, elle ne se substitue en aucun cas à la vie réelle. À la manière de tant de films de Keaton, l'injustice dont est victime le pauvre Sherlock (mais dont il est, rappelons-le, pour partie responsable) trouve réparation avant que ne commence le rêve. Kathryn mène son enquête et démasque le faussaire. Objectivement, tout est déjà rentré dans l'ordre. Endormi, l'opérateur n'en peut rien savoir. Pour cette raison encore, le songe ne résout rien. Expression d'un surmoi contraignant, il impose au moi faible et découragé l'exigence de l'action.

*

La Rose pourpre du Caire entreprend également une authentique réflexion sur le cinéma. La précision, la grande concision, la constante pertinence de certaines des images et de leurs sons n'en soulignent que davantage le laxisme et la facilité de beaucoup d'autres. Woody Allen retrouve l'une des caractéristiques matérielles du dispositif de la projection : le pouvoir de réactualisation indéfinie du récit cinématographique. Il suffit de travailler quelque temps dans la cabine d'une salle de cinéma, ou dans une salle de montage, pour éprouver cette sensation d'un toujours identique à soi-même renaissant sans cesse de ses cendres. La pellicule passe et repasse dans le couloir du projecteur, renouvelant à l'identique les mêmes effets sonores et visuels. Le point de vue adopté par le récit est, bien entendu, celui de Cécilia. En construisant son film autour de la figure d'un cercle (la musique du générique est aussi celle du film final[22]), en faisant réapparaître à l'écran les mêmes moments de l'œuvre projetée, en enchaînant générique sur générique, le cinéaste se situe sur le même terrain que *Sherlock Junior*. Nous échappons au domaine de la convention ou de l'idée abstraite pour entrer dans celui de la sensation. Ce sont les impressions mêmes de Cécilia, accumulant visionnement sur visionnement, qui nous sont alors données à ressentir. Comme quoi, l'abstraction n'était sans doute que faiblesse de mise en scène.

Le propos du film n'a plus rien d'artificiel. En liaison avec la vie quotidienne de la serveuse, toute de déceptions et d'amertume rentrées, l'institution cinématographique, sous la forme d'un cinéma permanent, garantit l'incessant renouvellement d'une possibilité de plaisir devenu valeur refuge. Cécilia peut souffrir toutes les humiliations, ressentir tous les manques, subir une lente dégradation de ses conditions d'existence, le spectacle cinématographique substitue à cette conscience douloureuse les effets d'un film enchanteur. À la façon d'une drogue ou d'un acte masturbatoire qui permettraient, quasiment sans délai, de se laisser submerger, et en un sens de s'abolir

---

22. Il s'agit de *Top hat, Le danseur du dessus*, Mark Sandrich, 1935.

dans l'ivresse d'un plaisir garanti. De ce point de vue, les visites répétées de la jolie serveuse à son cinéma de quartier valent le rêve du projectionniste, à deux exceptions près. La sortie cinéma demeure l'acte d'un sujet conscient, opérant de toute façon un choix. Elle le protège des conséquences perturbatrices du rêve où, nous l'avons vu, l'inconscient interpelle le dormeur, avec virulence.

Une nouvelle remarque s'impose. Dans *Sherlock Junior*, répétons-le, les tendances régressives du rêve étaient lourdement remises en cause. L'énonciateur y délimitait clairement sa place sans ménager ses jugements de valeur. Dans *La Rose pourpre du Caire*, prétendre que Woody Allen « colle » à son personnage serait absurde. D'entrée (dans les scènes de restaurant), il fait de son personnage une midinette, vivant de romances et de cinéma bon marché. La chose est banale. Qu'en fait le cinéaste ? Cécilia est, si l'on peut dire, l'objet d'un « méta-jugement ». Un jugement antérieur au récit, consensus culturel que la fraction cultivée d'une population jette sur une autre, les lectrices de la presse du cœur. À sa manière un cliché. On chercherait en vain dans le film les relais d'un tel jugement. Nous sommes du côté de Cécilia (même lorsqu'elle trompe son mari ; mais ne l'a-t-il pas cherché !), solidaires d'une aventure sentimentale dont on lui souhaiterait la réussite si elle avait un semblant de réalité (le film joue d'ailleurs sur tous les tableaux, nous y reviendrons). Sympathique, elle nous attendrit, mais avec un rien de condescendance. On voit l'immensité de la différence avec le personnage de Sherlock, à bien des égards plus digne de notre sympathie, mais que la mise en scène inscrit fréquemment dans une perspective critique.

C'est là, au demeurant, un trait caractéristique d'une partie du cinéma moderne. Le ton « convenu » se veut ironique ou de dérision. On « sait » que le metteur en scène n'adhère pas aux valeurs ou aux comportements de ses personnages. Mais rien n'en vient inscrire formellement la marque dans le matériau filmique. De sorte que toutes les ambiguïtés, toutes les identifications, toutes les projections, restent possibles. La critique des quotidiens, faut-il le souligner, ne s'y est pas trompée ? Elle vante la fraîcheur de l'image, l'émerveillement du personnage, l'univers enchanté, le miracle du cinéma, la satisfaction d'un fantasme dont le film serait l'agent. À la toute dernière image, lorsque Cécilia se laisse de nouveau capturer par les flux de conscience générés par l'écran, le cinéma n est finalement investi que d'une seule fonction. La machine redémarre, Cécilia sèche ses larmes, le principe de réalité s'estompe. Elle va bénéficier de quatre-vingt-dix minutes d'oubli. Fort bien ? Mais si le cinéma se reproduit toujours identique à lui-même (*Top hat* ne vaudrait pas plus que son pastiche), le monde s'est quelque peu déplacé (pour sa part, Sherlock ne pouvait qu'en entériner le mouvement). La serveuse a perdu son travail. Son mari est plus que jamais voué au chômage. Cette aventure n'était qu'un rêve. Ou peut-être un cauchemar (Keaton, lui, en avait inscrit le statut dans sa mise en scène). Le terme du récit n'est qu'une exclusion renforcée.

« Lucidité amère », dit encore la critique. Pour l'un comme pour l'autre de ces vocables, pas si sûr. Cécilia se précipite vers le cinéma, sa petite valise à la main. Désemparée, elle apprend le départ de Gil Shepherd. « Il a dit que ça a failli ruiner sa carrière », explique le propriétaire de la salle. Profondément attristée, Cécilia tourne lentement la tête vers la droite de l'écran. Par un procédé de fondu enchaîné, Shepherd apparaît en surimpression, à gauche de l'image. Les deux têtes sont à l'opposé l'une de l'autre, sortant quasiment d'un même tronc (leurs vêtements sont également gris). Tandis que le visage de Cécilia achève son mouvement et s'estompe, celui de Gil Shepherd se tourne vers la droite, comme s'il suivait du regard le destin de sa victime. La caméra s'éloigne. Le comédien adopte le geste pensif d'un homme pris de regret, de remords peut-être ? Le plan s'attarde (25 secondes vidéo au moins). Les spectateurs ne peuvent que l'intérioriser.

L'organisation du découpage, la durée du plan, le fondu enchaîné, la direction d'acteurs, tous ces signes convergent et ne doivent rien au hasard. Cette fois encore, l'écriture filmique se fait bien précise. En insérant un plan de l'avion qui ramène Sheperd à Hollywood, Woody Allen maintient ouverte la possibilité de deux options contraires. D'un côté, la vision cynique de l'histoire. Gil Shepherd, le jeune premier montant, n'a séduit Cécilia que pour sauver sa carrière. La petite provinciale, la midinette au cœur aussi naïf que tendre, s'est laissée abuser par un comédien habile, un futur chouchou d'Hollywood, déjà rompu aux manipulations mondaines. De l'autre, la version fleur bleue de la presse du cœur. Poussé par les circonstances, prisonnier de la machinerie sociale, victime à sa manière, le comédien songe à la délicieuse jeune femme. Il l'imagine abandonnée à son triste sort, se reproche sa conduite, mesure toute l'étendue de son amour perdu peut-être...? Une nouvelle fois, nous prêtons au film plus de substance qu'il n'en contient. De grâce, restons imprécis ! Laissons au spectateur sa part de rêve. L'interprétation cynique confirme l'amère lucidité aux marges de la connaissance que les premières séquences centrées sur le comédien avaient déjà consacrée. La vision sentimentale, en accord avec toute la partie provinciale de son comportement, relance le romantisme du récit, permet de verser une larme, et conclut. Ainsi Gil Shepherd est-il aimable autant que haïssable, et plutôt l'un que l'autre. Ainsi est-il victime plus que bourreau, être de romance plutôt que jeune loup au cœur sec. Nous ne sommes plus sur le terrain d'une ambivalence, mère de la complexité. L'ambiguïté se fait un tantinet racoleuse. La structure d'un double discours où des contraires coexistent sans jamais s'annuler fut toujours l'instrument de la manipulation des masses. Faut-il le préciser, on en chercherait vainement la trace dans le cinéma de Buster Keaton.

*

Comparer Woody Allen à Keaton, n'était-ce pas un peu trop facile ? L'argument se retournerait aisément à la défaveur du premier. Mais là n'est pas le problème. Que peu de critiques aient effectivement placé les deux films en situation de miroir, est-ce une simple affaire de mémoire défaillante, de carence cinéphilique ou de culture ? Nous pouvons accumuler film sur film, livre sur livre, glose sur glose : à quoi bon, si nous ne les mettons jamais en situation de rapprochement critique ? Pouvons-nous espérer un progrès dans la connaissance, c'est-à-dire de notre rapport au monde ? Des dispositifs narratifs ou de mise en scène sophistiqués, ce qui n'est pas rare au cinéma. Les bandes classées « X » usent et abusent du système du film dans le film. Dans *La Rose pourpre du Caire*, en dépit de l'incontestable nouveauté de l'argument scénaristique, le dispositif des entrées et sorties de l'écran ne produit finalement rien d'autre qu'une histoire sentimentale sur fond de fantasme spectatorial à la limite du cliché. Techniquement assez pauvre, de faible pouvoir expressif, il ne génère qu'un très médiocre effet de réalité, tant les « contenus de conscience » auxquels il fait jour demeurent élémentaires et dépourvus de contradictions. Tel est, une première fois, le point. À moins que l'on ne reconstruise le film, Woody Allen pense mal ou pense peu.

Dans *La Rose pourpre du Caire*, un fantasme cherche à se réaliser et se voit finalement déçu, peu ou prou sur le mode de la trahison. « Une mode, écrit Tony Anatrella, a insisté sur l'idée qu'il fallait réaliser ses fantasmes. C'est une idée aberrante ! Les fantasmes soutiennent et animent les besoins psychiques, les mettre en acte revient à les briser et se briser avec eux[23]. » La dernière partie de cette proposition ne nous semble pas tout à fait exacte. L'aberration ne tient pas à la tentative de réalisation, sans doute irrépressible. Mais à son évaluation, et à un déni. Croire à l'absolue positivité de la recherche de la satisfaction en tout est absurde autant que dangereux. Aussi la sanction par l'échec apparaît-elle bénéfique. Le fantasme, tenté puis dépassé par l'assimilation de sa part d'interdit ou d'irréalité, permet la transmutation du Je en un autre qui le reconstitue comme Soi. À la fin du récit, Cécilia se console en regardant un autre film. Pour elle, exactement le même. Se console, c'est-à-dire s'évade une nouvelle fois, une nouvelle fois repart dans ses rêves. Le fantasme peut recommencer. Sans mise à distance. Que retire-t-elle de son aventure ? Positivement rien. Mais, direz-vous, que pouvait-elle, que « devait »-elle en retirer ? Pour une certaine conscience moderne, la question est absurde. Il suffit d'avoir et de voir s'exercer le fantasme. *La Rose pourpre...* est un cercle. Un cercle de la répétition pure. Il s'inscrit dans un certain courant de la modernité que l'on pourrait qualifier de « cinéma du ça ». Un cinéma qui récuse et refuse tout autre positionnement par rapport à une quelconque instance de la personnalité créatrice de repères existentiels. « Les modèles éducatifs actuels, écrit encore Tony Anatrella (...) ont plus tendance à entretenir le psycho-sensoriel (voir, toucher, éprouver) que le psycho-rationnel (analyser, penser, choisir) ou le psycho-éthique (valeurs,

---

23. Tony Anatrella, *Le sexe oublié*, Paris, Flammarion, coll. « Champs », n° 278, 1995, p. 239.

bien commun, spiritualité)[24]. Cette fois, nous ne pouvons qu'être pleinement d'accord. Ce que nous étions convenus d'appeler à une certaine époque la « mort du cinéma » (un mourant aujourd'hui bien portant), n'était-ce pas précisément « ça » ?

---

24. *Op. cit.*, p. 235.

Table des matières

- Introduction   7
- Chapitre premier : De quelques principes vertueux   21
1. L'exigence de vérification   21
2. Le défaut de visionnement   29
3. La « projection »   37
4. L'identification   42
    - 4.1. L'identification en tant que reconnaissance de l'identité d'un objet   45
    - 4.2. L'identification mimétique   48
    - 4.3. L'identification projective   52
    - 4.4. L'identification au récit   60
    - 4.5. L'immédiate non lisibilité des dialogues au cinéma   62

- Chapitre II : De l'interprétation   73

- Chapitre III : Une affaire de goût   109

- Chapitre IV : Le pourquoi…   143

- Chapitre V : Le « pour quoi »   183

- Conclusion   199

- Annexes   203

La projection et l'identification au cinéma, *Furie*   203

Le suspense et les faux « happy end » chez Alfred Hitchcock   213

Buster et Woody. De certaines divergences cinématographiques   227

Collection *Arts & Sciences de l'art*

Directeur de la collection : Costin Miereanu
Responsable de l'édition et de la communication : Anne Sellier
Relecture : Myriam Blœdé, Anne Sellier
Conception graphique et maquette : Jean-Pierre Dubois

La collection Arts & Sciences de l'art *reflète une vision interdisciplinaire « poly-artistique », seule, a priori, à pouvoir rendre compte de la complexité mouvante du phénomène artistique et à garantir une forme de pensée visant à un enrichissement progressif du concept d'Art.*

Indépendamment de toute querelle de terminologie « science(s) de l'art » ou bien « approche(s) scientifique(s) des objets d'art » ?, la création artistique est pourtant porteuse de sa propre science qui est une forme de connaissance intuitive et inhérente à la technicité de son savoir ; cette science intrinsèque à l'art est irréductible à un quelconque modèle extra-artistique dérivé des sciences dures ou des sciences sociales.

Deux notions « patrimoniales » se trouvent ici revisitées : la « correspondance des arts » et les « sciences de l'art » expérimentales.

Aujourd'hui, dans le champ de l'esthétique des arts s'ajoutent deux nouvelles notions « pilotes » : la quête d'une transdisciplinarité et l'acception de l'art sous-tendu par sa science immanente.

Coordonnés avec les ouvrages de la collection Arts & Sciences de l'art, Les Cahiers *prolongent cette même problématique sous la forme davantage multiforme d'un périodique où alternent des numéros thématiques et des numéros libres.*

Sous le même titre « panoramique » Arts & Sciences de l'art, *les ouvrages et* Les Cahiers *se proposent, d'une part, d'innover l'approche épistémologique des arts et d'autre part, de tenter une analyse de la création artistique avec ses techniques et technologies actuelles.*

Du même auteur

Cinéma

L'école et la passion de l'égalité, Paris, Mon petit éditeur, 2011

Vivre avec le cinéma, Paris, Klincksieck, coll. « 50 questions », 2010

Symptômes du jeune cinéma français, Paris, éd. du Cerf, coll. « 7e art », 2008

Les goûts du public. Une salle de quartier dans les années 50, Paris, Séguier Archimbaud, coll. « Carré Ciné », 2006

La théorie de l'art au risque des a priori, Paris, L'Harmattan, coll. « Champs visuels », 2004

L'homme prisonnier des images, Clermont-Ferrand, CRDP de Clermont-Ferrand, avril 1996

Mizoguchi un art de la condensation, Berne, éd. Peter Lang, 1992, (réédition en 1995)

Nicholas Ray, architecte de l'espace, architecte du temps, Amiens, éd. Corps Puce, coll. « Arts », 1989 (en collaboration avec Michel Serceau)

Le désir de fictions, Paris, éd. Dis-Voir, 1987

Jean Renoir la sagesse du plaisir, Paris, éd. du Cerf, coll. « 7e art », 1985, préface de Claude Chabrol

Mizoguchi, de la révolte aux songes, Paris, éd. du Cerf, coll. « 7e art », 1985

Jean Renoir l'Insurgé, Paris, éd. du Sycomore, 1981, préface de Marc Ferro

Littérature

Les 7 vertus de Marie, roman, Paris, L'Harmattan, 2006

Dans la même collection

Pierre Fresnault-Deruelle
Des images lentement stabilisées — Quelques tableaux d'Edward Hopper, 1998

Christian Cheyrezy
Essai sur la représentation du drame musical — Wieland Wagner in memoriam, 1998

Gérard Pelé
Le festin de l'ange, 1999

Jacqueline Chénieux-Gendron, (sous la direction de)
Patiences et silences de Philippe Soupault
Textes réunis par Jacqueline Chénieux-Gendron et Myriam Blœdé, avec des inédits de Philippe Soupault, 1999

Ludovic Cortade
Antonin Artaud — La virtualité incarnée, 2000

Costin Cazaban
Temps musical/espace musical comme fonctions logiques, 2000

• Les Cahiers Arts et Sciences de l'Art, n° 1-2000
« *Les sciences de l'art en questions* »

Jean Lancri
L'index montré du doigt — Huit plus un essais sur la surprise en peinture, 2001

Gérard Pelé
Art, informatique et mimétisme, 2002

François Decarsin
La musique, architecture du temps, 2002

Jean-Louis Latapie
La ballade des peintres — Braque, Bissière, Latapie, 2003

Bernard Teyssèdre
: *La vie invisible — Les trois premiers milliards d'années de l'histoire de la vie sur terre*, 2003

René Passeron
: *Exclamations philosophiques suivies de Thèmes*, 2003

Olivier Lussac
: *Happening & fluxus — Polyexpressivité et pratique concrète des arts*, 2004

Sylvie Mamy
: *L'Allée de Mélisande — Les jardins et la musique*, 2004

Xavier Hascher
: *Symbole et fantasme dans l'adagio du Quintette à cordes de Schubert*, 2005

Jean-Marc Chouvel
: *Analyse musicale — Sémiologie et cognition des formes temporelles*, 2006

Xavier Hautbois
: *L'unité de l'œuvre musicale — Recherche d'une esthétique comparée avec les sciences physiques*, 2006

Pierre Paliard
: *L'ordre domestique — Mémoire de la ruralité dans les arts plastiques contemporains en Europe*, 2006

Andrea Fabiano
: *À travers l'opéra — Parcours anthropologiques et transferts dramaturgiques, XVIIIe-XXe siècle*, 2007

Gérard Pelé
: *Inesthétiques musicales*, 2008

Ludivine Allegue
: *La miniature chrétienne dans l'Espagne des trois cultures — Le Beatus de Gerone*, 2008

Emmanuelle Andrée, Claudia Palazzolo et
Emmanuel Siety (sous la direction de)
    *Des mains modernes — Cinéma, danse, photographie,
théâtre*, 2008

Marta Grabocz
    *Musique, narrativité, signification — préface de Charles
Rosen*, 2009

Stefania Guerra Lisi et Gino Stefani, Francesco
Spampinato (traduction)
    Les styles prénatals dans les art et dans la vie, 2009

Bernard Vecchione et Christian Hauer (sous la direction de)
    *Le sens langagier du musical — Sémiosis
et hermenéia*, 2009

Nicolas Lagoumitzis
    *Cinq pianistes interprètent Beethoven — préface
d'Olivier Revault d'Alonnes*, 2010

François Decarsin
    *La modernité en question — Deux siècles d'invention
musicale, 1781-1972*, 2010

• Les Cahiers Arts et Sciences de l'Art, n° 3
    « *Vers une musicologie de l'interprétation* », 2010

Katâyoun Rouhi
    L'ontologie du lieu — Voyage au pays du « non-où », 2010

Francesco Spampinato
    *Debussy, poète des eaux — Métaphorisation et corporéité
dans l'expérience musicale*, 2011

Hélène Singer
    Expression du corps interne, 2011

Stéphane de Gérando
    *L'œuvre musicale contemporaine à l'épreuve
du concept*, 2012

Gérard Pelé
    Études sur la perception auditive, 2012

Cinéma et Photographie aux éditions L'Harmattan

Dernières parutions

IMAGE (L') NUMÉRIQUE AU CINÉMA
Historique, esthétique et techniques d'une révolution technologique
Lemieux Philippe
Depuis l'avènement des technologies informatiques, une nouvelle sorte d'image existe : l'image numérique. Créée à l'aide de l'ordinateur, cette image de synthèse fera la rencontre du 7e art ; elle transformera le cinéma. L'esthétique de l'image, les méthodes de production, les possibilités expressives du média et même la mise sur le marché des films en seront profondément bouleversés.
(Coll. Champs visuels, 27.00 euros, 268 p.)
ISBN : 978-2-296-99493-5, ISBN EBOOK : 978-2-296-50725-8

AU BOUT DU RÊVE – La Belle au Bois Dormant de Walt Disney
Bosc Michel
Après une période de purgatoire, *La Belle au Bois Dormant* a pris place au panthéon des chefs-d'oeuvre de Walt Disney. Cette réussite est survenue après une longue maturation semée d'embuches et de défis de toutes sortes. Cet ouvrage propose de la situer dans le parcours personnel de Walt Disney et dans la production des studios. Il tente enfin de cerner l'influence du film dans l'oeuvre des productions Disney et au-delà.
(15.50 euros, 152 p.) ISBN : 978-2-296-99495-9, ISBN EBOOK : 978-2-296-50735-7

ANDREI TARKOVSKI – Spatialité et habitation
Devidts Pierre
Entre *Solaris* et *Le Sacrifice*, Andrei Tarkovski a élaboré une nouvelle manière de représenter la spatialité au cinéma. Cet ouvrage tente de décrypter ce phénomène de l'habitation comme structure et valeur constituante des films du cinéaste.
(Coll. Champs visuels, 13.50 euros, 128 p.)
ISBN : 978-2-296-99664-9, ISBN EBOOK : 978-2-296-50607-7

CINÉMA ET AUDIOVISUEL LATINO-AMÉRICAINS – L'indien : images et conflits
Mateus Mora Angélica María
Voici une étude de l'image de l'Indien et du monde indien dans l'histoire du cinéma et de l'audiovisuel latino-américains, plus particulièrement colombiens. Sont mises en évidence les transformations de cette image depuis les premiers films de «découverte» jusqu'à l'appropriation contemporaine

du cinéma et de la vidéo par les cultures indiennes, permettant l'expression critique des formes de domination politique, économique, sociale et culturelle.
(Coll. Champs visuels, 27.00 euros, 272 p.)
ISBN : 978-2-296-99706-6, ISBN EBOOK : 978-2-296-50529-2

INDIENS DU BRÉSIL – (in)visibilités médiatiques
Thomas Erika
Cet ouvrage interroge la circulation des images ambivalentes de l'Indien du Brésil. À partir de l'analyse de films documentaires et de grands classiques de la fiction cinématographique brésilienne, l'auteur problématise l'écart entre la représentation stéréotypée et instrumentalisée de l'Autre et l'expression d'un Soi indigène qui questionne l'historiographie, l'ignorance de la société brésilienne et qui se constitue comme une quête de reconnaissance et de visibilité.
(Coll. Audiovisuel et communication, 20.00 euros, 202 p.)
ISBN : 978-2-336-00289-7, ISBN EBOOK : 978-2-296-50651-0

MOUCHETTE, DE ROBERT BRESSON
Ou le cinématographe comme écriture
Weyl Daniel
Mouchette conte le calvaire en milieu rural d'une adolescente misérable qui, ayant perdu sa mère après avoir été violée par un braconnier, se suicide. Il ne s'agit pas, comme dans le roman de Bernanos qui l'inspira, de complainte apitoyée. Ce n'est pas davantage un plaidoyer contre le viol, ni même une enquête psychosociologique qui ferait sa part à la complexité mais un poème dédié à la grandeur de l'âme humaine.
(Coll. Champs visuels, 15.50 euros, 154 p.)
ISBN : 978-2-296-96276-7, ISBN EBOOK : 978-2-296-50196-6

MURNAU – Ou les Aventures de la pureté
Hodin Claude
A travers une série d'études sur les films de F. W. Murnau, consacrées à divers aspects de l'oeuvre de ce grand cinéaste, on voit se manifester l'obsession d'une *pureté* qui ne peut donner lieu à des films que sous des formes qui la compromettent et la *dénoncent* - comme le givre, disait Cocteau. Peut-on donc *filmer* la pureté ? Murnau nous montre que tout peut être sujet à *apparition*, y compris la transparence.
(Coll. Champs visuels, 21.00 euros, 216 p.)
ISBN : 978-2-296-99667-0, ISBN EBOOK : 978-2-296-50335-9

WERNER SHROETER (VOLUME 1)
Courant Gérard
Petite intrusion dans l'univers incandescent de Werner Schroeter a été filmé à l'occasion de la rétrospective que le Centre Pompidou a organisé en décembre 2010 et janvier 2011 en son honneur. *In Memoriam Daniel Schmid Werner Schroeter* est la captation de deux hommages consacrés à ces deux cinéastes amis décédés, le premier, en présence d'Ingrid Caven, Bulle Ogier et Renato Berta, le second, en présence d'Isabelle Huppert et Serge Toubiana.
(25.00 euros, 0 p.)   *ISBN : 9782-296-56732-0*

WERNER SCHROETER (VOLUME 2)
Courant Stéphane
À l'occasion de la présentation du *Règne de Naples* à la Quinzaine des Réalisateurs du Festival de Cannes 1978, puis à la suite de son Ours d'or remporté au Festival de Berlin 1980, avec *Palermo oder Wolfsburg*, Werner Schroeter a accordé deux entretiens audios à Gérard Courant, qui a mis ces bandes sonores en images en utilisant des photos, affiches, programmes, extraits de films et collages... Avec en bonus un document rare : une des dernières apparitions du cinéaste à Paris.
(25.00 euros, 0 p.)　　　　　　　　　　　　　　ISBN : 9782-296-56733-7

JEAN ROUCH
Des mensonges plus vrais que la réalité
Richard Jacques
Quelques mois avant sa disparition tragique au Niger, Jean Rouch, inventeur du « cinéma vérité », évoque avec émotion son enfance, son père, la nouvelle vague, la cinémathèque française et... Henri Langlois. Aspirant au « merveilleux permanent », Jean Rouch raconte son « paradis perdu » et son goût pour « le vent de l'éventuel »...
(20.00 euros)　　　　　　　　　　　　　　　　ISBN : 978-2-296-57456-4

CINÉMA MA BELLE INTRIGUE
Richard Jacques
Depuis plus de cent dix-sept ans ans, le cinéma fait rêver les foules, mais qui connaît vraiment l'envers du décor ? La façon dont se tourne un film de fiction ? En quoi consiste le travail de chacun des membres d'une équipe ? Des professionnels du cinéma français répondent aux questions, décrivent leurs gestes, invitent à comprendre le sens profond de leur métier : Claude Lelouch, Darius Khondji, Gilles Taurand, Christine Gozlan, Alain Depardieu, Valérie Pozzo di Borgo...
(20.00 euros)　　　　　　　　　　　　　　　　ISBN : 978-2-296-57449-6

PHOTOGRAPHIES ET PHOTOGRAPHES
Bazin Philippe
Dans ce livre, Philippe Bazin s'interroge sur la photographie. D'abord, il articule des études *techniques* - la couleur - à des recherches *historiques* - à propos des relations entre médecine et photographie au XIXe siècle - et à des analyses *esthétiques* - à propos du « coup d'oeil » ou encore de Picasso et Brassaï. Puis, il s'intéresse à des photographes dont les oeuvres lui semblent éclairer la sienne (Larry Clark, Andreas Gursky, Albert Londe, Frédéric Lefever, Éric Nehr, Clarisse Bourgeois, Gérald Deflandre et Gérald Garbez).
(Coll. Eidos Série Photographie, 16.50 euros, 164 p.)
ISBN : 978-2-296-99167-5, ISBN EBOOK : 978-2-296-50321-2

ÉCRITS SUR IMAGES
Sur Philippe Bazin
Vollaire Christiane
Dix-huit auteurs, parmi lesquels Bernard Lamarche-Vadel, Thierry de Duve, Georges Didi-Huberman ou Alain Brossat, sont réunis dans cet ouvrage pour

interroger l'oeuvre du photographe Philippe Bazin. Ils nous poussent à poser sur ce travail une double question dans le champ de l'art contemporain : que signifie faire oeuvre ? Que signifie exposer ?
(Coll. Eidos Série Photographie, 28.00 euros, 280 p.)
ISBN : 978-2-296-99165-1, ISBN EBOOK : 978-2-296-50326-7

FACE À FACES
Bazin Philippe
L'institutionnalisation généralisée de tous les moments de l'existence a transformé la vie des hommes au XXe siècle, créant, après la Seconde Guerre mondiale, une situation inédite. Le travail photographique de Philippe Bazin se veut critique de cette transformation, que ce soit à travers un ensemble de faces photographiées dans des lieux institutionnels ou à travers différents projets à caractère documentaire.
(Coll. Eidos Série Photographie, 13.50 euros, 122 p.)
ISBN : 978-2-296-99166-8, ISBN EBOOK : 978-2-296-50334-2

OEDIPE ROI DE PASOLINI – Poétique de la mimèsis
Bernard de Courville Florence - Préface d'Hervé Joubert-Laurencin
A partir d'une analyse de l'adaptation par le cinéaste italien Pasolini du mythe d'Oedipe, cet essai montre de quelle manière s'y joue un double désaveu mimétique : le pouvoir de la répétition ; un secret est dérobé aux images comme à la conscience, vers lequel convergent les forces qui animent le film et le «sujet» de l'écriture. Cet essai se tient au plus près de la puissance donatrice et expropriatrice du sens et du propre voulue par Pasolini comme émergence, le temps d'un film, d'une *mimèsis* cinématographique.
(20.50 euros, 206 p.) ISBN : 978-2-296-99132-3

PERSONNAGE (LE), LE MOUVEMENT ET L'ESPACE DE JACQUES TATI ET ROBERT BRESSON
Mon Oncle, Playtime, Pickpocket, Mouchette
Obadia Paul
Les quatre films qui composent cette étude, tout divers qu'ils soient, s'articulent autour d'une période qui court des années 50 à la fin des années 60. Au coeur des «trente glorieuses», cette période voit émerger la modernité telle que notre début de vingt-et-unième siècle la continue. Si l'ancrage des films de Tati dans la société française de l'époque s'impose d'évidence, celui des films de Bresson peut sembler plus discret, moins immédiatement sensible.
(Coll. Champs visuels, 28.00 euros, 280 p.) ISBN : 978-2-296-96574-4

ÉLÉMENTS D'INITIATION À LA CRITIQUE CINÉMATOGRAPHIQUE
Mollo Olinga Jean-Marie
Préface de Thierno Obrahima Dia
Le public, curieux et cinéphile, sait-il regarder ou lire une oeuvre filmique ? Ce livre a pour ambition de servir de terreau à des débats constructifs, afin que la critique cinématographique africaine se fraye une place au soleil de la cinématographie mondiale.
(Coll. Harmattan Cameroun, 24.00 euros, 230 p.) ISBN : 978-2-296-99070-8

L'Harmattan Italia
Via Degli Artisti 15
10124 Torino

L'Harmattan Hongrie
Könyvesbolt ; Kossuth L. u. 14-16
1053 Budapest

L'Harmattan Burkina Faso
Rue 15.167 Route du Pô Patte d'oie
12 BP 226
Ouagadougou 12
(00226) 50 37 54 36

Espace L'Harmattan Kinshasa
Faculté des Sciences Sociales,
Politiques et Administratives
BP243, KIN XI ; Université de Kinshasa

L'Harmattan Guinée
Almamya Rue KA 028
En face du restaurant le cèdre
OKB agency BP 3470 Conakry
(00224) 60 20 85 08
harmattanguinee@yahoo.fr

L'Harmattan Côte d'Ivoire
M. Etien N'dah Ahmon
Résidence Karl / cité des arts
Abidjan-Cocody 03 BP 1588 Abidjan 03
(00225) 05 77 87 31

L'Harmattan Mauritanie
Espace El Kettab du livre francophone
N° 472 avenue Palais des Congrès
BP 316 Nouakchott
(00222) 63 25 980

L'Harmattan Cameroun
Immeuble Olympia
Face à la Camair
Yaoundé
harmattancam@yahoo.fr

593085 - Janvier 2015
Achevé d'imprimer par